管理者
心理疾病心理干预实务

鞠强 编著

復旦大學出版社

内容简介

　　管理者由于其工作的性质和强度，对其进行心理干预的难度特别高。管理者的心理问题和心理疾病，与社会大众主流心理问题和心理疾病相比，既有共性的一面，又有个性的一面。本书从管理者心理疾病心理干预的基本原理出发，介绍了4种常见的心理疾病，进而介绍了6种常见的心理干预技术，并根据作者的治疗实践，举例分析了14个心理疾病案例，为管理者心理的健康的自查和治疗提供借鉴。

自序 Preface

管理者由于其工作的性质和强度，对其进行心理干预的难度特别高。管理者的心理问题和心理疾病，与社会大众主流心理问题和心理疾病相比，既有共性的一面，又有个性的一面。它的特殊性在于：

第一，管理者的心理问题与心理疾病常常是由复杂的公共管理和组织管理问题导致的。在进行心理干预时，心理咨询师必须指导或协助他们处理复杂的管理问题。这是一般的心理咨询师所不能胜任的。

第二，针对管理者的心理干预，常因心理咨询师权威不足而效果较差。许多管理者常年身处高位，听到的更多是赞扬奉承之声，这容易导致其错误地估计自身的能力和水平，常常自视甚高。不管外表是否礼貌周到，在内心深处，多数管理者对心理咨询师是轻视的，而心理干预的效果与心理咨询师在来访者心目中的权威性之间有明显的正相关关系，因此，多数针对管理者的心理干预效果很差。

第三，坚持性与事业成功高度正相关，管理者对困难不轻易妥协的人格特征，提高了其走向高位的概率。所以，处于高位的管理者大多也是坚持性很高的管理者，用民间语言描述，就是"固执的人"，是不容易听劝告的人。当然，管理者一般都是表面比较圆通的，往往嘴里赞赏不停，但内心却不听心理咨询师的，这种人格特征又大大提高了心理干预的难度。

正是由于以上原因，很少有心理咨询师擅长管理者心理疾病的干预工作，他们一般以纯粹的药物治疗为主要治疗手段。但学术界的主流观点是：对于多数心理疾病，药物治疗和心理干预同时进行的治疗效果最好，纯药物治疗的复发率非常高。

笔者既熟悉公共管理和企业管理，又熟悉心理学知识，接触了比较多的针对管理者心理疾病的心理干预案例。考虑到管理者心理疾病的特殊性，笔者认为有必要把这种针对其心理疾病特殊性的心理干预经验贡献于社会，以提升管理者的心理健康水平。管理者把本书通读一遍后，虽然不一定能完全治愈自身的心理问题和心理疾病，但也多会感到有所收益。当然，专业人员阅读本书也是比较妥当的。

在此，笔者特别提醒：认真地阅读本书的过程，就是一个身心调整的过程。读本书时读者应先放弃对错判断，在至少读到本书一半时，才进行对错判断，或者在本书全部读完后再进行对错判断。因为每个有心理问题的人，在意识层面和潜意识层面都隐藏着许多自己所不知道的错误认知，这些错误认知具有自动的防卫功能。如果刚接触本书就判断对错，这实质上是以固有的错误认知标杆进行判断，就很容易倾向于拒绝，导致对后来信息的防御反应，读书的效果就很差了。所以请最好先放弃对错判断，以开放的心态，先体验，后判断。

第一章 公共管理者心理疾病心理干预的基本原理 — 001
- 第一节 进化心理学 — 001
- 第二节 理解心理现象的关键：潜意识 — 013
- 第三节 行为主义心理学：强化理论 — 019
- 第四节 人本主义心理学：马斯洛需求层次论 — 025
- 第五节 认知心理学 — 031
- 第六节 态度协调理论 — 035

第二章 常见的心理疾病 — 042
- 第一节 抑郁症 — 042
- 第二节 广泛性焦虑症 — 062
- 第三节 强迫症 — 073
- 第四节 恐惧症概述 — 080

第三章 实用心理干预技术 — 085
- 第一节 经典心理干预技术：催眠调整潜意识 — 085
- 第二节 学习情绪管理心理学课程 — 100
- 第三节 人本主义身心柔术 — 102
- 第四节 回春身心柔术与回松身心柔术 — 106
- 第五节 经典心理干预技术：松静身心柔术 — 110
- 第六节 书法心理干预 — 119

第四章 常见的管理者心理疾病及其干预 — 126
- 第一节 工作家庭冲突导致抑郁焦虑情绪 — 126
- 第二节 工作繁忙与亲子养育矛盾导致心理压力上升 — 135
- 第三节 找错型工作观念泛化导致家庭关系紧张 — 146
- 第四节 太极型工作方法泛化导致家庭问题泛化 — 150

157	第五节	工作应酬导致抽烟成瘾损害心身健康
160	第六节	亲友求助过多形成心理压力
162	第七节	社会化紊乱导致抑郁症
170	第八节	保密心态过重导致当众讲话恐惧症
174	第九节	企业亏损与严重群体事件导致失眠与心因性胃溃疡
175	第十节	官员不法获利导致抑郁症
183	第十一节	细致认真型工作岗位观念泛化导致强迫症
189	第十二节	公司巨额亏损导致严重失眠
192	第十三节	应酬过多导致酒瘾或应酬恐惧症、会议恐惧症
197	第十四节	言行分离程度大导致焦虑症

第一章

公共管理者心理疾病心理干预的基本原理

第一节 进化心理学

进化心理学是近些年兴起的、脱胎于达尔文自然选择论的一门新兴心理学派。进化心理学的基本观点如下：

(1) 人的心理和行为是由基因和后天环境共同决定的；
(2) 人由基因决定的心理和生理特征是经自然进化选择形成的；
(3) 人由基因决定的心理和生理特征是落后于环境变化的；
(4) 进化形成的心理和行为是可以在一定程度上改变的。

一、人的心理和行为是由基因和后天环境共同决定的

人的各种心理状态和行为是怎样形成的？是如同一张白纸一样，可以通过教育、强化、惩罚被塑造成任何样子，还是受先天宿命的控制，抑或是两者对它都有较大的影响？这个问题普通人会思考，学者专家们也会思考。本书认为人类的心理和行为是由基因和后天环境共同决定的，并不是单独由基因决定或者单独由文化、教育、社会奖罚等环境因素决定的。

行为主义的学者们认为，人们先天的心理和行为是极少的，人的大部分的心理和行为都是通过后天学习、强化、惩罚获得的，人就像一个没有任何倾向的机器一样，后天输入什么内容，就会被塑造成相应的样子。华生甚至宣称："给我一批健康的婴儿，让我在自己设置的环境中养育他们，那我能保证，我可以把他们其中的任何一个培养成任何一种人——律师、医生、艺术家、小偷。"行为主义代表人物华生做过一系列实验，在其中一个实验中，他选择一个男孩子为实验对象，这个男孩子会对铁榔头敲东西时发出的巨大声响产生恐

惧，而对老鼠、兔子、毛外套等则没有喜欢也没有恐惧。华生故意让老鼠、兔子和巨大声响同时出现在男孩面前，一段时间过后，男孩对老鼠、兔子也产生了巨大的恐惧。男孩对老鼠、兔子的这种恐惧，就是后天学习得来的，而非先天具备的。

行为主义的观点一度成为西方心理学界的主流观点，并持续长达半个多世纪。然而越来越多的证据证明，这种完全忽略先天因素的后天决定论是有重大缺陷的。

一项对幼年猴子的行为的研究实验就对行为主义进行了质疑。研究者们知道，幼年猴子对其母亲是有依赖性的，这种依赖性是否是通过后天的食物强化、学习而来的呢？为此，研究员给幼年猴子制作了两个"妈妈"：一个是铁丝做的"妈妈"，幼年猴子能从"铁妈妈"那里得到它们需要的食物，也就是会得到后天的强化；另一个"妈妈"则是用绒布做的，更接近真实的猴妈妈的外貌感觉，这个"妈妈"不会给幼年猴子任何已知的后天强化物。按行为主义者的说法，幼年猴子会因为受到食物的强化而对"铁妈妈"更加依赖和亲近。但事实上，幼年猴子一旦受到惊吓，还是会跑到绒布"妈妈"处。这表明后天的食物强化并不能将小猴训练得更亲近"铁妈妈"。

华生曾按照行为主义的方法去培养自己的孩子，完全忽略他们的先天禀赋，这些孩子在成年后全部患上抑郁症，其中不止一个孩子选择自杀，最后甚至有一人自杀成功。

在跨文化的研究中，行为主义学者一度认为，不同文化载体下培养出的人群会呈现出完全不同的行为和心理特征。有学者宣称，其发现在某个与世隔绝的小岛上，人与人之间的仇恨、竞争、暴力、凶杀都是不存在的，这是因为他们的后天教育与我们完全不同。然而，学者们经过深入和长期的研究发现，事实并非如此，无论是在亚洲、欧洲、美洲还是在某个与世隔绝的小岛上，人们都会产生嫉妒、仇恨和冲突，不同文化载体下的人群在这些方面显示出惊人的一致性。

行为主义的研究证明了后天的强化、惩罚会对人的行为有巨大影响，但显然后天因素不能完全决定人类的行为和心理，人会受基因的影响，基因不仅能影响到我们的身高、体重、头发的多寡、皮肤的颜色等，还会影响到我们的心理和行为。

这种基因的影响是如何形成的？有哪些具体内容会受到基因的影响？

二、人由基因决定的心理和生理特征是经自然进化选择形成的

进化心理学认为，人类当下的心理和生理特征是在生存和繁殖竞赛中逐渐进化演进的，这些特征靠基因在代际之间传递。基因既可以从上代遗传获得，又可以通过突变获得，其中，突变是微小的、无方向的、次要的，遗传是主要的。有利于生存和繁殖的基因突变会逐渐被强化和扩散，不利于生存和繁殖的基因突变会逐渐被淘汰而消失。

进化心理学脱胎于生物学家达尔文的进化论。在达尔文的进化论出现之前，科学家们对自然界中的一些问题感到非常疑惑。看起来完全不相同的物种也存在非常相似的结

构，如人类、蜥蜴、猫、鲸鱼、蝙蝠、蛙，这些看起来相差极大的生物的前肢都有手指骨骼，并且都是五个手指。这意味着这些生物之间并非表面上看起来那样毫无关系，它们很可能有共同的祖先。在研究化石的过程中，科学家们发现生物的生理性状并不是一成不变的，现代人类和百万年前的人类在生物结构上虽然相似，但是仍然有很大区别，例如，在大约120万年前，人类的脑容量只有现代人的一半。这意味着生物的身体性状会随着时间发生变化。研究者们还发现，不同生物的不同性状都有其各自的作用，例如，乌龟的壳可以使自己少受天敌攻击，草原生物的皮毛毛色可以便于其隐藏自身。达尔文对这些问题感到疑惑，经过多年研究，他提出了进化论。达尔文认为在进化过程中，是自然选择和性选择形成了以上这些情况。

自然选择论认为，生物当前的特征是在生存竞争中筛选出来的。这个过程可以大致分为三个部分：变异、遗传和选择。变异是指生物的遗传因子会出现变异，这种变异会导致下一代相较于上一代有各种各样的不同，如肌肉力量变大或者变小，骨骼变粗或者变细，翅膀变长或者缩短，本来没有翅膀的生物开始变异出翅膀的雏形等。这些变异是无方向、无目的、完全随机的。变异为后续的选择作用提供了原始材料。这些变异可以以基因为载体，从上一代遗传给下一代。在海量的变异个体中，自然的选择作用开始显现。那些可以更好地帮助个体生存、增加繁殖后代的成功率的性状会有更大的概率遗传给后代，并逐渐在种族中扩散开来；那些不能适应生存和繁殖环境的性状，则会因为生物的死亡或交配机会的减少而渐渐被淘汰，并最终消失。例如，在高纬度寒冷地区，有可保暖的毛皮或较多脂肪的动物就比没有毛皮或较少脂肪保暖的动物更容易存活下来。存活下来的个体有更大的概率繁殖自己的后代，让毛皮或脂肪多这一性状保存下去。这种选择的过程非常漫长，常常需要经过数百代乃至数千代才能完成。

生物除了要生存下去，还需要有更多的繁殖后代的机会，因此，性选择也是非常重要的环节。生物为了获得更多的繁殖机会，进化出了许多特征。例如，大象的牙对其生存的帮助不大，但对雄象来说，却有助于其战胜同性竞争者，获得更多的与雌象交配的机会。又如，极乐鸟的雄鸟毛色华丽，羽饰多变，在繁殖季节，这些鸟会展开羽毛"跳舞"。极乐鸟的雌鸟非常喜欢羽毛华美、舞姿曼妙的雄鸟，因此，在斗舞中取胜的极乐鸟雄鸟可以获得更多的繁殖机会，其毛色华丽的性状被保存下来的概率才会更大。

达尔文的进化论不仅给生物学界带来了天翻地覆的变化，也给心理学领域带来了巨大的影响。

生物的生理特征（如翅膀、毛皮等）的进化过程都是明显且容易理解的。生物的行为、心理特征是否也会受到自然选择和性选择的影响呢？也就是说，人类的心理和行为当中，是否有大量通过自然选择形成的基因性的先天特征呢？研究发现，自然选择论对人的心理和行为同样适用。同生理特征一样，人类在心理上也进化出各种各样的适应机制，拥有一些心理和行为特征的人类在每一代都会获得比没有这些特征的人类更高的生存和繁殖出后代的概率,经过千百代甚至更长时间的自然选择,人类形成了当前的这些心理和行为特征。这些复杂的心理和行为机制在不知不觉中影响着现代人的方方面面。以下简单列举一些人类心理行为机制。

1. 为解决生存问题而形成的心理行为机制

人类生存面临的首要问题是获取食物。主流学术界认为,远古男性以狩猎为主,女性以采集为主。这两种不同的分工,使得男女在进化中出现了差异。

(1) 相较于女性,男性之间可能更容易形成同盟,这是因为在狩猎过程中,结成同盟的狩猎成功率要高于单独行动,而因为生理原因,男性是狩猎的主力军,女性的狩猎机会相对更少,效率相对更低,所以,男性结成同盟的概率高于女性。采集则不需要这种同盟。

(2) 男性的分享、利他精神可能相对更强。打猎有很大的运气成分,常会出现很久打不到猎,或突然打到一个短时间内难以吃完的猎物的情况。远古时期,人类的食物保存手段很差,肉类会很快腐烂,因此,男性通常会在打到大型猎物后将自己的猎物分享给其他没有打到猎物的人,在自己没有打到猎物的时候也能收到别人的回馈,这将会提高族群的生存概率,因而塑造了男性乐于分享的性格。而采集是一种有相对稳定收益的行为,并不需要这样的分享,因而女性性格中的分享精神可能相对更少。

(3) 在打猎过程中,追寻猎物和找到回家的路是重要功课,因此,男人进化出更好的方向感。女性为了找到果子,则拥有更好的空间定位能力。

(4) 在打猎时,为了避免惊动猎物,发出声响是大忌,因此,男性的说话量也会更少。善于采集的女性则更少受到这方面的影响。

(5) 男性更加喜欢冒险。女性采集的收益是相对固定的,不会因为多冒风险而增加太多果子,但愿意冒风险的男性往往更有机会猎取更多、更大型的猎物。

(6) 女性会更加喜欢花、蔬果,这与采集有关。在采集中,花朵标志着果实的位置,对花朵和果实更加敏感和喜爱的女性在采集中的成功率会更高。这种进化产物延续到了现代,现代女性也更加喜欢花朵,男性在对女性表达爱意时通常也选择赠送花朵。很难想象一个男性会扛着一个火腿向女性求婚,或者某个心爱的女性生病住院时,男性扛了半片猪肉去探望病人。

(7) 无论男女,都更喜欢吃甜的而非苦或酸的食物。有甜味的食物多是高热量的食物,而苦或酸味的食物多是有毒或未成熟的。远古时期,人类的能量是短缺的,因而更喜欢高能量甜食的人更容易存活下来,而作为采集者的女性对甜味的敏感度比男性更高,这也是现代女性更喜欢甜品的原因之一。

(8) 在远古时期,获取食物是困难的,因而那时人类有过度进食和存储能量的倾向。这种策略对远古人类的生存是有利的,但对食物充沛的现代人来说则是灾难,过度进食和存储能量的倾向是造成肥胖和各类相关疾病的重要原因。

2. 为避免危险而形成的心理行为机制

远古的自然界有着各种各样的会威胁生命的危险,避免危险也成为活下去的必修课,因此,人类形成了相应的心理行为机制。

(1) 人类会主动厌恶那些可能让我们染病的事物,如人们厌恶腐烂的肉、发霉的食物、与蟑螂和蛆虫接触过的食物、粪便、霉菌、有伤口或疾病的人等。有学者认为,部分人之所以会有"密集恐惧"是因为这种密集的事物与某些传染性疾病感染后出现的密集的疹子非常相似,恐惧并远离这种密集疹子的人会有更大的机会存活下去。

(2) 在怀孕早期,胎儿是非常脆弱的,孕妇早期的孕吐现象被认为是孕妇为了避免摄入不利于胎儿的食物而采取的防御手段,将有害食物呕吐出来是最常用的自我保护方式。很多蔬果的果实带有一定的毒性,怀孕早期孕妇会厌恶这些食物,包括苹果、香蕉、土豆、橙子、芹菜、卷心菜、花椰菜、咖啡等。肉类是非常容易变质腐坏的食物,因此,有的孕妇甚至在闻到烤肉、炸肉的味道后都会呕吐。谷物这种相对安全的食物则极少引起孕妇呕吐。

(3) 葱姜蒜和其他香料可以杀死某些会让人染病的细菌,因而人类在做菜时多会放香料,越容易滋生细菌的地区的居民对香料就越喜爱,放的香料的量也越大。

(4) 多数人更喜欢视野开阔、鸟语花香、溪水潺潺、动植物舒朗错落的地方,而更不喜欢荒芜的沙漠戈壁或幽暗的密不透风的原始森林。这是因为人类在前一类地方能找到充足的水、果实和猎物,这是荒漠戈壁没有的,前一类地方也没有过多的猛兽毒物的威胁,而在幽暗的原始森林则充满了这样的危险。所谓美丽风景,其本质就是吃的东西多而危险少,所以,鱼米之乡常常也是美景之乡。

(5) 产生恐惧、害怕、焦虑等情绪是人类感受到威胁时的自我保护方式。在原始社会,人们受到的主要威胁和压力的来源是狮子、老虎、豹子、狼等,当个体意识到有威胁或者压力时,会进入"战斗-逃跑"状态,处在这种状态下,能量和资源会向着负责"战斗-逃跑"部门转移,人的心跳加速,血流加快,呼吸加快,肝脏释放糖类,肌肉收缩,以便于有更强的战斗或逃跑能力。同时进入这种状态的副作用是会让战斗中不重要的消化系统、免疫系统、生殖系统暂时减弱,造成人不想吃东西。这类应对威胁和压力的机制会产生泛化反应,导致个体遇到哪怕并非来自猛兽的压力和威胁时,也会出现"战斗-逃跑"状态,导致四肢肌肉收紧,血压上升,心跳加速,把血液从消化系统、免疫系统、生殖系统抽调到四肢肌肉,例如,工作中的业绩猛降,会增加个体的不安全感,工作压力大增,人也会习惯性地进入"战斗-逃跑"状态,个体会发现自己对很多事情都没有兴趣了。

(6) 人会害怕并远离对自己有危险的事物,如蛇、蜘蛛、高处等。例如,不恐高的人更容易上到高处,他们跌落死亡的概率也更大。有实验表明,对于同样的高度,在俯视时个体会高估32%,而在仰视时个体对高度的估计基本准确。幼儿天生会怕蛇、毛毛虫,教育幼儿远离蛇、毛毛虫的难度,远远低于教育幼儿远离插头、汽车的难度,这是因为蛇和毛毛虫都是在远古时代就存在的,不惧怕这些的人经过一代代的淘汰,数量已经很少了,但汽车和插头是近代出现的,基因还没来得及做筛选。

(7) 人们生重病时,常常倾向于多吃素少吃荤,这也是进化出来的保护机制。因为生病时,人的抵抗力弱,而荤食比素食的细菌更多,食用后的染病机会也更多。此外,部分植物具有一定的药物作用。

(8) 发烧是人类进化出来消灭细菌、病毒和肿瘤的机制,有统计发现,强行退烧反而会造成人的生病期的延长。有研究揭示,人为地给梅毒患者传染疟疾使患者发烧后,患者的梅毒症状也会相应地减轻。

(9) 黄黑相间条纹会让人敬而远之,这是因为拥有对此有亲近感的基因的人类可能被老虎吃掉了。所以,如果你不喜欢你的相亲对象,不妨穿黄黑相间纹路的衣服。

3. 为寻找配偶、养育后代而形成的心理行为机制

即使解决了生存的问题,也并不意味着就可以让自己的基因遗传下去而高枕无忧了,因为他或她还需要找到合适的配偶,生下并养育好后代。

男女在选择配偶上也有着巨大的心理差异。对女性而言,她们需要付出更多的资源,经历怀孕、分娩、哺乳、抚养、保护自己的孩子的过程。女性需要尽可能地找到拥有优质生存资源的异性来分担这些巨大的支出,因而,为了保证自己和后代的存活,女性对于金钱的敏感性一般高于男性,当然,在现代社会出现这种现象的概率相对更少一些。为了获取女性的这种生育资源,男性之间的竞争非常激烈。

对女性而言,在进化过程中她们可能更看重以下品质:

(1) 女性可能更愿意选择有能力、有资源照顾自己和孩子的男性。这种资源可以是直接的,如金钱、财产、社会地位等。这种资源可以让女性在怀孕、哺育和养育儿童的过程中生存下来的概率增大。大量统计数字显示,在男性经济失败时女性抛弃丈夫的概率,要大于在女性经济失败时男性抛弃女性的概率。

(2) 女性可能更喜欢有强健的身体、个子高的男性。这样的男性在远古时期有更大的概率打到猎物,强健魁梧的体魄也让他们在冲突中可以保护自己的妻儿。

(3) 女性可能更喜欢聪明、有上进心的、勤奋的、幽默的男性,因为聪明、有上进心、勤奋的男性有更大的概率获取生存资源,幽默的人通常智商极高,也更容易获得生存资源。现代女性虽然客观上很多已经不需要男性提供生存资源了,但还是可能有以上这些偏好。即使是一些事业成功的女性,在看到丈夫"不上进"地玩、刷手机、懒惰、贫穷、无能时,还是会产生强烈的厌恶。而看到丈夫看书、学习时,女性大多会觉得他们帅气。

(4) 女性可能更喜欢年纪大的男性,因为在社会中年纪大的男性通常已经拥有了更多的社会生存资源,这些社会生存资源能够带给女性更多的安全感。

(5) 女性可能更喜欢专一的、愿意作出承诺的男性。一个男性有能力、有资源并不意味这些资源会投到某个特定女性身上,如果他拥有很多女性伴侣或者非常吝啬,不愿意为女性付出,那分到某个具体女性身上的资源可能并不多。因此,女性会特别喜欢那些专一的、愿意作出承诺并付出行动的男性,以便让自己有机会获取更多的生存资源。女性喜欢大方的男性也是这个原因。

(6) 女性可能比男性的怀疑心更强。在两性关系中,男性更希望自己与更多的女性结合,能有更多的后代,这对男性的基因传播有利,但女性则更希望男性倾注更多资源在自己和自己的子女身上,因此,有怀疑心的女性更容易发现且一定程度上阻止配偶的出轨行为,从而增加自己后代的存活率。

(7) 女性可能更喜欢喜爱小孩子的男性。这意味着这样的男性喜爱并抚养自己孩子的可能性更大,阳刚男性做奶爸是非常受女性欢迎的。

(8) 女性在短期关系中可能并不重视男性的经济水平、社会地位、学历高低、智商水平、进取心,因为这些没用,此时,最受重视的一般是身材和长相。但在长期关系上,女性非常重视男性拥有的养育后代的生存资源。

(9) 单身女性会插足已婚夫妇,可能是因为已婚男性已经被女性挑选过,即结过婚的男性是偏优秀的,主要是经济资源多。

(10) 英国的一项对3 679名女性的调查发现,出轨的女性经常在潜意识指挥下,把和情郎的约会期放在排卵期附近,这是女性不自知的。

(11) 美国的一组统计数字发现,当丈夫失业时,妻子对周边男性帅气程度的评分开始上升。

(12) 美国的一项研究统计发现,男性化的女性的出轨比例和性开放程度更高。

同样,男性也可能有自己独特的选择长期伴侣的心理标准。

一般而言,男性是两性关系当中付出生理资源较少而付出社会生存资源相对更多的一方,因此,男性在选择适合倾注社会资源的潜在伴侣时,更加在意的可能是女性的潜在生育能力、健康状况、女性出轨的可能性等。而生育能力和健康水平是不能直接看出来的,因此男性也会从一些间接指标中作出判断。重视这些指标,对这些指标敏感的男性的后代有更大的概率存活下来。

(1) 男性喜欢年轻的女性。20岁左右是女性生育能力的高峰,此年龄段女性生下的孩子,健康的概率更大,能够存活下去的概率也更大。在此年龄段之后,女性的生育能力会逐步下降,男性对她们的感兴趣程度也逐渐下降。因此,无论是8岁、18岁、28岁还是58岁的男性,都可能更喜欢20岁左右的女性。有统计发现,男人接受姐弟恋的比例最高的阶段,是高中和大学时期,一旦年龄大了,男人接受姐弟恋的概率急剧下降,不喜欢大姐姐了,在二婚三婚中,姐弟恋的情况很少,原因是高中、大学时期,男性潜意识里认为姐姐的生育能力更强。还有统计发现,姐弟恋开始时甜蜜,但女性生育力高峰年龄过后,男人的潜意识会不知不觉地指挥其闹矛盾,而且男人比女人更"作"得多。所谓"作",就是无理取闹,因为是潜意识指挥男人闹事,男人往往自己并不知道真实原因,反而无事找事,因此,吵架的表面理由可能并非真实理由。

（2）男性可能更喜欢腰臀比接近0.7的女性,这是生育能力强的重要标志。腰臀比是0.7的女性,比0.8和0.6的女性排卵更早,排卵更多。喜欢这种类型的女性的男性,其后代留存下来的概率会更高。

（3）光滑的皮肤、丰满的嘴唇、小而短的下巴、形体对称、身上没有伤痕、牙齿洁白,这些都是健康的间接标志,也是有利于生育的标志,这些都可能是男性喜爱的特征。

（4）男性对女性的忠诚的要求程度可能比女性对男性的更高,因为孩子是女性生产出来的,女性可以确定孩子是自己的,但男性不能确定女性生下来的孩子是否是自己的,那些对女性贞洁不重视的男性,也在漫长的历史中被淘汰了。因此,很多文化体中的男性都会很在意女性婚前的童贞。而且男性更难容忍伴侣出轨,因为失去童贞或出轨,大大增加了孩子不是这位男性的风险。女性虽然也不喜欢伴侣出轨,但实际上容忍度更高。

（5）男性可能比女性更花心。男性的花心在潜意识里主要是为了基因遗传,现代男性可能是花心男的后裔,女性花心对提高基因遗传率虽有作用,但作用极其有限。经常听见有百位子女的男子的传言,但有百位子女的女性却闻所未闻。人的心理是先天基因和后天环境影响下的共同结果,由于文化的因素,终身相守的男性也是有的。

（6）男性可能更加喜欢炫耀、吹牛。男性通过炫耀、吹牛,可以让更多女性相信该男性有更多的生存资源,男性也会因此而获得更多的生下后代的机会。与之相对应,女性识别谎言的能力要更强,因为不善于辨别男性谎言的女性,误与擅长吹牛而没有真正生存资源的男性结合,她自己和后代生存下来的概率也更低,经过长期淘汰,剩下的女性识别谎言的能力会更高。

（7）男性可能更容易高估女性对自己的性兴趣。通常,女性正常的友好表现也可能会被男性误认为是性诱惑,这是因为男性有与更多女性结合的倾向,女性则因为抚育后代的成本较大,并不会轻易与男性发生关系。

（8）男性在两性间的短期关系和长期关系中,心理需求可能截然不同。在寻找长期关系时,男性可能更喜欢保守的女性,而在寻找短期关系时,男性可能更喜欢开放的女性,如果反过来,这种男性的基因很难遗传。

（9）男性可能更喜欢处于排卵期的女性,在此期间,女性的怀孕概率更高。统计证实,女性在酒吧被搭讪的概率和女性排卵期高峰的时间高度正相关,这是气味和排卵期女性红润的面色在起作用,导致男性去搭讪排卵期高峰的女性。

（10）男性可能不喜欢不能生育的女性。如果某个女性不能生育,则其被离婚的概率会增加很多。这也是由男性潜意识中需要将自己的基因延续下去所导致的。

（11）男性可能显得凶暴，有时候这种粗暴是下意识行为而并不是真正地要实行家暴，出现这种行为的主要原因之一是防止女性做出对婚姻关系的不忠之事。比如结婚生娃后，有的男性和老婆说自己易做出过激行为，其实这是一种不自信的行为，他们期望通过这种行为降低老婆出轨的概率，但是在一定程度上，软弱的男性的配偶出现不忠行为的概率相对更高。

4. 男女心理行为机制的差异

（1）攻击男性性功能不完备和攻击女性丑或不能养育，都是非常伤人的行为。

（2）男女婚外不忠行为的数量大致相等，但对同一段关系的评价经常相反。男性多数将其作为短期关系，女性多数将其当作长期关系。

（3）商业活动中，优秀男性可能比优秀女性更多，这是远古基因在起作用。男性的狩猎活动需要有进取心和冒险心、迅速决策、团队合作、分享利益、目的明确。而女性常常由于分享性差、决策犹豫、团队精神差导致商业上难以成功。

（4）多数女性对性侵犯和性骚扰极其反感，多数男性在受到女性性侵犯时，并不觉得那么讨厌，甚至还觉得占了便宜。

5. 在对子女的抚养中产生的心理行为机制

（1）女性对孩子的重视程度可能大于男性。从基因传递的角度看，女性几乎能100%地确定后代是自己的，但男性并不能完全确定。并且男性为了增加自己后代遗传的成功率，会希望与更多的女性结合，而对单一子女的过度投资会降低自己寻找其他配偶的可能性。离婚关系中，男人掌握了孩子，大概率就控制住了女性。有统计显示，幻灯片放映婴儿照片时，女性的瞳孔会放大24%，而男性的瞳孔基本没有变化，少数有变化的情况是因为幻灯片中出现了女人的照片。跨文化研究显示，单亲长辈多是母亲。

（2）女性在更年期后，对孩子的喜爱程度可能急剧增长。这主要是因为在自己的繁殖能力消失时，女性可能会将繁殖的希望寄托在孙辈身上，不这样做的女性的基因流失率会更高。

（3）重男轻女是跨文化现象，因为男性的基因传播力更强。父母都对儿子花心、出轨、多女友有高度的忍耐性，这是因为没有忍耐性的父母的基因容易流失。

（4）父亲被说孩子像自己时可能会更高兴，这也是因为父亲希望确认孩子是自己的后代。美国的一项统计显示，在潜意识的指挥下，母亲喜爱谈孩子像爸爸，这与谈孩子像妈妈的比例是4∶1。男性听到子女像自己时则会不知不觉地很开心。

（5）继父母与继子女的感情可能始终不如亲生子女，这是因为人更愿意投入资源到能传递自己基因的后代上。美国的一项统计显示，孩子受继父母虐待的比例是受亲生父母虐待的40倍。另外一项统计显示，对于亲自养大的子女，父母突然知道子女非亲生后，即使双方感情很好,父母对子女的大学资助费和总体平均数相比还是会下降84%。

(6) 父母可能更喜欢健康的、生存概率大的孩子。对有疾病的孩子则更加轻视,有先天缺陷的孩子被遗弃的概率比健康的孩子高很多。

(7) 在多子女家庭中,亲子冲突发生的概率更大。因为每个孩子都希望争取到更多养育资源,父母则更倾向于将资源提供给更健康的、更有生存竞争力的孩子。通常,最大的子女和最小的子女受到父母的资源投入最大,前者有机会实现资源垄断,而后者的成长过程中可能存在父母多余资源无处使用的情况。所以,年龄处于中间的子女,叛逆父母的概率最大。

(8) 人们可能会更愿意帮助那些与自己基因相关的人,对方与自己基因越相似,自己提供帮助的意愿越强烈。因此,亲属之间的互助普遍会强于对外界的帮助。女性一方的亲属更愿意帮助该女性的后代,因为男方亲属不能完全确定这个孩子是否是该男性的后代。也就是说,孩子会与外婆、外公、舅舅、姨娘更亲近,而与爷爷、奶奶、叔叔伯伯、姑姑更疏远。亲属和类亲属越多,个体存活率越高。在五月花号到达美国殖民地后,103名开拓者中有51%的人在冬季死去,最先死去的人是拥有亲属最少的人。人们存活的概率与其亲属的数量成正比。

(9) 男人在遗嘱中可能多会把财产留给配偶,女人在遗嘱中可能多会把财产直接分配给子女。因为男人对女性在拿钱后仍会抚养子女抱有信心,但如果女性把财产分配给男人,女性的基因就容易消失,这是因为男人即使到了70岁,也有生孩子的可能性,这会使该女性子女的生存资源稀释。相反,70岁的女性不可能再生孩子。但男权社会可能通过法律和文化削夺女性临终分配财产的权力。

6. 在社会聚居过程中形成的心理行为机制

(1) 利他主义是人类为获得有限的生存资源,因种族竞争而进化的产物。人类是社会性的,远古人类时常以部落为单位聚居,在发生诸如战争等危机时,如果部落成员没有利他的牺牲精神,部落被全体淘汰的概率就更高。

(2) 人类在进化出合作互惠行为后,必然会进化出一定程度的识别欺骗者(假互惠者)的能力,这种识别虽然不是100%的准确,但肯定能够提供助力,提高识别欺骗者的概率,这就是所谓的直觉看人。如果没有进化出这种能力,人类的互惠行为就会消失。

(3) 私有观念也是进化的产物,没有私有观念的部落的劳动生产率更低。如果大家都重视偷窃和抢劫,而不重视生产,整个部落的食品生产能力和部落总体健康水平就会较低,在部落竞争中也容易失败。"盗窃不道德"在现存的所有文化体中都是通行的,它比"杀人不道德"的普及性更高。

(4) 人口密度大的地方,更容易产生不婚不育的观念,这是种族进化出来的基因,否则,就会因为食品不够吃而导致全种族灭亡。不婚不育严重的国家和地区,如日本、韩国、新加坡,以及中国台湾等,全是超高密度人口国家。

(5) 在冲突中,女性的在场会大大提高男性打架的概率。这是因为远古男性争斗的目的之一就是夺取女性的青睐。

(6) 只有在两种动物中,雄性可以结成同盟,并与同类雄性进行争斗,那就是黑猩猩和人类。所以,有人怀疑进行大规模的同类战争是人的天性。

三、人由基因决定的心理和生理特征是落后于环境变化的

人的心理特征和生理特征常常落后于当前环境的变化,即当前的心理特征和生理特征并非最优地匹配当前的环境。这是因为人的进化过程是通过让具有不适应环境的基因的人类的后代数量减少,来逐渐形成新的心理和生理特征的过程,这个过程非常漫长,需要千百代的筛选。现代社会环境变化得太快,以至于自然选择还来不及筛选出适应现代环境的基因。这种古老基因与环境的错位有时候并不会造成太大的负面影响,但有时候会与当前环境产生严重矛盾。例如,古代人类的食物通常是不足的,因此,人有过度进食储存能量的本能,但这种本能在食物充足的现代反而会造成肥胖、高血压、糖尿病等一系列疾病。又如,在远古,人遇到豺狼虎豹或需要和别的部落战斗时,才会启动恐惧和焦虑状态,将内脏中的血液调动到肌肉中,这可以提高个体的存活率。但到了现代,这种需要肌肉力量来应对的危险已经极少了,大多数焦虑恐惧的来源变成了工作和生活压力,这时候再抽取大量血液到肌肉中,就没有任何好处,非但不能解决问题,反而容易使得内脏长期缺血,例如,胃部的长期缺血会形成胃溃疡,肌肉的长期慢性紧张也会造成肩膀、腰背疼痛等问题。

此外,在古代,女性在生育、抚养孩子的过程中缺乏生存资源,且古代劳动以体力劳动为主,男性的体力更占优势,男性普遍强于女性,因此女性找一个比自己强的、能提供大量生存资源的男性作为伴侣会提高自己的存活率。但到了现代,很多职位已经不再单纯地依靠体力,而是主要依靠脑力,并且在现代,有研究生以上学历的女性甚至多于男性,这时候精英女性再依据原始本能,希望找一个比自己有更高学历、更有钱的男性实际上是非常困难的,因为比她们更优秀的男性已经非常稀少。而且精英女性也不像古代那样缺少生存资源,她们仅凭借自己完全有能力和资源抚养好自己的孩子。因此,这种对男性的择偶标准实际上已经不再适用了。

四、进化形成的心理和行为是可以在一定程度上改变的

当我们称某种心理和行为是受基因或先天影响的时候,会被认为这隐含着无法改变的、宿命论的假设,这是一种误解。事实上,即使是进化形成的心理和行为机制,也是可以通过一些手段规避或者在一定程度上改变的。这是因为某些进化形成的心理和行为机制

的出现需要一定的触发条件。例如,没有遇到生存安全等方面的威胁的健康人,是不会出现强烈的焦虑、恐惧反应的。即使某人遇到了裁员、失业,并因此产生了对自己是否能够生存下去的焦虑,但当他认识到即使失业也不意味着会出现生命危险,认识到这种焦虑是古代的基因错误地运用到现代而形成的错误焦虑并做潜意识调整时,这位失业者的焦虑情况也会大幅缓解。又如,有研究显示,进化让男性有积极寻找一切繁殖机会的倾向,该机制会让男性普遍高估女性对自己的性好感程度,很多男性会把女性礼貌友好的一般行为,如对男性微笑一下、多说两句关心的话等,理解为这是女性在对自己释放性信号。这种先天的本能也是可以调节的,当研究者告诉男性这一知识后,男性普遍会下调这种对女性的错误的心理预期。

五、进化心理学评议

尽管进化心理学理论能解释和预测很多现象,但仍旧存在许多未解决的问题:

(1) 有学者提出,进化后的特征有利于生存是可以确定的,但在进化过程中,某些性状可能不利于生存和繁殖,那为何生物还会继续朝着这个方向进化呢?比如,鸟的翅膀对鸟是有帮助的,但在这种生物还未完全形成翅膀,如形成1/3翅膀的时候,翅膀是否会对其生存和繁衍造成障碍呢?虽然进化心理学者认为这些学者们的猜想很可能是错的,1/3翅膀可能真的对生存有利,但他们无法提供强力证据证明自己的观点,这一疑问仍旧未完全解决。

(2) 有学者提出,面对同样的地球环境,人和动物的智商差距是巨大的。人类经过逐步缓慢的进化演进,理应出现在人和动物之间的许多种具有不同水平的智商的生命,比如应该存在具有人类90%智力、80%智力、70%智力……的生物,但这事实上没有,这是让人困惑的。有的学者将这解释为智力突变现象,也有学者认为人类不容许有与自己智力接近的威胁物种的存在,因而已经将这些与人类接近的物种系统性地灭绝了。但这些假设都没有强有力的证据支持。

(3) 人本主义心理学者强烈反对把人和动物类同,而是强调人是单独存在的,人有强大的自由意志,人有强大的自由选择,反对进化心理学的宿命论和把人与动物类同化的做法。

(4) 精神分析学派认为进化心理学是先天机械决定论,过于忽视后天环境的影响。

(5) 行为心理学派认为进化心理学夸大了基因的作用,忽视了后天正负强化的作用。

总而言之,进化心理学仍然是当前心理学界的显学,它能解释很多心理现象,为心理咨询和心理干预提供丰富的启示,为开发心理干预技术开辟宽阔的道路。

第二节 理解心理现象的关键：潜意识

一、潜意识的定义

潜意识是弗洛伊德提出的理论，在全世界范围内有巨大的影响力。但这一理论在学术界存在巨大的争议，许多学者认为弗洛伊德夸大了性本能的作用，而且弗洛伊德关于梦的解析有很大的随意性。对于上面两点，笔者也是十分同意的，但笔者坚信潜意识现象是客观存在的，潜意识是理解心理现象的关键。

当然，本书讲的潜意识理论和弗洛伊德最初提出的理论已经有了很大的不同。潜意识的定义也有几十种，在政治学、经济学、军事学、社会学、管理学等领域众说纷纭。本书写作的主要目的是为了解决实际问题，而不是做基础理论争论，因此，这里仅选择其中的一种定义进行介绍，具体内容如下所示。

> **潜意识**：影响人的心理、认知、情绪、行为，但自己不知道的心理活动。

潜意识的功能包含4个方面：(1)控制或者影响基本生理的功能，如影响心跳、呼吸、血压、血糖、肠胃蠕动速度、新陈代谢快慢，以及包括白细胞生产速度在内的免疫力升降、脑动脉的扩张收缩、副交感神经功能的强弱、汗腺的分泌等；(2)控制或者影响情绪反应、记忆、习惯性行为、说话时的舌头口腔配合、无意中的肢体动作，创造梦境、直觉、默契记忆等；(3)决定人的基本行为模式，或者说决定人的总体心理反应方式；(4)决定人的性格或者人格特征，如内向外向、悲观乐观、归因朝内朝外、行动人格还是回避人格等人格特征，以及诸如我们日常生活中所说的人的本性、本质或者灵魂等。

所谓潜意识，并非指"我觉得什么是对的"，或者说"我觉得什么是不对的"。因为当个体在说"我觉得"时，实际上是在表达自己的意识而不是潜意识。潜意识是个人难以察觉的。所谓的"一见钟情"，就是一种潜意识现象；一见就讨厌，也是潜意识在起作用。比如，你在上小学时遇见一个跟你很不对眼的班主任，他经常公开批评你，你的情绪体验极其负面，再加上这个老师鼻子很大，你成年后，就很可能会不知不觉地讨厌鼻子大的人。又如，耐克运动鞋为什么会畅销？有可能是因为绝大多数人小时候的成绩没有名列前茅，经常得到很多"×"，而不是"√"，潜意识里埋下了对"√"的强烈追求，成年后自己也不知道为什么就喜欢耐克。因为耐克的商标就是一个"√"。当然，这个说法也是有争议的。

分析潜意识的工具有催眠潜意识分析、房树人图画潜意识分析、沙盘潜意识分析、笔迹潜意识分析、无意识肢体动作潜意识分析、罗夏墨迹潜意识分析等。

二、潜意识的形成

人的潜意识主要来自以下四个方面。

1. 基因里携带的潜意识

比如,在年轻男性中畅销的不少品牌的汽车的尾部是圆形丰满的,它满足了男性对另一半的审美观念,当然,也有不是这种类型的车在年轻男性中畅销,也许这里头含有更强烈的对其他方面的潜意识需求的满足。又如,破坏欲比较强的父母所生的子女,反社会倾向比较高。专门观察一小群从事阉猪、阉鸡、阉狗、爆破、拆房生意的父母所生的子女后,可以发现这些子女的反社会倾向比社会平均水平高,他们容易成为社会的不稳定分子。这或许是基因遗传的结果,但局限于样本数量较小,结论不能完全肯定。再如,人们喜欢熊猫,是因为熊猫的两个黑眼眶显得它眼睛很大,就像孩子一样。你注意观察会发现,孩子的眼睛普遍偏大,因此,大眼睛会让人本能地分泌激素,从而产生喜爱的感觉,这样,孩子能获得成人更多的照顾。实际上,熊猫的眼睛本身不大,只是因为眼睛旁边的毛是黑的,看起来像两个大黑眼睛,让熊猫看起来像个可爱的孩子。如果把熊猫的大眼眶涂白,熊猫就不那么可爱了。

2. 外界反复多次的信息暗示和明示

外界对个体反复多次的信息暗示或明示输入,会沉淀在人的潜意识里。需要特别提醒的是,青少年时期是人潜意识形成的高峰时期,成年后人的潜意识虽然也是可以改变的,但此时潜意识改变的速度比较慢,难度比较高,潜意识吸收的信息量也比较小。比如,人在小时候受到更多的安全防范教育,长大以后对人的疑心病就比较重,容易对他人产生戒备心理。又如,有统计显示,单亲家庭的子女在结婚后的离婚率也高于社会平均数。这可能是因为子女小时候反复被暗示,离婚也是一种可以接受的生活方式,所以对离婚的接受度偏高。在婚姻遇到挫折的时候,单亲子女就会比非单亲子女更倾向于选择离婚。再如,有一段时间我国的青少年对高中学的矛盾论哲学理解得不全面,误认为"凡事充满矛盾",不存在对立和统一。他们就在网上按此想法表现,喜欢骂人、发牢骚、产生对立情绪,容易用对立的观点看待这个世界,斗争性会比较强。当然,这不是绝对的,当他们全面理解矛盾论后,就能正确地对待社会矛盾。同理,近些年,"老人倒地扶不起"的案例屡见不鲜,热心肠的人出于好心搀扶老人却被反咬一口,被讹诈医药费。反观这种奇怪的现象在十几年前却很罕见,有人不禁感叹"不是老人变坏了,是坏人变老了"。这一批倒地不起反而讹诈好心人的老人在青年时期接受了大量的斗争教育,对世界的认识中充满了矛盾观和斗争性,认为矛盾关系普遍存在于人与人之间,斗争遍布各个角落。有研究发现,超生家庭中的超生子女的免疫力通常低于社会平均水平,可能的原因是,他们幼年处于计划生育年代,其处境极其被动,从小东躲西藏、东奔西走,似乎偌大的一个世界没有地方能容留下他们,于是,他们潜意识中经常受到暗示:"我存在于这个世间是错误的,我不该存在于这个容不下我的世间。"潜意识想让本体早点离开人间,于是免疫力在潜意识的指挥下下降,三天两头患感冒变成了家常便饭。

3. 创伤在潜意识中的沉淀

在早年经历了一些创伤性事件以后,受害者可能并没有遗忘这段历史,只是由于人类心理的保护机制,这些创伤性记忆被压抑到意识层面以下,变成了潜意识,潜移默化地影响着一个人的行为和情绪。比如,曾有一个患摇头症的来访者,在任何医院都治不好。后来发现病因是来访者有心理创伤,他小时候曾经捡到个皮包,里面有三十多万元人民币,好处太大了,形成了创伤,沉淀进了潜意识,终生指挥他东张西望地寻找下一个钱包,但他意识是不自知的。同样,假定有人曾在聚众闹事中得到了巨大的好处,比如某地拆迁中有人闹事,得到了巨额赔款,好处太大了,深深地印进了潜意识,从此,此地非理性的群体事件可能连续不断。再如,统计发现,因为父母一方出轨而导致离婚的家庭的孩子,成年后在感情生活中常常对另一半疑心病过重。统计还发现,单亲子女容易早恋,原因可能是家中父母缺了一个,就会有爱的缺乏感,容易产生补偿反应。这都是青少年时期因为创伤形成的潜意识在起作用。又如,父母离婚的单亲子女潜意识里普遍安全感不足,导致潜意识指挥个体储备粮食,防止粮荒,最后他们会进食远远超过个体热量需求的食物。所以,有统计显示,单亲子女的平均体重超过社会上同年龄段人群体重的平均数。又如,成年紫癜患者经常有一个满是创伤的童年,导致其防御性过高,在潜意识指挥下产生血小板抗体,消灭血小板,其血小板减少便形成紫癜。

4. 意识中的矛盾进入潜意识

当意识中的某些东西和社会教育或者社会暗示相矛盾时,人会产生纠结与痛苦,即使后来这些纠结与痛苦看似消失了,但实际上是被大脑移进了潜意识。

比如,社会向我们暗示,有破坏欲是件坏事,所以,一个破坏欲比较强的人,就和社会暗示相矛盾,于是,破坏欲就被移进潜意识,矛盾看似消除了。特别喜欢玩保龄球的人,可能潜意识破坏欲就很强,把那整整齐齐的瓶子砸得东倒西歪时,感觉很爽,人的意识会令其真心地认为玩保龄球只是为了锻炼身体,或者娱乐,或者其他社会认可的目的。在意识层面,他并不认为自己破坏欲很强,而把破坏欲藏在潜意识里。要特别说明的是,一个人对外界的总体心理反应模式、性格或者人格特征性质(是内向外向、悲观乐观、归因朝内朝外、行动人格抑或回避人格、胆大还是胆小、思考者还是行动者等),是由潜意识决定的,而意识只是增减了这些特征的数量。

各位管理者不妨思考一下:为什么秦始皇、朱元璋、朱温、张献忠、成吉思汗等都喜欢大肆杀人或者大杀功臣?为什么刘秀、李世民、赵匡胤却比较宽容并与功臣和睦相处?

其原因总结下来有个共性：以上所提到的崇尚大杀特杀的帝王将相在早年普遍经历过严重的动乱，动荡不安导致潜意识中的安全感严重不足，严重的安全感不足导致极强的怀疑心，怀疑心驱使他们认为大杀特杀是必要的；上述较为宽容的帝王将相们往往自幼家庭条件优越，没有动荡不安的感觉，故安全感很足，怀疑心也变得比较小，所以比较宽容。

再深入地剖析一下，读者就会更为清楚这一点：秦始皇早年是随父亲作为秦国的人质抵押给赵国的，安全感高度不足；朱元璋是叫花子出身，居无定所，颠沛流离；朱温儿时丧父，母亲在富人家做佣人，他从小就寄人篱下；张献忠长期饱受他人的欺凌压制；成吉思汗从幼年开始就被各路人马追杀。这些人的安全感高度不足。刘秀则是地主家庭出身兼太学生，精通孔孟之道；李世民是贵族出身；赵匡胤出身于将军世家。这三人的安全感都很足，从小受到的尊敬也很多，所以长大后，也会比较宽容，而且对马屁的需求也不那么强。

我们再来思考一下，为什么中国的单亲子女长大后多喜欢指责别人？这是因为中国的离婚文化是不成爱人就成仇人，离婚者互相之间频繁过度地指责，子女受到大量的重复暗示，长大后喜欢指责人。心理学将其称为归因朝外。在其他国家这样的现象就比较少，这可能是因为其他国家的离婚文化是：不能当爱人还可以成为朋友。

请各位管理者再思考一个问题：冒着杀头的危险去贪污，并且几亿元、几十亿元、几百亿元巨款根本用不完，却还去贪污的官员是什么心理？

笔者曾调查过他们的忏悔书，有人写道："我生长在一个极其贫穷的家庭，我妈临死的时候想吃一个馒头，没有吃上，死了。共产党把我培养成了干部，我本来应该好好报答党的培养，但是，我没有加强马列主义学习，没有加强世界观改造，滑入了贪污受贿的泥坑……"

其实，他们的贪污和世界观改造的关系不大，主要是青少年时期极其贫穷的经历在他们的潜意识深处留下了创伤，成年后他们在潜意识的指挥下无法自控地疯狂捞钱，即使冒着杀头的风险也在所不惜。

因此，很多公司从来不让青少年时期有极其贫穷经历的人去管钱和从事采购，否则，风险相当大。如果让他们去管钱或采购，也是在变相折磨人，他们会整天在内心进行激烈的斗争。贪欲和良知交战是非常痛苦的。需特别说明的是：上述的青少年时期极度贫困的经历也是相对于周边环境而言的，假如那时所处的环境中大家都一样贫困，内心的创伤相对会小很多，成年后的贪污倾向也会下降。但是，青少年时期极其贫困的经历总是会或多或少地给人造成心理创伤。实践表明，意识层面的调整对情绪的影响比较小。潜意识调整的主要方式之一是催眠，这对情绪影响更大。比如，失恋痛苦是情绪问题，所以是潜意识管理的，你对失恋者进行思想教育常常没有用的。你和他说："天涯何处无芳草，何必单恋一枝花?"他会说:"老师,道理我也懂的,可我就是痛不欲生,我就是难受,控制不了。"这是因为思想教育是一种在意识层面的沟通,而不是潜意识层面的沟通。在调整失恋负面情绪上,催眠很快就会见效,使人变得精神抖擞,开心乐观。请注意,不是因为催眠使人忘记了前恋人,而是使人在潜意识层面建立了正确的人生观和爱情观。在实践中我们会发现,各类心理问题或多或少地有潜意识的问题。

三、潜意识的调整手段

1. 催眠

谈及潜意识,必须谈到调整潜意识最有效的手段——催眠。

催眠是个容易让人误会的词,这个词是民国时期的学者翻译的,后来学术界相沿成习。许多人望文生义地认为催眠是催人入眠的意思,这个误会很大。催眠的本质是潜意识沟通,如果将其翻译成潜意识沟通可能更为贴切。当然,和所有社会科学概念一样,催眠的定义也有多种。由于进行文字争论不是本书的写作目的,因此本书将其定义如下:

> **催眠**:仅关闭意识或者一定程度关闭意识,使得潜意识更加开放,治疗师与被催眠者进行潜意识沟通,从而改变错误的潜意识,达到心理调整目的的心理疗法。

人们对催眠的认识有以下六个误区。

误区一:催眠就是睡眠。

睡眠是潜意识与意识的双关闭,此时是无法进行潜意识沟通的;催眠是只关闭意识或者一定程度地关闭意识。

误区二:催眠后人可能醒不过来。

催眠不是睡眠,因此根本不存在醒不过来之事。虽然催眠后解除一下更好,但不解除的话也是会自动消失的,只不过被催眠者会朦胧一会儿。

误区三:催眠以后,催眠师想让被催眠者干什么他就干什么。

这是流传最广的误区,事实上,催眠时如果让被催眠者做对自己不利的事情,这样的指令是无用的,是绝对做不到的。比如,叫他交出银行卡或者手机是绝对不可能成功的,如果可以做到,那心理学教授们岂不太容易发财了?欧美有至少10万名从事心理学研究的人会催眠,那岂不是天下大乱?潜意识是你自己的潜意识,当然会保护你自己,就像你的手天然会保护你一样,任何对你不利的指令你都不会执行。

误区四:催眠可以让人说出不愿意说的隐私。

这也是个流传很广的误解,如果说出隐私对被催眠者不利,他就不会说,原因和上面一样。催眠时,被催眠者之所以会说出隐私,是因为他知道这些话说出来后会有利于治疗。

误区五:受教育程度低的人容易被催眠。

这正好搞反了,总体而言,受教育程度越高的人越容易被催眠。因为这些人的想象力更丰富,对先进科学技术的理解力强,所以容易进入催眠状态。当然,假定某个人虽然受教育程度高,但喜欢钻牛角尖,或者老想研究催眠是什么,他进入催眠状态要难一些。

误区六:催眠是万能的。

催眠经常被误会可以用于解决精神分裂症、提高智商等,其实催眠在这些方面是没有效果的。但是,催眠可以用于解决各类情绪问题,包括但不限于失恋情绪问题、离婚情绪问题、感情纠葛产生的情绪问题、失业情绪问题、考试紧张情绪问题、失败情绪问题以及网瘾、厌学等。

当今,催眠也存在被人为妖魔化的问题,人们总是觉得这是妖术、邪术。事实上,许多西方先进科学技术或者文明,在引进中国初期时都会被妖魔化。清末民初电灯被引入我国时,引发了社会的轩然大波,大家觉得灯不添油居然可以点亮,其中必有邪气,以现在的观念来看,你会觉得非常荒唐。当时,袁世凯在北京引入自来水,大家都知道水往低处流,结果却发现水居然往高处流,民众以为中邪了,或者是妖术,于是市民抵制自来水,称其为"洋胰之水",认为有毒。中国第一条铁路也曾引发大众的惊恐,1865年7月,英国商人杜兰德在北京建了一条一里左右的铁路,结果历史记载:"京师人诧所未闻,骇为妖物,举国若狂,几致大变!"大家发现没有牛马拉的火车居然会动,认为必然是邪气无疑。直到北京步军统领率领军队把铁路捣毁,社会才安定。

有些群众有这样的心理:凡是不理解的前沿科学技术,就懒得去理解,一概简单地扣上邪气、邪术、迷信的帽子,一切就结了。然而,他们又经常把迷信当科学,比如相信绿豆能包治百病。回想计算机技术刚引入中国时,也被认为是胡说,很多人死也不相信机器比人脑计算快,推广这些技术的专业人员经常被认为是骗子。马云早期在推介互联网时,也被人认为是骗子,有的人还被扣上封建迷信的"光荣称号"。

催眠技术在中国发展时间较短,是有个被妖魔化和慢慢去妖魔化的过程的。文化程度越高,催眠效果越好,也是这个原因。比如,对拥有博士学历的人催眠,容易产生惊人的效果。其实,催眠技术在欧美已经发展了一百多年,是一种很普通的心理调整技术,会催眠的人也多如牛毛,人们并没有中国人所特有的对催眠的恐惧和妖魔化心理。

改变人的潜意识除了使用催眠的方法,还有别的方法可循吗?办法是有的,那就是重复信息输入。但改变潜意识需要重复信息输入几千次甚至上万次,其工作量十分浩大,其中心思想是重复内化的方法。

2. 意识的检阅作用

> **意识**：指我们自己知道的理性行为的心理活动，包括但不限于感觉、知觉、记忆、有意动作、逻辑、分析、计划、计算等。

意识有一个重要功能，即检阅作用。所谓意识的检阅作用，主要有以下两种表现。

（1）意识就是门卫，会自动检查外部输入的信息，决定接纳它还是放过它，是允许其进入人的潜意识还是把它彻底赶出去。比如，领导号召员工要爱岗敬业，在表面上员工都是点头认可的，但实际上大部分员工的意识检阅功能在发动，他们大多数人的检阅结果是：领导的这些话是胡说，目的是诱骗我们为他升官发财卖命。结果这些敬业教育信息都被堵在潜意识的大门之外，根本没有进入员工的潜意识，毫无作用。所以，高明的领导在进行此类企业文化教育之前，就得先想办法削弱员工们的意识的检阅作用，从而使向员工灌输的内容能够直击其潜意识深处。

（2）意识是门卫兼化妆师，对潜意识中冒出来的信息进行检查，符合社会意识形态的就允许进入，不符合社会意识形态的就禁止进入，或者经过"化妆"美化以后才允许进入。比如，人喜欢打保龄球是因为这满足了其破坏欲，意识检阅作用检查的结果是这"不符合社会意识形态"，于是就对这个信息进行"化妆"，变成"打保龄球"是为了锻炼身体，或者变成"打保龄球"是为了交际等观点。总之，意识的检阅作用把潜意识"化妆"成社会意识形态赞许的想法。对于这种对潜意识信息外出的检查和"化妆"，个体在意识层面是不知道的，是不知不觉、潜移默化的。

四、潜意识心理学的应用

潜意识心理学理论同样对公共管理心理学产生了重大影响，比如，在谈论社会稳定管理时是无法绕开潜意识理论的。

潜意识心理学虽然受到了很多攻击，但在心理干预中，仍旧有广泛的应用，以潜意识心理学理论为基础开发的催眠心理技术，在心理干预中有着非常好的效果，特别是在干预重症上，效果远比认知行为疗法和人本主义疗法好。

第三节 行为主义心理学：强化理论

一、认识强化理论

行为主义心理学是心理学的三大主要流派之一，它研究的重点是外在的、客观的、可测量、可观察的行为,它反对潜意识学派(精神分析学派)的理论,认为潜意识是不可观察的,因而也是不可证实的。行为主义心理学又有很多分支理论,其中最典型的是斯金纳的强化理论。

强化理论的核心是:人的稳定行为与情绪是强化与惩罚出来的。用通俗语言可简述如下。

> **强化**:如果个体在出现某种行为和情绪时,曾获得了好处或者远离了厌恶的事物,就会使这种行为或情绪趋向于重复。这种趋向并不代表该重复一定出现,而代表个体的行为和情绪有向这个方向发展的趋势,这就称为强化。"获得了好处"被称为正强化,"远离了厌恶的事物"被称为负强化。

> **惩罚**:如果个体在出现某种行为和情绪时,曾获得了坏处或者远离了喜爱的事物,就会使这种行为或情绪趋向于抑制。这种趋向并不代表该抑制一定出现,而代表个体的行为和情绪有向这个方向发展的趋势,这就称为惩罚。"获得了坏处"被称为正惩罚,"远离了喜爱的事物"被称为负惩罚。

上述的好处与坏处、厌恶与喜爱的事物,既包含物质的,也包含心理的。强化与惩罚两项加起来,统称为强化理论。

比如,大多数孩子都是喜爱玩具的,小明把作业做完就可以奖励一个玩具,这就是对小明写作业的正强化;小明把作业做完就不用洗碗了,如果洗碗对于小明来说是一件令人厌恶的事情,这个就是负强化。又如,小明作业没做完,家长让小明罚站,这就是对不做作业的正惩罚;如果小明作业没做完,家长收走了小明的游戏机,移除了小明喜爱的东西,这就是负惩罚。

再如,为什么我们会坐着听课?行为主义心理学认为,我们不是天生喜欢坐着听课的,而是被强化或惩罚引导的。其实,刚入学的幼儿园幼儿和一年级的小学生,经常会听一会儿课就站起来晃荡,这样是更舒服的。成人为什么不边听课边散步呢?因为小时候这样做会挨打挨骂,而坐着听课受到了鼓励,于是,大家慢慢地都变成坐着听课了,也就是说:坐着听课是强化惩罚导致的,不是天生的。

在身体健康方面,如果强化与惩罚运用不当,还可能造成很多心身疾病。所谓心身疾病,就是由于心理因素导致的生理疾病。这些疾病很大程度上与心理状态有关,而非单纯的生理性疾病。特别是有些不明原因、久治不愈的疑难杂症,大概率与心理因素有关。此时,药物只是辅助手段,调整心理状态才是关键。下面是一个真实的案例:

> 曾经有个来访者,她的父亲双腿瘫痪两年了,去医院检查找不出原因,腿脚也没有器质性的病变,但就是站不起来,更无法走路,只能坐在轮椅上,病人寻遍全国各大名医也没有好转。仔细分析后发现,这位病人双腿瘫痪有巨大的好处:因为来访者的母亲(也就是瘫痪患者的妻子)有指责性人格,喜欢到处指责别人,这位患者长期被妻子骂得狗血淋头,痛苦不堪,直到有一次中风后导致双腿瘫痪坐轮椅上,妻子担心丈夫从此残疾,突然变得关怀备至,小心翼翼,指责谩骂大幅度减少。患者从瘫痪这件事情上尝到了甜头,每当妻子指责时,他就双腿瘫痪,妻子就不指责了,并且因为双腿瘫痪时妻子和女儿都非常慌张,患者享受了极大的满足感,瘫痪的行为得到强化,所以就继续瘫痪下去。这种类型的瘫痪,手术或药物治疗的效果都是不明显的。
>
> 后来,笔者让来访者告诉他父亲,"对于双腿瘫痪,专家意见分成两大派,一派以鞠教授为代表,认为双腿瘫痪是可以治好的,办法是催眠;另一派以谢某某教授为代表,认为双腿瘫痪问题严重,而且会逐渐危害生命,要把双腿锯掉,您认为哪一派有道理?"
>
> 来访者父亲认为笔者的意见是对的。笔者对他进行催眠心理干预,很快他就不瘫痪了!

行为主义心理学认为,人的情绪也是被强化、惩罚出来的。有人会说:"我今天情绪不好,所以我不去上班!"行为主义心理学反对这种说法,认为情绪与上班不是因果关系,上班与情绪才是因果关系,是上班的强化、惩罚导致个体对上班的情绪体验。比如,如果一个人上班时老是遭到批评,这个人上班的情绪体验就坏了。另外一种情况也会导致上班情绪不好,就是情绪不好却得到领导的鼓励。比如,愁眉苦脸的人会被老板认为干活卖力,升了工资,被提拔了职务,于是在公司形成一种暗示:坏情绪有好处。那些受暗示强的个体,情绪就不好了。

对于强化惩罚与情绪的关系,笔者持有限支持态度,因为笔者在实践中发现,潜意识与情绪的关系更大。

二、强化理论的其他注意事项

强化理论除了上述核心理论外,还有以下内容。

1. 强化、惩罚的方法要多样化

经常有这样的操作误区:调控个体或群体行为的方法过于单一,花样太少。心理学有一个重要原理,即单一调控个体的方法的边际效应递减,甚至效应为零,还有走向反面的

可能。

比如,在管理工作中,许多领导调控下属行为的手段非常单调,除了表扬—批评、奖金—罚款之外,基本上没什么新的手段,这是一个很大的错误。因为这些老办法用多了就会出现边际效应递减,对下属的刺激力度越来越小,甚至还可能出现反作用。举个例子,假如你的下属喜欢吃红烧肉,第一天因工作得好,你奖励他吃红烧肉,他感觉幸福感传遍全身;第二天吃红烧肉,也觉得美味无比;第三天吃红烧肉,觉得味道不错……第十天再吃红烧肉,就没那么美味了,如果天天吃红烧肉呢?红烧肉的刺激作用在逐步下降。连续吃上一年的红烧肉,红烧肉就不是激励了,可能会变成一种惩罚。比如,下属上班迟到,可以笑眯眯地对他说:"又迟到了是吗?今天中午请你吃红烧肉!"

这就是物极必反,重阳必阴,调控手段从激励因素反成为惩罚因素。所以,在强化、惩罚过程中,调控个体行为的手段必须多样化,防止边际效益递减或失效,甚至走向反面。

如何才能提高强化、惩罚效果的边际效益呢?这就要打破思维局限,加强创新思维,结合实际情况不断创造新的强化、惩罚办法,笔者在《领导心理学》和《家庭管理心理学》中列举了很多实用且有效的强化、惩罚方法,感兴趣的读者可以去阅读相关内容。

2. 分解复杂的行为,分别予以强化与惩罚

人是复杂的动物。很多时候,民众、员工或者其他调控对象的行为是复杂的,不能简单地对其实施强化或惩罚,而是应该对他的行为进行分解,把一件复杂的事情分解成强化与惩罚方向明确的几件事,然后分别实施强化与惩罚。

3. 强化与惩罚应交替使用

强化与惩罚是二元平衡和谐管理中的阴阳因素,两者交替使用,缺一不可。强化的作用在于鼓励好的行为再现,只使用强化,不使用惩罚的结果是:好行为得到了鼓励,坏行为得不到抑制。惩罚的作用在于阻止坏的行为重现,只使用惩罚,不使用强化的结果是:坏行为得到了抑制,好行为不会自动出现。因为好行为与坏行为的成长规律是:好行为不鼓励不会成长,坏行为不用鼓励也会自动产生,即所谓的"学坏容易学好难"。所以,强化与惩罚应该交替使用,这样既能让坏事得到遏制,又能让好事得以发扬,调控效果更好。

4. 强化与惩罚应指向明确

强化与惩罚指向明确的含义是:强化与惩罚调控行为的方向应与具体的行为相联系,以明确被调控人的行为导向。

比如,古代闹饥荒的时候,政府希望百姓有粮食吃。如果有人捐出粮食,政府则予以表扬,这样的调控方向是正确的;如果有人把家里的存粮拿出来高价售卖,政府却严厉打压,控制粮价,这样做的结果是什么?这是对民众释放多余存粮的惩罚,会让有粮食的人

把粮食囤积起来,导致没粮食的百姓继续挨饿,社会更加动荡。这样的强化、惩罚指向不明,民众行为就失去了方向。

5. 对理性程度较低者的调控应偏重强化与惩罚,对理性程度较高者的调控应偏重认知改造

理性程度较高者,主要是指年龄较大者、文化程度较高者或是社会阅历较丰富者;理性程度较低者,主要是指年龄较小者、文化程度较低者或是社会阅历较单薄者。实践经验表明,对理性程度较高者的行为调控应更多地依赖态度改造,对理性程度较低者的行为调控应更多地依赖强化与惩罚。

比如,0—3岁的婴幼儿就是理性程度较低者,很多家长喜欢对他们摆事实讲道理,这几乎是徒劳的。因为婴幼儿的脑子里基本没有道理,别妄想通过态度改造来调控婴幼儿的行为,而是要通过强化与惩罚建立婴幼儿的是非观,也就是通俗意义上的道理。

6. 强化为主,惩罚为辅

强化应占调控行为的80%左右,惩罚应占20%左右,这是比较恰当的比例。在调控个体行为时,既不可以只有强化没有惩罚,也不可以只有惩罚没有强化。所谓的纯粹的"快乐教育",是个没有实证基础的伪命题,这样教育出的孩子优点突出,但也容易成为一个胡作非为的孩子。所谓的"棍棒底下出孝子",也是一个没有实证基础的伪命题,纯粹的"棍棒教育",一定会教育出一个既没有缺点也没什么优点且缺乏创造力的平庸之人。

三、强化理论的错误使用

在生活中存在很多对强化、惩罚理解的误区,导致对强化、惩罚手段的错误使用,举例如下。

错误一:朋友叫你外号,你很不高兴。

很多人都有被取外号的经历,取外号的潜意识动机是捉弄人,让你难受、生气、愤怒,从中获得智商上的优越感和满足感。一个成功的外号就是一叫这个外号,你就七窍生烟,怒气冲冲。你越生气,别人就越满足;你越痛苦,别人就越得意。也就是说,当别人叫你外号时,你生气或难受都是对别人的强化。当然,别人叫你外号,你答应,也是对叫外号的强化,你的外号就难以摆脱了。如果你希望别人停止叫外号,运用强化惩罚理论,最好的办法就是对别人叫外号没反应,面无表情,表现出一副无所谓的态度,别人叫几次也就没劲了。

错误二:夫妻、恋人闹假自杀,你很紧张焦虑。

现代夫妻、恋人吵架时闹假自杀是很普遍的现象。特别是一些女性,喜欢用"我不活啦""死了算了"之类的言语相威胁。统计数据显示,绝大多数夫妻、恋人吵架时的闹自杀都是假的，说说而已，不会付诸行动。他/她闹自杀的潜意识动机是想惩罚你，控制你，让你焦虑，让你难受。当然，如果是抑郁症患者闹自杀，那就有可能是真的，是需要引起注意的。

当你的老公或老婆哭着闹着要自杀时，你表现得惊慌失措，焦虑不堪，这是对老公或老婆闹自杀的强化，说明闹自杀有用。他/她从你狼狈的表现中获得了前所未有的满足感和胜利感，这极大地调动了他/她下次再闹自杀的积极性，闹自杀可能变成家常便饭。次数多了，万一某次失手了，就闹出了真自杀，令人惋惜。

> 有个研究生，年轻时非常帅气。他女朋友由于父亲出轨导致父母离婚，从小没有安全感，潜意识有创伤，对男人没有信心，经常闹假自杀，跳校园里的小湖。这小湖最深的地方也没有人高。如果真想自杀应该去跳大湖，或者跳高楼，所以他女朋友跳湖是假自杀。他女朋友一跳湖，这研究生就慌了神，拼命地把女友拉出来，不停地赔礼道歉，随后三五天，必是好吃好喝地伺候，殷勤地陪伴，结果，他女友闹自杀成瘾。笔者建议这个学生改变方式：女友跳湖时，立刻电话女友同寝室的同学，来把女友拉出来，男孩本人则悠然自得地拿出手机来玩，面带惬意的笑容，踱着方步，唱着欢快的小曲，慢悠悠地走开。他女友果然以后不闹自杀了，因为闹也没用了！

错误三：希望老公多做家务，却在他洗衣服不干净时批评他。

不少女性希望老公多做家务，但老公洗了衣服后，如果没有洗干净，多数女性是会批评老公的。从行为主义心理学的角度分析，就是老公洗衣服却得到了惩罚。那么，老公下一次还洗衣服的概率就会下降。所以，如果女性希望老公多洗衣服，即使看见老公没洗干净，也要装作没看见，应该给予老公鼓励。比如，老公洗衣服的时候，老婆表现出非常幸福的样子，或者去亲老公一下，都是属于强化行为。口头明示表扬也是可以的，但暗示效果更好。

如果确实需要批评老公，请以一份批评配合五份表扬的比例实施，或者老公已经形成了稳定的洗衣服行为后，再进行批评。

错误四：孩子成绩上升，兴高采烈地向父母报喜，父母批评他太骄傲。

有的孩子成绩上升了，显得特别兴高采烈，向父母报喜，不少父母的应对方式却是错误的。他们会批评孩子太骄傲自满了。从行为主义心理学分析，这是孩子成绩上升却得到了惩罚，孩子下次成绩上升的概率也会下降。父母的正确做法是：父母也显得很高兴，并口头给予鼓励或者在物质上给予奖励。

心理学研究表明：在初中生与小学生的潜意识里，学习是为了让父母开心，那些所谓的学习对于个体前途的好处，他们是无法深刻理解的，即便孩子们嘴上说出一大套学习有什么好处，绝大部分也是鹦鹉学舌，尤其是小学生，这种现象特别明显。

四、强化理论的应用

在了解了强化理论的基本内容后，下面简单谈谈其与公共管理的关系。

在公共管理中，行为主义心理学对社会稳定管理有很好的启示。一定是导致社会不稳定的人群认为通过骚乱或群体事件可以得到好处，大规模的骚乱或群体事件才会发生。骚乱也有宣泄情绪的作用，但大规模的骚乱或群体事件的主要原因是认为闹了比不闹更好。产生这种观念的一个重要原因是政府在进行社会管理时强化失当。

同时，行为主义心理学为当前人们不愿意生孩子提供了有力的解释：由于孝道文化的弱化，生孩子得不到强化，多子多福成为伪命题。要解决人口危机，恐怕需要重新培植孝道文化，使生孩子行为得到鼓励。行为主义心理学可以解释许多社会紊乱现象，并为提出解决方案给予许多启示。

第四节 人本主义心理学：马斯洛需求层次论

一、马斯洛需求层次论概述

人有自我完善的本能是人本主义心理学强调的核心。人本主义心理学有两位代表人物，其一是亚伯拉罕·马斯洛(Abraham Maslow)，其二是卡尔·罗杰斯(Carl Rogers)。罗杰斯的研究方向更偏重于心理治疗领域，对社会管理的启发意义较小，因此这里着重介绍马斯洛的需求层次论。

马斯洛的早年生活是不幸福的，他母亲的人格接近于控制型人格与指责型人格的混合体。马斯洛曾如此形容他的母亲："我对她的反感不仅来自外表，还来自她的自私、她的吝啬，她对任何人都没有爱，包括她的孩子和丈夫。她自恋、偏见，她压迫剥削每一个人，不同意她的人都是错的……"他母亲的所做作为和马斯洛提出的人本主义理论完全相反，马斯洛也承认自己的人本主义理论就是在遭受母亲这样的对待后为反抗母亲而提出的。马斯洛虽然与父母的关系都不好，但他更无法忍受母亲，因此即使他与父亲和解后，也不愿与母亲和解。在他母亲过世后，他甚至没有参加她的葬礼。

1943年，马斯洛在《人的动机理论》一书中提出了著名的需求层次论。在这个理论中，马斯洛认为人的需求可以从低到高分为五个层次,分别是生理需求、安全需求、归属和爱的需求、尊重的需求、自我实现的需求(如图1-1所示)。人对这五个需求的满足是逐层递进的,即多数人是先满足低级需求后才会再满足更高级的需求。

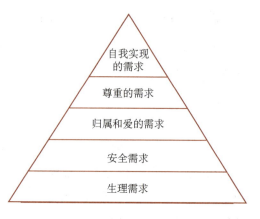

图1-1 马斯洛的需求层次论

1. 生理需求

生理需求是人的最低、最基本的需求层次,但也是最优先需要被满足的需求。这类需求包括:饿的时候能有食物吃,渴的时候有水喝,有可以住的场所,有衣服穿等。也就是常说的衣、食、住等基本生理需求。需要指出的是,这里的生理需求的满足不是要吃得、住得多么好,不是指龙虾、豪宅,而是指能基本吃饱、有能遮风挡雨的住处。

人有巨大的动力来满足这一需求,当一个人受饥、挨冻的时候,日常所遵守的道德、规则就不再是束缚,人们会不择手段地抢夺食物,为此甚至可以丢掉性命。

历史上由于这类基本需求未被满足而引发的社会动荡数不胜数:王莽新朝末年,由于施政不力,加上遇上旱灾蝗灾,大量百姓无法忍受饥饿,揭竿而起,发起了绿林起义;东汉末年,朝政腐败,土地兼并剧烈,大批农民失去土地沦为流民而又没有生活来源,一时饿殍遍地,张角三兄弟乘机借着治病为由发展宗教,收揽大量民众,而后起义;唐末,黄巢所在的关东地区大旱,而官吏还在逼迫百姓缴租、服役,百姓忍饥挨饿,聚集在黄巢身边,发动了黄巢起义。

因此,让百姓的生理需求得到满足是保持社会稳定的基本条件。

2. 安全需求

在满足基本生理需求后,多数人会开始追求满足安全需求。安全需求是指个体有免受心理和生理伤害的需求,这种安全可以指人身安全、生活稳定、财产安全、工作安全、社会有保障、婚姻稳定、亲密关系安全、身体健康、心理健康等。

缺乏安全感的人会感觉自己身边的人、事都对自己有较大的威胁,会认为这个世界是危险的、不公平的,从而变得焦虑、多疑。

生理需求被满足后,社会动荡的概率会下降。因感到不安全导致社会发生剧烈动荡的概率较小,但若安全需求未被满足,也容易造成大量的社会不满,积累久了也会形成不同规模的动荡。

3. 归属和爱的需求

在满足生理需求和安全需求后,多数人开始追求满足归属和爱的需求,这也常常被称为交际需求。

归属的需求是指能够感觉自己归属到某个群体中,能够成为群体的一员,被群体所接纳。爱的需求是指能够被恋人爱、能够爱别人、伙伴或同事之间关系融洽或有好的友谊及忠诚、得到别人的关心等。缺乏归属和爱的人会感觉自己没有人关怀,从而容易觉得自己活在世上没有价值。

在社会管理中要注意到人是有归属到群体中的需求的,这类群体可能是宗教群体、慈善群体、爱好者协会群体等。让这类社会中间组织良性发展,可以增强个体对归属和爱的需求的满足感,有利于减少社会矛盾。这样的中间组织多了,也更利于政府统一管理。当出现动乱时,政府以这些中间组织作为抓手可以更好地管理组织中的个体。

4. 尊重的需求

在基本满足前三项需求后,多数人开始追求满足尊重的需求。尊重的需求包含自己对自己的认可、尊重,以及外部对自己的认可、尊重。

追求外部的认可、尊重是指获得某些成就、名声、地位,受到他人的认可、崇拜、敬重等,有些人会追求董事长、总经理、经理、教授、总工、副教授、科长、处长、局长、厅长之类的身份地位;有些人喜欢受到别人的公开表扬,如大会表扬、发文章表扬、颁发荣誉勋章、光荣榜表扬等;有些人喜欢用各类消费品来彰显自己的价值,受到他人的尊重,如昂贵的衣服、豪车、名表、名包等。

追求内部认可、尊重是指人自己的内心是自信的,认为自己是有价值的,对自己是高度接纳的。

尊重的需求得不到满足或过度追求外部认可的人,会变得特别爱面子,容易被虚荣的头衔吸引,如过度追求教授、总工的头衔而使自己疲于奔命。历史上有多起落第秀才带头起义的案例,著名的如黄巢起义的首领黄巢、太平天国起义中的洪秀全都曾是落第秀才,他们起义的原因之一就是对功名追求而不得。对这种有尊重需求的群体意见领袖,最好的方式是赠予他们各种各样的荣誉头衔或虚设职位,满足他们的尊重需求,以减少社会动荡的可能。

5. 自我实现的需求

在基本满足前四项需求后,多数人开始追求满足自我实现的需求。这是马斯洛需求层次理论中的最高层需求。自我实现是指个体的能力、潜力可以被充分发挥,可以完成符合自己能力的事情。此时,个体会感觉人生很有意义。

需要指出的是,自我实现并非指个体能够实现自己定下的目标,而是指合适的人能够去做合适的工作,例如,有经商天赋的人可以去经商,有研究天赋的可以去做研究;有管理天赋的人可以去做管理,有绘画天赋的去画画。无法自我实现的人则会感觉生活空虚、无意义。

在大多数情况下,人的需求是逐层依次递进发展的。这里的逐层发展是指人在人生每个阶段的发展重点不同,以上五种需求是所有个体都需要的,但当生理需求没有得到满足的时候,个体的大部分时间、精力会聚焦于满足生理需求,因而对其他需求花费的精力、时间很少;当满足了生理需求但安全需求没满足时,个体考虑最多、花精力最多的就变为安全需求。

当然,也存在极少数跃层发展的人,例如,部分伟人能够在衣不蔽体、食不果腹的情况下追求自我实现,但这样的情况是极少数,没有普遍意义。

二、需求层次论的应用

马斯洛的需求层次理论对社会稳定管理有着重要的启发意义。

对社会稳定形成威胁的人主要有两类:第一类是生理需求得不到满足的人;第二类是发展至高端需求阶段而一直未被满足的人,特别是处于自我实现需求阶段的人。处于安全需求、归属和爱的需求这两个阶段的人最趋向于实现社会稳定。这样一来,社会稳定的目标就很清晰了——使社会上处于这两个阶段的人的数量在总体人数中占绝大多数。

传统上,我们认为只有吃不饱穿不暖的人才会造反,马斯洛的需求层次论告诉了我们不同的结论:如果社会上有一大群人,吃饱了喝足了,有衣穿有房住,有老婆有娃,也没有遭受打家劫舍的威胁,却无所事事,有大把的时间,整天琢磨如何提高自己的社会地位,或者天天考虑什么是对的,什么是错的,这个社会照样容易出乱子。这样的例子有很多,比如,美国的黑人中有很多人处于失业状态,有大把的时间,但由于社会福利的关系,吃饱喝足是没问题的,有衣穿有房住,有老婆有娃,却经常掀起社会骚乱。所以,社会福利和社会稳定不是简单的线性关系,而是抛物线关系。也就是说,社会福利太低,容易引发社会骚乱;社会福利太高,也容易引发社会骚乱。

那么,生理和安全这类低层级需求与归属和爱的需求、尊重的需求、自我实现的需求这类高层级需求的主要区别是什么呢?

马斯洛认为,低层级需求主要靠外界条件来满足,主要依靠的是物质条件。这些需求的满足需要有足够的粮食和衣服、稳定的合同、完善的法律和社会保障等。高层级的需求则主要靠内部条件来满足,偏于精神性,如团体的接纳、工作中的意义感、工作能力充分发挥、受到尊重等。

因此,在社会管理中,要根据不同时期、不同人群的特征来制定政策满足他们的不同阶段的需求,以减少社会不稳定因素。在社会经济萧条时期,应主要针对收入水平较低的群体施策。他们的主要需求是生理需求和安全需求,因此,应着重发展经济,用社会福利等手段保障他们不至于出现饥饿,以减少社会动荡的可能性。在经济高速发展时期,应主要针对社会中的较富裕群体施策,他们的低层级需求已经满足,再强调吃饱穿暖对他们的意义已经不大,这时候要着重满足他们的高层级需求,如开放中立社会团体,增强他们的群体融入感,对某些社会异见人士要内化给予荣誉头衔等。

马斯洛需求层次论对解决贫富差距问题有着重大的启示。有许多人误认为,富人有钱以后仍旧努力去赚钱,其目的就是为了获取更多的钱,这个理解是非常肤浅的。富人有钱后仍旧去赚钱,其目的不是"为赚钱而赚钱",而是为了实现尊重的需求和自我实现的需求。如何让企业家们既多捐出钱,又不打击他们的工作积极性,最好还兴高采烈,这是一个难题。在这方面,马斯洛需求层次理论会给我们有利的启示。

马斯洛需求层次论对于解决经济发达地区高房价问题也提供了思路,请看后文的具体分析!

三、关于需求层次论的一些争论

多数人知道马斯洛的需求层次论提出了五个需求层级,实际上,马斯洛在1954年出版的《激励与个性》中又增加了两种需求层级,分别是求知的需求和审美的需求。他认为这两种需求应该在尊重的需求和自我实现的需求之间。

求知的需求是指个体探索自身和周边世界,理解和解决生活中问题的需求。审美的需求是指个体都有欣赏身边美好事物的需求。增加了这两项后,马斯洛的需求层次论变成了七层:生理需求、安全需求、归属和爱的需求、尊重的需求、求知的需求、审美的需求、自我实现的需求。

人文学科都是有争论的,马斯洛在提出需求层次论后,同样引起了巨大的争论。很多学者对需求是否按照层级逐次满足有很大疑问,例如,在许多宗教团体中,部分信徒对宗教信仰的需求强度可以远大于对生理、安全等需求的强度。他们可以为了信仰清修苦行,将吃、穿等欲望降到最低,摒弃性欲,甚至可以为了宗教欣然赴死。在他们眼中,这种为了宗教、理想而赴死的行为是可以获得上帝、先知喜悦的,是荣耀的。印度教、基督教中有大量的苦行僧、清修者,他们相信个体可以通过各种苦难修炼心性。他们吃最差的食物,忍受恶劣的环境,对自己的身体进行折磨,认为这样可以修成正道或得到上天的启示。

圣雄甘地就是著名的印度教教徒,在饮食方面,他和所有苦行僧一样,杜绝了荤食,连牛奶也不喝。在36岁时,他更是突然对妻子说自己决定禁欲,不再和妻子行夫妻之事,而后的39年里,他和自己的妻子就再也没有过夫妻之事。在甘地晚年,印度教教徒和穆斯林教徒发生大规模暴力冲突后,甘地曾十数次绝食,并告诉众人只有大家停战他才会恢复饮食,而很多次绝食都曾让他接近死亡。这些行为都和人的基本生理需求相矛盾,这样的跳层发展是不符合马斯洛的需求层次论的。

也有学者提出,人的主要需求的先后顺序实际上是不固定的,在不同的年龄段,人主要的需求会有所不同,儿童最需要满足的是生理需求,青少年最注重的是尊重的需求,老年人对安全需求的要求最高。

有部分学者认为,马斯洛的研究有偏差,因为他当年观察研究的都是健康人,对于有心理疾病的个体来说,这套理论就不再适用。例如,抑郁症患者对安全需求的渴望程度就要超越常人。

还有学者认为,基因遗传本能也应该算作一层需求,如人的繁衍的需求,对伴侣的爱的需求和对孩子的本能的爱等。但这层需求放在哪里很有争议,因为它与现有的生理需求、归属和爱的需求等都有交叉,而且其中还有马斯洛需求层次论中并未涉及的部分。

马斯洛的七层需求理论涵盖了个体大部分利己的需求,但并未明确指出人有利他的需求。笔者认为,人的本能不可能只有单纯的利己成分,纯粹利己的人是不能在人类这个群体中生存的,利他也应是一种基本需求。只是利他的本能与利己相比不那么明显,绝大多数人的利己强度超过利他,只有极少数人的利他强度超过利己。

图 1-2 九层需求层次论

虽然有这样或那样的争议,但马斯洛需求层次论无疑有巨大的启发意义。笔者的观点是,应该在马斯洛需求层次论的基础上,再加两层:其一是利他需求,指的是他人需要或对他人有益的需求,该需求应在尊重的需求之后;其二是对信仰或者永恒意义的需求,即个体对永恒价值的追求或个体对永生追求的替代需求,这一需求可放在自我实现的需求之上,即最高需求。另外,笔者认为求知的需求应在尊重的需求之前,排在第四。所以,本书认为的需求层次为九层(见图 1-2),分别为:生理需求、安全需求、归属和爱的需求、求知的需求、尊重的需求、利他的需求、审美的需求、自我实现的需求、信仰和永恒价值的需求。

上述的九层需求理论或许仍不够完善,仍然不能准确、完整地体现人们复杂的需求,并且层级的顺序也并非完美,但这样的分层可以帮助理解社会稳定管理过程中的各类现象。社会之所以动荡,很重要的原因是某些层级的需求未被满足,因此,弄清个体的需求层次对社会稳定管理有巨大的指导性意义。

马斯洛的需求层次论以及人本主义心理学发展出来的以来访者为中心的人本主义心理学疗法是当今比较流行的心理干预方法,后者强调不给来访者过多建议,相信来访者有自我完善的本能,心理咨询师的主要作用是激发来访者的潜能,让他自我完善。但人本主义心理咨询也受到了广泛的批判,首先,人本主义心理疗法只能应对一些轻症患者;其次,人本主义心理疗法被指责为迎合中国人急功近利的倾向。这样成为心理咨询师太容易了,并且在中国文化背景下,心理咨询师常常是一个权威的角色,心理咨询师不说点什么或者给的建议太少,会被来访者认为是在骗钱。笔者发现,在人本主义心理咨询师中,平庸者的比例是比较高的,或者说想急功近利成为心理咨询师的人,比较喜欢躲进人本主义这把大伞下,以求得庇护。

第五节 认知心理学

一、认知心理学概论

20世纪50年代中期,美国心理学家阿尔伯特·埃利斯(Albert Ellis)提出了情绪ABC理论,在心理学界掀起了一股新的思潮。认知心理学是研究人类行为基础的心理机制,该理论的重点是输入和输出之间发生的内部心理过程。认知心理学把人的大脑比作一套和计算机信息加工系统类似的工具,同样的一组数据,如果使用不同的分析软件去处理,可能得到完全不同的结论。比如,同样一个身高180厘米、体重80公斤的人,如果用中国人的软件去分析,得出的结论是这个人比大多数人要胖;如果用美国人编出来的软件进行分析,得出的结论却是这个人比多数人要瘦。

认知心理学的各种流派浩如烟海,各个流派之间的观点也不尽相同。本节只对主流观点进行介绍,并且对其在社会稳定管理方面的应用进行阐述,对于其他各个流派的观点不再详细地阐述。

> 认知心理学的核心观点是:人的认知方式决定了人的情绪。
> 其过程是:A(外部刺激)→B(评价方式)→C(情绪)。

通过上述过程可以得出如下结论:外部刺激并没有直接形成情绪,情绪是外部刺激经过人们对事物的评价方式的加工处理之后形成的。因此,即使是对待同样的一件事情,因为看待问题的方式有差异,不同的人会产生不同的情绪。

二、认知心理学八个案例

接下来,笔者带着各位读者一起看八个案例,以期更好地理解认知心理学。

第一个案例：研究发现第二代移民比第一代移民更容易闹事。

第一代移民中的部分人是因为母国的贫困生活而移民，他们觉得自己的生活得到了巨大的改善，因而有感恩之心；第二代移民的比较标准是周边人的生活，他们觉得自己受到了不公平的对待，因而更容易闹事。

第二个案例：交通堵塞导致错过列车。

甲、乙两人今天开车去高铁站，开到高速公路中途遇到前面的汽车发生车祸，导致交通堵塞，结果二人都错过了原定的列车，两个人对于这件事情的情绪却天差地别。

甲非常气恼，他心里想的是："如果我早出门十分钟不就能避开这场车祸了？不就能赶上列车了？"

乙却暗自庆幸，心想："多亏我出发晚了十分钟，不然出车祸的很可能就是我了！"

都是面对同样的一件事情，不同人的看法的差异是巨大的，这就是认知差异形成的情绪反应的差异。

第三个案例：老哭婆的转变。

很久以前，有一个老婆婆，她有一对女儿，两个女儿都出嫁了，还都嫁了个当地的好人家。大女婿是开洗衣店的，二女婿是开雨伞店的。按理说老婆婆应该很开心才对，但是她却整天愁眉不展。因为每到下雨天，她就担心大女儿家里洗的衣服晾不干，没生意。当天气放晴时，她又开始担心二女儿家里的雨伞卖不出去，生意亏本。所以，无论是天晴还是下雨，老婆婆始终都不高兴。

直到有一天，老婆婆遇到了一个道士，这个道士看老婆婆闷闷不乐，就询问缘由，听闻之后不禁大笑起来："施主，你该高兴才是啊！你看，天晴了，大女儿的洗衣店生意兴隆嘛；下雨了，二女儿的雨伞店财源广进。你家是天天都有财神光顾，幸运得很呐！"

老婆婆听完后，顿觉很有道理，一扫之前愁容惨淡的样子，饭也吃得香了，觉也睡得美了！

虽然这个案例是流传的故事，但是它也说明了，即使是同一个人，面对同样的一件事情，只要看待问题的认知发生改变，其情绪也会产生差异。

第四个案例：加班晚归的丈夫。

丈夫加班回家晚了，常常会听到妻子不耐烦地责备："你怎么又这么晚回来，这都几点了？要不你干脆住公司得了，还回来干什么？"这是因为在妻子的观念里，一个好老公就应该下班到点了就回家。如果妻子的观念里好老公的标准是有上进心，事业能做好，给家里提供更好的物质保障，那妻子就不会生气了。日本就有不少妻子认为，老公下班就回家是不求上进的表现，认为这样的男人是没有出息的，她们反而会因为老公准点回家而生气。所以，导致妻子生气的原因是她认为好丈夫的标准是下班准点回家的观念，而不是丈夫下班晚回家这件事情。

第五个案例：养鸡人的焦点。

鸡既会拉屎，也会下蛋，如果养鸡人的焦点都放在鸡屎上，每天他都要去清理臭烘烘的鸡屎，心里就会觉得痛苦不堪；如果他把焦点放在鸡下的蛋上，每天他都有鸡蛋可以拿去卖，他就会觉得非常高兴。所以，同样是养鸡，养鸡人每天既可以开开心心的，也可以愁眉苦脸的，到底选择哪一种生活方式，主要取决于他看待这件事情的方式，也就是他关注的焦点是什么。

第六个案例：逛动物园的阿明。

阿明和爸爸去逛动物园，当他看到可爱的兔子、调皮的猴子、美丽的鹦鹉、威武的狮子时，他的心情会非常愉悦；当他看到垃圾桶旁的废纸、地上的果皮、动物的粪便、散落的枯枝时，他的心情就变得非常地"丧"。同样是在逛动物园，阿明到底是开心还是痛苦，主要取决于他关注的焦点放在什么位置上。

第七个案例：看书时的焦点。

书本排版、校对错误是大部分著作都很难避免的问题。如果在看一本书时，你的焦点放在这些排版错误上，你的感觉就会很负面；如果你的焦点是在这本书给你带来的新颖的观点、思想的启发上，你的心情就会很愉悦。同样是在看这本书，不同的读者会有不同的感受，读者到底是收获了知识还是虚度了光阴，受他看待问题的角度影响，被他关注的焦点左右。

第八个案例：吃饭擦嘴的纸破了。

公司年会，大家吃得酒足饭饱，满嘴都是油，于是就拿了纸巾去擦嘴。谁知擦嘴时，把纸巾给弄破了，嘴上的油还没处理干净，手上又沾上了。这时候，有的人就会想："唉，我真是倒霉透顶了，喝水都会塞牙缝，擦嘴满手油！"有的人却感到十分庆幸："还好我拿这纸擦的是嘴！"因此，常常挂在嘴边的"你气死我了"得少说，因为本质上是"我自己的观念把我给气死了"，所以，请你牢牢记住并且经常诵读下面这几句话：

> 我生气主要不是外部环境引起的，我生气主要是我的观念引起的！
> 我以后一定要少说"你气死我了"，我知道主要是"我自己气死我了"！

把上面的内容打印三份出来，一份贴在床头，一份贴在卫生间，一份贴在办公桌上。只要一见到它们就在心里默念一遍，空闲的时候再好好地去揣摩这几句话，坚持半年以后，你会发现自己的情绪会有非常大的变化。

上面这四句话里用到了三个"主要"，读者有没有想过为什么呢？

这是因为还有少量的负面情绪和自身观念没有关系，比如头摔破了、三天没吃饭了、感冒了、发烧了、露宿街头受冻了等，这些情绪是受生理因素影响的。但是一个人所经历的所有负面情绪中，这类生理因素导致的负面情绪所占的比重是很小的，个体主要的负面情绪还是由观念导致的。比如前面举的感染艾滋病的例子，这位学员的亲戚的负面情绪主要由两个因素引发：一个是感染艾滋病病毒本身，另一个是他认为得了艾滋病以后自己无法生存下去的观念。前者改变起来是比较难的，但是后者是可以通过调整观念而改变的。这位学员亲戚的情绪的好转是因为纠正了他错误的认知，但是他的负面情绪并没有全部消除，因为生病本身导致的负面情绪依旧存在，被消除掉的只是他错误的认知导致的那部分负面情绪。

调整意识层面的认知仅仅是改变人的认知和情绪的基础，要想从根源上改变人的认知和情绪，更为重要的是要把潜意识层面的认知调整过来。比如，同样都是失恋，有的人会觉得心如刀割，因此一蹶不振，甚至选择轻生，有的人却只是悲伤几天就释然了。为什么会有这么大的差异呢？一个最重要的原因就是不同的人对于爱情的看法是不同的。那些失恋后很快就释怀的人把爱情看作一场游戏，大家各取所需；那些失恋后痛不欲生的人却将爱情视为人生中最重要的东西，甚至要用生命去维护。

从上面这个例子可以发现，个体对于爱情看法的差异会导致情绪反应的差异。所以，要从意识层面和潜意识层面全面地调整自己的认知，才能调整自己的情绪。调整意识层面的认知是比较容易的，而调整潜意识层面的认知难度就非常大。拿失恋来看，很多人都觉得失恋是很正常的，但是失恋后仍然觉得十分痛苦，这就是因为意识层面的认知调整了，但是潜意识层面的认知还没有及时改变。关于潜意识的详细介绍，详见本章第二节。

三、认知心理学对公共管理的指导意义

认知心理学对社会稳定管理有重要的指导意义，即个体对社会是否满意，关键看隐藏在后面的认知标准是什么。

有一种论点认为，只要经济发展，社会就会稳定。这种观点是很片面的，正确的观点应该是：经济发展是社会稳定最重要的影响因素。一般情况下，经济越发展，社会稳定的概率就越大，但这种关系不是绝对的。例如，法国大革命前，虽然法国政府的财政入不敷出，但法国的经济是向上发展的，而且法国政府的负债程度与现在欧美各国相比也不算高，但法国大革命还是发生了。为什么呢？因为当时人民群众的认知是：现存的社会体系是不正义的。

所以，社会稳定管理极其重要的一个方面是对社会民众认知标准的管理，这就有必要深入思考以下问题：

（1）当社会管理当局倾向于禁止人们乞讨，街头乞讨就会消失，这真的对社会稳定有利吗？印度是个相对不富裕的社会体，但社会比较稳定，原因之一就是：大量的高显

示度的穷人的存在让绝大多数人感到满意。比如,印度竟然还存在收入极低阶层,这当然是不道德的,也是笔者所反对的,但是这个阶层的存在提高了全社会的满意度是客观事实。如果严格禁止乞讨,既削夺了少数弱势群体的生存机会,也不见得对社会稳定有利。

（2）假设某些自媒体平台,通过算法控制,多播送"年薪百万不稀奇"之类的新闻,少播送"低收入惨剧",导致大量民众都觉得自己得到了不公平待遇,这个自媒体平台对社会稳定是在加分还是在减分?

上述认知心理学给我们的启示是值得认真思考的。此外,在心理干预技术上,认知心理学对心理干预也有着广泛的意义,认知行为疗法就是以认知心理学为基础开发的心理干预技术,主要用于轻度心理疾病的治疗。

第六节 态度协调理论

一、态度协调理论概述

> 在心理学中,态度是人对某种想法、事件、对象或人的相对稳定的心理倾向。

态度由三种心理成分构成,分别是认知、感情、行为。

（1）认知。指个人对态度对象的理解或认识,包括人类对态度对象的信念、思想和属性。通俗地说,认知是个人的看法,比如"婴儿是可爱的""吸烟有害健康""蛇是可怕的"等。

（2）感情。指个人对态度对象的感觉、情绪,如恐惧或憎恨等。用上面的例子来说,有些人可能抱有这样的态度:他们喜欢婴儿,因为他们可爱;他们讨厌吸烟,因为它有害健康;他们见到或想到蛇就产生恐惧,因为蛇是可怕的。

（3）行为。指个人对态度对象以特定方式表现的倾向,即个体如何作出实际反映或者行动。再次用上面的例子来说,行为可能是"我等不及想要抱一抱孩子""我们最好把那些吸烟者赶出图书馆""我要远离蛇,看到蛇时我会大声尖叫"。

态度协调理论是指,当上述三种成分实现协调后,个体身心感到舒适;当上述三种成分矛盾时,个体会感到紧张,进而产生痛苦感。因为个体的本质是避免痛苦,走向幸福,所以,在个体的三个成分矛盾的情况下,个体会通过各种各样的方法重新调整三个成分的关系,使三者趋向于协调。

二、态度协调理论应用举例

下面举一些例子来说明从态度协调论的角度出发,哪些情况下人是开心的、舒适的,哪些情况下人是烦恼的、痛苦的。

案例一:学生的认知与行为。

在校学生在对待学习的态度上,有三类学生,前两类学生是非常幸福的,后一类学生是非常痛苦的。

第一类学生在认知上认为学习非常重要,学生的第一要务就是学习。他们在情感上喜欢学习,一看到书本就有一种愉悦的感觉;他们在行为上每天孜孜不倦地学习,犹如书虫般一头扎进书堆,不亦乐乎。这类学生是非常幸福的,也许旁人会觉得他们很辛苦,但他们本人会觉得非常开心。

第二类学生的灵魂深处觉得学习无用,认为人年轻时就应该好好享受人生。在情感上,他们讨厌学习,喜欢打球、打游戏、到处旅游;在行为上,他们放飞自我,整天玩,不学习。这类学生也是非常幸福的,虽然他们可能有很多课程不及格,但是心情是开心的,因为认知、情感、行为是协调的。

第三类学生在认知上认为学习非常重要,学生的第一要务就是学习;在行为上他们放飞自我,整天打球、打游戏、翘课。这类学生由于认知和行为不协调,内心非常痛苦,得焦虑症、抑郁症、强迫症等心理疾病的概率,以及得高血压、糖尿病、皮肤病、失眠等心身疾病的概率都要高于普通人群。这类学生往往会给自己定一个学习目标,但是又很难完成。比如,在打球之前赌咒发誓:"今天我就打一小时,如果超过一小时,我不是人,而是一头猪!"结果又打了两三个小时……

案例二:管理者的认知与行为。

在官员中,有两类管理者是非常幸福的,有两类管理者是非常痛苦的。

第一类管理者在认知上认为贪污罪大恶极,不可饶恕;在情感上爱钱程度不那么高;在行为上廉洁自守,两袖清风。这类管理者的认知、情感、行为处于协调状态,会感到身心愉悦。

第二类管理者在认知上认为贪污的管理者众多,为了自己生活得更好而贪污一点钱是可以接受的;在情感上非常爱钱;在行为上利用职务上的便利进行贪污。尽管这类管理者的做法会受到相应的惩处,但是由于他们内心没有矛盾,他们本人活得非常开心。

第三类管理者在认知上认为贪污罪大恶极,不可饶恕;在情感上非常爱钱;在行为上经常利用职务上的便利赚一点灰色收入。这类人是非常痛苦的,因为他们的认知、情感、行为处于不协调的状态。

第四类管理者在认知上认为贪污的管理者很多，为了自己生活得更好而贪污一点钱是可以接受的；在情感上也非常爱钱；在行为上，自己处在一个清水衙门，没有油水，无法捞到外快。这类人由于认知、情感、行为处于不协调状态，也是非常痛苦的。

由于整日处在痛苦之中，上述第三类、第四类管理者患抑郁症、焦虑症、强迫症、失眠、高血压、糖尿病、肥胖、甲状腺结节、肠胃病、皮肤病、癌症等心身疾病的概率要高于普通人群。

案例三：烟瘾患者的态度协调。

当个体的认知、情感、行为处于矛盾状态或失调时，个体会产生什么样的后续反应呢？他的反应模式是：努力重新协调态度的三种成分，使它们趋向于协调一致。

我们以烟瘾患者为例来讲一讲人是如何协调态度的三种成分并使其趋向协调一致的。有些人在认知上认为吸烟有害健康；在情感上却非常喜欢抽烟，因为抽烟给他们带来了愉悦的情绪体验；在行为上，会一天抽两包烟。这类人是非常痛苦的，缓解痛苦的方法主要有以下三种：

（1）重新调整行为——戒烟。使用这种方法的人很少，因为戒烟需要非常强大的意志力，一般人很难做到。

（2）重新调整情感。调整情感的基本思路是把抽烟跟痛苦的感觉联系在一起。比如，笔者在帮助别人戒烟时，会给他一根橡皮筋套在手腕上，每当他想抽烟时，就要求他把橡皮筋拉开15厘米然后放手，并至少重复三次。这样，他的手腕就会非常疼痛。逐渐地，抽烟的愉悦体验就被橡皮筋弹到手腕的痛苦所覆盖，他对香烟的情感变成了负面，烟瘾就会逐渐减少甚至消失。重新调整情感的方式费时费力，能坚持到底的人也不多。

（3）重新调整认知。调整行为以及调整情感都非常困难，因此，大多数人都走向了调整认知这条路。比如他会找到反例，并把焦点集中于反例，来论证他抽烟的合理性——隔壁老王已经90岁了，身体倍儿棒，依然每天抽两包烟，可见抽烟对身体并没有多大伤害。甚至，有些人可能会得出这样的结论：香烟对身体非但没有害处，反而更加有利，因为香烟可以以毒攻毒，消灭体内的细菌、病毒，多抽烟得感冒的频率都会减少。经过一番论证，认知与行为协调了，个体就走向了"幸福"的彼岸。

也许有人会问："这不是自我欺骗吗？这没有解决根本问题啊？"是的，人是非常善于自我欺骗的动物，这也确实没有解决根本问题，但人是非理性的，人活在世界上不是为了追求真理，而是为了追求幸福。经过这样一番论证，个体往往会觉得心情愉悦。而且，这样的论证成本非常低廉，短期的效果又非常好。关于抽烟，笔者做过一个实验，从这个实验可以看出，不同程度烟瘾患者自我欺骗的程度是不同的。这个实验过程是这样的：

> 笔者找来100个人，他们可分为四类，分别是不抽烟的、小烟鬼、中烟鬼以及大烟鬼，并请他们同时观看以下过程。笔者又请人抓来一些菜里面常见的小青虫，等分成A、B两堆，放在桌上。然后，找来一个人，先对A堆青虫吹气，再抽两根烟后对B堆青虫吹气，B堆青虫接触到的是香烟的烟雾。10分钟后，A堆青虫全部活着，说明吹气不会导致青虫死亡；而B堆青虫纷纷死亡，停止蠕动。接着，笔者请这100人单独到会谈室进行谈话，谈谈他们看完这个实验后的感想。不抽烟者、小烟鬼、部分中烟鬼在看了这个实验之后，纷纷表示吸烟的危害比想象中要大得多！仅仅只是吐了几口烟，就导致小青虫的死亡，非常可怕！但是，那些大烟鬼以及另外一部分的中烟鬼却得出了出人意料的结论，他们表示："这个实验充分说明了，吸烟在很大程度上是对人有利的，因为抽烟可以杀死肚子里的蛔虫！"可见，烟瘾越大的人，自我欺骗的强度可能越高，因为烟瘾大的人如果不进行如此高强度的自我欺骗，把吸烟论证成对健康有利的，人就会活在强烈的痛苦之中。

使用态度协调论，可以指导我们更好地处理工作、生活中的许多事情，让人生变得更加幸福，也可以解释许多现象。下面，笔者再举一些典型的案例。

案例四：高等教育是否应当免费？

假设某地大力推行高等教育，投入大量的财力把大学教育变成了全免费。当我们不考虑该地是否有这样的财政实力，仅仅考虑高等教育免费后大学生的学习积极性是提高了还是下降了后，答案可能是下降了！因为假设一个人交了一定数量的学费，他在认知上觉得学习没什么用，但是行为上却花了钱，此时，认知与行为是矛盾的，他潜意识中就会推导出一个结论："我简直是个大傻瓜，交了钱还觉得学习没用！"中国人是非常聪明的，因此，为了协调认知、情感、行为的矛盾，他就能够在"大学收取学费"这一规定的迫使下好好学习，提高学习效率。如果不交学费又没有努力学习，认知、情感、行为就是协调的。因此在实践中我们可以发现，收费学习比免费学习的效果要好几十倍。

案例五："升米恩，斗米仇"。

中国有句俗语叫"斗米养恩，担米养仇"，意思是如果给别人比较小的帮助，别人会感激你；如果给别人很大的帮助，别人非但不会感激你，反而会把你当成仇人。这类现象在现实生活中并不是个案，许多人会理所当然地认为帮助别人越多，别人感激得越多。其实，从态度协调论的角度来看，这样的现象是可以理解的。当别人给一个人很多钱时，这个人会在认知上认为我不应该拿这么多钱，行为上却把这些钱收下了。认知与行为产生了矛盾，此时，有两种做法：(1)改变行为，想办法把钱还回去。但是，由于损失敏感效应

（失去钱的痛苦比获得相同数量钱的快乐要大），一般人在拿到数额不菲的钱之后，是很难还回去的；(2)调整认知，找到一定的理由，论证对方把这么多钱给我是理所应当的。要想这么做，只有一条路，就是挑对方的毛病。比如，如果对方是企业主，这个人的协调过程就可能如下：对方之所以给我这么多钱，是因为对方长期剥削自己的员工，给我钱是为了洗刷自己的灵魂！或者是：对方这么有钱，才给我这么一点，真的是坏透了！经过这样一番协调，两个人便反目成仇了。

这个案例也给社会管理提供了一定的借鉴意义。适度的公益是有利的，但过度的公益是不可取的，一旦给对方过多的好处，接受帮助的人非但不会感激做公益的人，反而可能会在背后数落对方的不是。

态度协调论还给了我们一个重要的启示：无论认知是否科学，凡是能够缓解态度三种成分矛盾的认知都更易于被个体接受。

市面上成功学的培训受到很多人追捧。此处，笔者对成功学的定义是：一种否认了人的天赋秉性，认为人只要通过一定的方法，就可以成功（赚大钱）的学说。许多人对成功的态度是矛盾的，他们在认知上认为成功比较难，在情感上喜欢成功，在行为上追求成功。由于认知与情感的矛盾，许多人活在痛苦之中。此时，如果有人告诉你"人人都可以成功，你之所以不成功，是因为梦想不够大，只要梦想够大，就能成功！"或者有人告诉你"人人都可以成功，是因为你心不够诚，上帝无法感知，只要心足够诚，不断地向上帝散发'我要成功，我要成功'的信号，就能成功！"那心理一定顿时觉得成功就在眼前，之前的痛苦都烟消云散了。成功学之所以能受到很多人追捧，是因为其满足了许多人无本、轻松、迅速发大财的心理需求。笔者是非常反对成功学的，因为成功学把人的欲望放得非常大，一旦某一天发现欲望破灭了，就会产生严重的心理问题。

类似地，曾经有一本关于减肥的畅销书，这本书的内容是完全不科学的，但是由于人在减肥与吃的关系上有认知、情感、行为的矛盾，许多胖子看到书名就眼前一亮，觉得前途一片光明，就会马上下单购买，这本书的名字叫《多吃减肥法》。如果想写一本管理方面的畅销书，也可以从员工的认知、情感、行为协调方面入手，那么该书的核心是管理的要义就是：无为！领导应该让员工自己管理自己、自己教育自己、自己解放自己，具体方法是取消考勤制度、取消监督控制部门、取消审批制度等。这种书员工看了会很开心，书的销量一定是可观的。

当一种改造社会的学说广为流行时，变成了文化程度很低的人群都普遍接受的东西，这种学说常常不是一种真理，多半是胡说八道的。它的流行有70%左右的概率是由于协调了认知、情感、行为之间的矛盾。这种社会学说，在学术上叫民粹主义，即满足了低文化程度人群的非理性的、直觉性的、表象性的需求。

案例六：高价的物资。

早年有一个地方下大雪，有一列火车行进至雪中无法动弹。列车上有几百人被困，没有饭吃,没有水喝,由于大雪封路,救援队要3天后才能赶到。此时,周围的村民纷纷跋山涉水地卖食物给列车上被困的人。村民们售卖的物品的价格很高,一瓶水卖10元,一个鸡蛋卖20元,一包方便面卖30元。当地政府在得知此事后,面临一个选择:要不要管控物价?从民粹主义的角度看,当然要管控物价,这么高的物价简直是在抢钱,列车上的人被困已经很可怜了,竟还要这样对待他们。但是,如果拨开层层表象看到其本质,就会得出完全相反的结论——政府不应该管控物价!因为如果管控物价,附近的村民就没有动力冒着严寒给这些人送吃的,必然会造成列车上这几百人没有吃的。那么,在如此恶劣的环境下,是有可能死人的。相反,政府如果宣传,鸡蛋已经卖到了50元一个!这样就使得周围有更多的村民过来卖吃的。比如,附近有个村庄,有爷孙两人,他家的母鸡生了鸡蛋,本来这个鸡蛋是爷爷留给孙子吃的,但是一听到鸡蛋卖50元一个,很可能这个给孙子的鸡蛋就被省下来供应列车上的人。一方面,随着供应的增加,物价会下降;另一方面,列车上被困的人就会有充足的食物,不至于饿死。

三、态度协调理论对公共管理的启发

态度协调理论对社会稳定管理有重要的启发意义。态度协调理论告诉我们,在广大人群中流行的观念往往是他们喜欢的东西,它们常常不是真理。从社会稳定管理的角度出发,要严防以下不科学的观念流行:

错误观念一:解决问题的方法是很简单的,只要高层管理者动机正确就可以,社会之所以出现很多问题,是领导的动机出了问题。

其实,高层管理者的作用往往被夸大了。管理者的命令在执行中会被执行管理体系放大或缩小,命令执行的效果关键在于命令是否增加或减少了执行管理体系的利益。很多社会问题是整个管理体系的动力机制问题,而不是少数高层管理者个人动机是否正确的问题,真心希望整个社会变坏的高层管理者是极其罕见的。把一切社会问题归结为高层管理者的动机是一种思想的懒汉作出的行为,这样思考就变得简单、轻松了。大家之所以喜欢这个观点,不是因为它是真理,而是因为它能让人的思考没那么累!

错误观念二:把"上层"拉下来,瓜分他们的财富,瓜分他们的权力,社会问题就解决了。

类似的社会实践已经有很多国家实施过,事实证明,这种方法根本没有解决社会问题,它没有带来共同幸福,而是带来了共同痛苦。因为在瓜分财富与权力的同时,社会整体奋斗的动力也减弱了。

错误观念三:社会之所以有问题,是因为有一小撮人在搞阴谋,揪出这一小撮人,社会就美好了。

这是典型的思维上的偷懒,之所以很多人喜欢阴谋论,是因为这样解决社会问题就简

单了。原来社会这么多问题,是一小撮人造成的,问题解决起来就方便了。大家喜欢这么想也是因为这么思考不那么累,毕竟,多数人都喜欢轻松地思考。

错误观念四:社会问题很多,归根到底是因为人有私心,如果人人无私心,什么问题就都没了。

这貌似是一个解决社会问题的总方案,但它是不科学的。人的自私是基因造成的,人是不可能无私的。有人希望通过系统、深刻、长期的教育来改造人的私心,但很多社会实践已经证明这是失败的。即便某一段时间,人群似乎没有私心了,但一旦条件合适,私心就会爆发出来了。而且更为难办的是,即便某一代人被改造得没有私心了,这种美好的结果会被基因遗传吗?是不是他的下一代又得进行成本巨大的私心改造?

当然,笔者不认为人的本性是自私的,笔者认为人的本性是阴阳二元相对平衡的,即利己性和利他性都是天性,两者同时存在。但绝大多数人的利己性超过利他性,极少数人的利他性超过利己性,人类作为一个整体,总的来说是利己性超过利他性。

此外,还有许多其他伪科学观念特别容易流行,这些伪科学观念都会对社会稳定形成重大的冲击。对于各种易于流行的伪科学观念,在公共管理心理学用民粹主义来表示。笔者认为,对中国威胁最大的因素之一就是民粹主义流行。公共管理研究者和公共管理实践者必须严防民粹主义泛滥。在中国的历史上,民粹主义已经给中国形成了巨大的灾难,这是要充分重视的。

态度协调论在心理干预中有着广泛的应用,为开发心理干预技术提供了许多启发。

第二章
CHAPTER 2

常见的心理疾病

第一节 抑郁症

一、抑郁症的起因

1. 关于抑郁症起因的基础理论

对于抑郁症的起因,学术上的争论有很多,现在还不存在能够统一解释所有抑郁现象的理论。这说明在现有的理论当中尚有更加基础的理论没有被发现,有待于学术研究的进一步发展。当前,学界对抑郁症起因的观点可以分为生物化学派和心理学派。

生物化学派主要流行于医院和医生群体,特别是公办的精神卫生中心。民众有一个误区,以为公办的心理咨询中心会以心理咨询为应对心理疾病的主要方式。其实,公办的心理咨询机构很少做真正意义上的心理干预,他们主要使用药物治疗,简单省事。造成这种情况的原因,首先是物价局和社保局医疗费用的限制,其次是人才的缺乏。多数真正的心理干预高手为逃避价格管制而走向了市场化的心理咨询机构。生物化学派主张任何心理现象背后都隐藏生物化学物质原因。因此,该理论偏重于药物治疗,治疗方法见效快,技术要求低,比较省事,总体费用低,但对某些抑郁症没有效果。综合分析各类文献及调查数据可知,此方法对 15%—20% 的抑郁症患者无效,或效果特别差,而且纯药物治疗的复发率在 50%—60%。

心理学派认为,心理因素在抑郁症中起极其重要的作用,该学派主张心理因素是原因,各类生化指标是结果,各类生化因素进一步导致抑郁情绪。该理论偏重于心理干预的治疗方法,多数心理学家也同意药物治疗,主张齐头并进。但心理干预通常见效较慢,技术要求高,培训优秀的心理咨询师的过程极其复杂,且培养周期很长。综合分析各类文献及调查数据可知,纯心理干预的复发率在 40%—50%。因此,现在越来越多的学者主张药物治疗与心理治疗并行,可以把复发率降低至 20%—30%。

各个学派对抑郁症的解释差异很大,似乎都有一些道理,都能说明一些问题,但又不能解释所有现象,在不同的学派中,每个学派的内部又有很大的分歧,把所有的分歧都列明,足可以洋洋百万言。下面将选择每个学派中有所启示的观点,进行简要的介绍。

(1) 行为心理学认为抑郁症是习得性无助的表现形式,即是个体多次努力无效以后形成的一种拒绝行动的绝望状态。该学派的典型实验是电击狗或其它动物的实验。把狗放在铁笼以后不断电击,刚开始狗会狂叫挣扎,多次电击以后,狗就抑郁了,即使电击它,它也反应很小或者没有反应,就像木僵一样,这就是习得性无助。在失去控制感的抑郁症患者中,习得性无助确实广泛存在,但它不能说明全部问题。

(2) 潜意识学中的一个派别认为,抑郁症的形成过程就好比在灵魂深处存在一个潜意识"法庭",它在个体不知不觉中进行审判,如果审判结论是个体有罪,抑郁症就是刑罚;如果个体被判定死刑,那就是抑郁症自杀了。比如,很多违法和主观自认为做错事的人(不一定客观上做错了事)得了抑郁症,就属于这种类型。潜意识学派中的另一小派认为,个体在潜意识中用对自己的惩罚表达对亲人的愤怒,迫使亲人改变行为。这种现象可以在网瘾和厌学的孩子中观察到,特别是父母闹离婚时,孩子的行为确实有助于控制父母的冲突,父母的注意力被孩子所吸引,并且导致父母的反思程度提高。但笔者认为潜意识学派的观点也不能说明所有的抑郁症问题。

(3) 认知学派认为,抑郁症患者脑海中存在许多错误的图解,这个图解又可以称为认识事物的思维模型,是个体用来加工外部信息、生产结论的工具。由于这些图解是有问题的,所以,个体加工出来的结论也都是负面的,心理干预的主要任务就是修正这些图解。笔者在实践中发现,修正这些图解对抑郁症治疗确实有效。但对于这些图解究竟是抑郁症产生的原因还是抑郁症的中间结果,是有争议的。有一派观点认为,是抑郁症导致了错误图解的产生,错误图解又导致负面情绪,负面情绪加重抑郁症,所以,错误图解既是抑郁症的结果,又是抑郁症的原因。

(4) 还有学派将认知学派与潜意识学派的观点相结合。这一派认为,错误的图解不但存在于意识,而且存在于潜意识。该学派中又有人偏重认为,治愈抑郁症的重点在于修正来访者潜意识中的错误图解。在实践中,笔者大量使用催眠技术修正来访者潜意识中的错误图解,效果非常好。

这一学派的观点也不能解释所有问题,特别是对于错误的图解到底是抑郁症的原因还是结果,或者它是否既是原因也是结果等问题,目前仍然没有得出特别一致的结论。

(5) 人本主义心理学认为,抑郁症之所以产生,是因为患者"做假人"太多了,因此,解决问题的办法就是"做真人"。还有的人本主义心理学者认为,抑郁症之所以产生,是个体自愈的本能系统出了问题,心理咨询师的任务是激活他的本能。这一主张给笔者巨大的启发,依据这一理论,笔者开发出系列身心柔术,这是一种轻柔的运动,外形有点像太极,但又不是太极,此方法对于抑郁症治疗有明显效果。但笔者不会光靠人本主义的身心柔术来对付抑郁症,从来都是多管齐下,可见,这一理论也不能涵盖所有情况。

(6)进化心理学认为,抑郁症是人类在原始社会为应对麻烦而进化出来的保护机制,其在原始社会对人类生存是有利的。但近代社会变化太快,基因进化的速度无法跟上现代社会变化的速度,基因还是用原来的办法来对付新问题,所以,抑郁症是基因的错配反应,心理干预的重点是修正基因发出的错误信号。笔者在心理干预事件中,确实经常用技术手段(主要是催眠手段)去改变错配反应的基因信号,但这一手段在焦虑症干预中的效果特别明显,在抑郁症中的效果不能肯定。此外,这一派对抑郁症保护机制的说明无法获得笔者深切的认同。这一派认为,在原始社会,抑郁症是呼唤爱和帮助的信号,有助于个体生存。这确实能解释部分情况,比如对于下文中提到的"个体有被特别重视的组织抛弃的或者感觉会被抛弃的"类型,该观点有一定的解释力。笔者的疑问是:用这种方式发信号的成本太大,为什么人类没进化出更加简洁、成本更低的信号?

进化心理学的另一小派认为,抑郁症是原始社会个体应对风险的信号,是停止行动、回避风险的信号。抑郁症就像疼痛一样,是让人回避尖锐的物质。笔者的疑问是:原始社会主要的风险是狮子、老虎、豹、狼、毒蛇和敌对的人类,这些风险和尖锐物质不一样,人避开尖锐物质就不会受到伤害,但狮子、老虎、豹、狼、毒蛇和敌对的人类会主动来伤害个体,抑郁症的停滞、迟缓、回避现象怎么能够提高个体的生存概率?

(7)同心理学派的观点不同,生物化学理论学派认为,任何心理疾病都有生物化学的物质原因,情绪高低背后隐藏着的主要影响物质是5-羟色胺、内啡肽、多巴胺、去甲肾上腺素。当然,这是有争议的。其中,5-羟色胺对情绪的影响最大,当5-羟色胺含量过低时,或者5-羟色胺受体对5-羟色胺不敏感时,就会爆发抑郁症。

为什么有些人的5-羟色胺会降低?从目前的主流意见看,主要是两个因素的影响:基因因素和青少年时代形成的后天潜意识认知方式和认知结构因素。也就是说,潜意识的认知方式和认知结构会反过来影响内分泌的状况。例如,当用催眠来调整个体实验者的血压、血糖、白血球高低、红血球高低等时,可以发现实验者非常明显的身体变化,可见,心理活动是可以影响体内生化分泌的。很多人的抑郁症在二十岁左右爆发,并且都可以在现实生活中找到刺激源。但经过仔细分析可以发现,这种刺激源放在他人身上时,有60%—70%的概率是不会引发抑郁症的。经过进一步调查,发现这些抑郁症患者多数都有青少年时代的重大或长期负面心理刺激,其中,40%—50%的患者的父亲或母亲有指责型人格,60%—70%的患者在青少年时期有创伤性经历,其中,许多人都是单亲子女,来访者的潜意识中沉淀了大量的错误认知。当然,既无指责型人格父母,又无青少年创伤性经历,也不是单亲子女的人也有患上抑郁症的可能,这需要巨大的近期负面刺激。

因此，在生物化学理论学派看来，治疗抑郁症的关键是改变体内的生物化学物质。吃药干预抑郁症是明显有效的，而且成本低廉，见效快，但它较高的复发率引发了巨大的疑问。批评者认为，生物化学物质可能是一个中间变量，即是心理状况引发生物化学物质紊乱，生物化学物质紊乱反过来又影响心理状况，所以光吃药是不行的。笔者确实发现，通过催眠改变心理状况，可以改变体内的生化指标，所以，生化心理论也不能全部说明问题。

笔者没有发现能够说明所有情况的基础理论，所以，笔者严重怀疑抑郁症是多种病的集合体，它们本质不同，外在表现形式相同。所以，笔者在干预抑郁症时，都是多管齐下的。

主流学术观点认为抑郁症既有基因原因，也有后天环境导致的心理原因，大量的数理统计证实：抑郁症有一定的家族性，但其相关系数在 0.3—0.4。也就是说，抑郁症不是 100% 地由遗传因素导致的，后天因素影响的占比也非常大，抑郁症是基因因素和心理因素共同导致的疾病。

2. 导致或加重抑郁症的 7 种心理因素

笔者结合多年的心理干预抑郁症的案例，把导致抑郁症或者加重抑郁症的心理因素分为 7 种类型。这样便于快速找到导致抑郁症的心理原因，以供专业人员进行学术研讨。

（1）责任感利他心过强和责任感利他心过弱。也就是说，太利他和太自私的人患抑郁症的比例都比较高。笔者认为，责任感利他心过强和责任感利他心过弱是得抑郁症的原因：前者承担的事务太多，心理压力过大，容易引发抑郁症；后者和环境高度冲突，人际关系差，人生机会少，麻烦多，容易得抑郁症。

（2）性压抑。性压抑严重影响基因传承和基因的本能冲突，容易诱发抑郁症。弗洛伊德认为心理疾病主要是由性压抑造成的，这当然是错误的。这一结论的得出是由于在弗洛伊德生活的时代和地区，基督教的势力强大，性压抑严重。现在，性观念相对开放，全社会的性压抑程度大大下降。但是，因性压抑形成的包括抑郁症在内的各类心理疾病和心理问题仍旧占到心理疾病和心理问题的 30%—40%，依然是处理心理问题首先要考虑的因素。

在同性恋中，抑郁症有着较高的发生率，其主要原因也是性压抑。学术界的主流观点认为，同性恋是基因突变造成的。性取向基因突变了，但决定抑郁症发生机制的基因没有突变，其决定抑郁症发生机制的基因依然和异性恋一样，所以，同性恋的性压抑也会造成抑郁症。同性恋的性满足的难度大大高于异性恋，所以，同性恋者中抑郁症患者的比例也较高。此外，双性恋者中的抑郁症患者比例也高，这是因为对这类群体而言，虽然其异性恋倾向相对容易满足，但同性恋倾向仍旧难以满足。另一种观点认为，同性恋也有遗传性，不是基因突变造成的。同性恋基因有双向作用，它既降低了个体基因的遗传，又提高了同性恋者姐妹的生育子女的能力，所以同性恋基因主要靠母系遗传，但这一说法无法解释女性同性恋。综上所述，主流学术界否定了同性恋源于后天学习模仿的说法，当然，它也不是一个道德问题。

此外，离婚者中之所以有较高的抑郁症发生率，性压抑是可能的影响因素之一。

（3）来访者的生活方式导致其潜意识认为：来访者的生活方式是不利于同类基因传承的。也就是说，潜意识认为自己某种程度不应该生存于世界的来访者，往往伴随着较高的抑郁症发生率。具体而言，主要有以下8种类型。

① 来访者家人中有一个或数个高度指责性人格，来访者受到了长期的、大量的、高强度的批评，往往伴随着较高的抑郁症发生率。来访者受到大量的来自家人的批评，这些批评沉淀进潜意识，潜意识会误以为个体的存在是对家族基因传承的不利，来访者死了，对大家更有利，所以，容易发生抑郁症。

② 夫妻长期的严重的冲突。

③ 自己的犯罪或者犯错污点影响了子女的上学、就业、升迁。

④ 重病产生巨额的家人难以承受的医药费。

⑤ 独居老人失去自理能力，感觉拖累子女。

⑥ 从小被父母抛弃的来访者，潜意识容易认为不应该生存于世界。

⑦ 自己巨额的债务影响家人生存。

⑧ 接受非主流养育方式长大的来访者，如从小被寄养在叔叔、姨妈、舅舅、姑姑、同学、朋友等处。这种情况下，孩子潜意识里容易产生被抛弃感，潜意识认为自己不应该生存于世界，是亲人的累赘。

（4）来访者的社会意义感和价值感不足，即潜意识误认为来访者死亡有利于人类或者民族基因传承。换言之，潜意识认为自己某种程度不应该生存于世界的，往往伴随着较高的抑郁症发生率。具体而言，主要有以下9种类型。

① 遭受大规模社会批判的，比如，"文革"时期许多遭受批判的知识分子，现代遭受大规模网暴的，都容易得抑郁症。

② 有犯罪行为的，如贪污受贿，杀人放火等。美国有研究发现，贪污者的寿命更短，有更多的心身疾病，也有更多的心理疾病。受到反贪防贪的教育越多，贪污者得抑郁症的概率越大。反之，如果个体能够把贪污合理化，得抑郁症的概率就会大幅度下降。这种合理化不是表面的，而是灵魂深处的，是真正地相信贪污有利于社会、有利于人民，至少无害于社会、无害于人民。

③ 被来访者心目中的巨大权威定义为"坏人"的。如果某个权威是被来访者高度认可的，当来访者被此权威定义为社会意义上的"坏人"时，其得抑郁症的概率就会大幅度提升。如果这个权威不被来访者认可，即使权威定义他为"坏人"，他得抑郁症的概率也不会明显提高。

④ 计划生育年代,个体是"超生游击队",从小东躲西藏的,潜意识认为自己不应该存在于世界的。

⑤ 极度自私以致被周边人排斥的。

⑥ 情商很差导致人际关系很差而被周边人排斥的。

⑦ 有严重人格障碍而被周边人排斥的。

⑧ 长期单身且朋友少,孤独感严重的。

⑨ 受到大量的明示暗示和斗争性教育,认为人与人之间的关系是狼与狼的关系,社会是不可信的个体,容易形成抑郁症。

(5) 个体对环境的人、事、物控制感非常低,使其得抑郁症的概率升高。控制感在抑郁症的发生中起到很重要作用,它经常伴随着本书所列的其他原因同时起作用。具体而言,主要有以下7种类型。

① 青少年时代父母离婚的单亲子女。单亲子女潜意识里容易认为生活是严重不可控的,各国的大量统计数字都证实了父母离婚与子女得抑郁症明显正相关。

② 青少年时代有一次或多次严重失败经历的。

③ 闹婆媳矛盾被夹在中间的男人。

④ 屡次失业或者屡次事业失败的成年人。

⑤ 夫妻关系发生长期的、严重的、频繁的冲突又认为不能离婚的。比如,由于受到的教育或宗教观念,来访者认为离婚是不可接受的,但夫妻关系又长期非常糟糕,此时个体就会失去控制感。

⑥ 长期接受"社会可怕"教育的。

⑦ 长期经济条件极差,导致个体产生严重的失控感。各国的统计数字都发现,经济条件和抑郁症发生率呈明显负相关,其本质原因是个体失去了控制感。

(6) 经历过巨大"丧失事件"后,个体得抑郁症的概率升高。经历巨大的"丧失事件"的个体,容易得急性抑郁症。过去学术界主张这不算抑郁症,然而现在学术界的主流观点认为这类情况也属于抑郁症的范畴。具体而言,主要有以下8种类型。

① 亲人近期离世,特别是子女去世的。

② 同特别喜爱的恋人分手的。

③ 近期被伴侣要求离婚的。

④ 遭受重大财务损失的。

⑤ 薪水对个体特别重要又失业的。

⑥ 特别重视学习但重大考试失败的。

⑦ 独生子女闹脾气断绝和父母联系的。

⑧ 被特别重视的组织抛弃的,或者感觉会被抛弃的。比如,某员工所在公司的工资很

高,同时他又无法在他处找到类似工资的工作,如果他的工作被评价为很糟,其职位又不是"铁饭碗",该员工就会认为自己是会被抛弃的。

(7) 长期严重地不能做"真我",即严重违背人本主义倾向时,个体得抑郁症的概率升高。具体而言,主要有以下 5 种类型。

① 长期从事自己非常讨厌的工作。
② 长期从事扬短避长的工作,特别是有明显长处而不能从事相关工作。
③ 长期从事说假话的工作,而又受到大量诚信教育。
④ 同性恋长期伪装成异性恋且比较成功。
⑤ 为了亲人的利益忍辱负重长期严重克制自己。

上面 7 种因素是比较常见的引起抑郁症的心理因素,除此之外的小概率的情况还有很多。需要特别说明的是,还有少数抑郁症的主要形成因素是基因因素。这种抑郁症的形成或因遗传,或者因突变,在生活中找不出明显的致病因素,也就是说,心理因素在导致该类抑郁症形成的种种因素中占比很小,笔者把这类抑郁症称为生理性抑郁症。对于这类抑郁症而言,心理干预的效果比较小,其治疗方式只能以吃药为主。与生理性抑郁症相对应的就是心理性抑郁症,上面 7 个常见类型都是心理性抑郁症。相较而言,生理性抑郁症非常少见,治疗难度也非常高,因此,生理性抑郁症可以算作抑郁症的第八种类型,请读者在实际工作中予以区分。

二、抑郁症的判定

抑郁情绪和抑郁症是不同的:抑郁情绪可以找到外部刺激源,并且是符合逻辑的;抑郁症则可以是完全无理由的情绪低落,甚至找不到任何外部原因,即便找到外部原因,在旁人看来也是极其夸大的、变形的、难以理解的。有抑郁情绪的人非常多,当然,抑郁情绪可以发展成抑郁症。

1. 抑郁症诊断标准自查

中外有不同的抑郁症诊断标准,两者其实都是有效的。其中,中国的诊断标准如下。

> 下面 9 项中有 5 项及 5 项以上持续 2 周,便有患上抑郁症的可能:
> 1. 意义感和价值感丧失,对外界事物兴趣丧失,无愉悦感或称之为心境抑郁;
> 2. 精力减退或感到疲乏;
> 3. 精神运动性迟滞或激越;
> 4. 自我评价过低或有内疚感,主要以"三自"为特征,即自卑、自责、自罪;
> 5. 思维困难或自觉思考能力下降;

> 6. 反复出现想死的念头或有自杀、自残行为；
> 7. 睡眠障碍，如失眠、早醒、睡眠过多；
> 8. 食欲降低或非故意减肥导致的体重明显减轻；
> 9. 性欲减退或者丧失。
>
> 很多学者主张，上面9项中有4项及4项以上持续2周，患上抑郁症的可能性就比较大了，应该去进行医院进行诊断。

对这9条的详细解释如下。

（1）意义感和价值感丧失，对外界事物兴趣丧失，无愉悦感或称之为心境抑郁。

普遍性的意义感和价值感缺失是抑郁症的核心症状。

来访者会述说类似的话：人生是无意义的，或者人生是无价值的，没有什么让人感兴趣的事情，做什么事情都没劲，情绪状态是抑郁的，心境一片灰暗，前途一片黑暗……

对外界事物兴趣丧失，即对任何事情都没有强烈的动机。常听到的话是：没劲、没什么意思、什么都无所谓等。

无愉悦感或称之为心境抑郁，即情绪体验是负面的、低落的、抑郁的。

（2）精力减退或感到疲乏。

来访者常常自感疲惫，不愿工作，不愿做家务。轻度抑郁症表现为做事非常拖拉，常被工作单位误会为懒。对极端严重的抑郁症患者而言，很多常人轻易做到的事都非常困难。

（3）精神运动性迟滞或激越。

和人的交际倾向大幅度降低，不愿意见人，不喜交际，自感动作和正常相比变缓慢，自感说话和正常相比变慢，自感反应速度和正常相比也变慢了。少数重度抑郁症患者出现木僵状态，即白天像木头一样，一动不动，甚至用笔去戳他也没反应，晚上又开始活动了。不了解的亲人会以为像僵尸附体，由此而被吓着。少数人的状态则完全相反，变得激越，不停地活动、走来走去、不断呻吟、不停书写、不知休息。

（4）自我评价过低或有内疚感，主要以"三自"为特征，即自卑、自责、自罪。

自我评价能力太差，自认为有很多过错，甚至自认为罪恶可以和犯罪分子相比。

（5）思维困难或自觉思考能力下降。

许多抑郁症者自述自己脑子仿佛生了锈，运转速度变慢。但这不意味抑郁症者有逻辑错误，不意味他们的判断能力下降。这只是他们的判断速度慢了。而且由于他们大脑运转速度的基数特别高，即使他们自我感觉和以往相比自身大脑的运转速度变慢了，周边人还是会觉得他们反应特别快,脑子特别好使。如果来访者是一个智商正常的普通人,周边人还是容易发现他得抑郁症后大脑运转速度下降了,反应速度慢了。

(6) 反复出现想死的念头或有自杀、自残行为。

轻度抑郁症患者不一定会出现想死的念头,但中度和重度抑郁症者多数会出现想死的念头。综合各种调查数据可以发现,8—10个想死的人中有一个会付诸自杀行动,8—10个付诸自杀行动的人当中有一个会成功死亡。其中,男性多采用跳楼、撞车等比较刚性的自杀行为,其自杀成功率是女性的三倍。国外的一项调查数据显示,15%的撞车者是抑郁症患者。

很多人有一个误区,认为自杀者在自杀前几天一定是痛苦不堪的。事实上,多数自杀者在自杀前是有些快感的,因为他们认为自己找到了一条彻底摆脱痛苦的道路。因此,最危险的抑郁症患者就是长期痛苦不堪,但突然没有合理理由地变得放松开心了!

在管理精英和知识分子中的抑郁症患者有个特殊现象:容易过度思考人生意义。这是因为社会暗示成功人士应该坚强,思考自杀是不应该的,所以,思考自杀让人觉得没有"档次",显得深度不够,而思考人生意义就很有哲学味道,"档次"比较高。实际上,过度思考人生意义是自杀倾向的替代品,因为深究人生意义很容易得出人生没有什么意义的结论。

在有些社会文化体中,自杀率是低的。比如有的宗教规定,自杀是极大的罪恶,或者认为自杀而死的人会受到严厉的惩罚。

(7) 睡眠障碍,如失眠、早醒、睡眠过多。

在常见的睡眠障碍中以早醒居多,多数患者醒来后就睡不着了,但又非常疲惫。其次是失眠。也有少数患者表现出嗜睡的症状。嗜睡实际上是一种回避困难的反应。

判断来访者的症状是否属于早醒,要结合来访者的年龄因素进行综合判断,比如老年人本身就醒得早,不一定是抑郁症。如果醒得早,但精神很好,则不属于抑郁症的早醒。

(8) 食欲降低或非故意减肥导致的体重明显减轻。

当来访者并未主动减肥,但一个月内体重下降5%以上时,可以判断为本条成立。

(9) 性欲减退或者丧失。

性欲消失或者下降,是抑郁症广泛性兴趣缺乏的重要表现形式。

抑郁症可能的非典型症状还有以下12种。这12种症状不一定全部出现,可能出现其中的一种或数种。

① 决策特别犹豫不决；

② 身体不固定地点游动性疼痛；

③ 怀疑自己得重病，如癌症、艾滋病等；

④ 肠胃功能紊乱；

⑤ 头痛或头晕；

⑥ 心慌、胸闷、气急；

⑦ 尿频、尿痛；

⑧ 肩颈和腰背疼痛；

⑨ 做事严重拖拉；

⑩ 回避性倾向非常严重并伴随严重的信息选择性吸收；

⑪ 放大风险倾向明显；

⑫ 注意力焦点在事物的负面，特别容易注意负面的、阴暗的信息。

特别需要提醒的是：

① 多数不肯去学校的厌学儿童，其实是患有抑郁症或处于接近抑郁症的状态；

② 多数沉迷游戏不肯去学校的严重网瘾患者，其实是患有抑郁症或处于接近抑郁症的状态；

③ 自杀的人中多数有抑郁症。

这里附上汉密尔顿评估量表，以便帮助读者自我判断。很多人很迷信量表，但其实在医疗诊断中量表只是提供参考作用，经验丰富的医生和心理专家的判断经常比量表更准确。另外，在中国，得抑郁症是有病耻感的，所以，相当一部分的抑郁症患者在医院的电脑前做量表测试时，在社会赞许的暗示下，会对症状做偏轻判断，导致量表判断不准确。

汉密尔顿抑郁量表

汉密尔顿抑郁量表（Hamilton Depression Scale，HAMD）由汉密尔顿（Hamilton）编制，是临床上评定抑郁状态时应用得最为普遍的量表。该量表方法简单，标准明确，便于掌握，适用于有抑郁症状的成人，是经典的和被公认的抑郁评定量表。患者测定的总分能够较好地反映疾病的严重程度，也能很好地衡量治疗效果。

量表内容：

1. 抑郁情绪（选择以下1—4分，没有选项即为0分）。
(1) 只在问到时才诉述；
(2) 在访谈中自发地表达；
(3) 不用言语也可从表情、姿势、声音或欲哭中流露出这种情绪；
(4) 患者的自发言语和非语言表达（表情、动作）几乎完全表现为这种情绪。

2. 有罪感（选择以下1—4分，没有选项即为0分）。
(1) 责备自己，感到自己已连累他人；
(2) 认为自己犯了罪，或反复思考以往的过失和错误；
(3) 认为目前的疾病是对自己错误的惩罚，或有罪恶妄想；
(4) 罪恶妄想伴有指责或威胁性幻觉。

3. 自杀（选择以下1—4分，没有选项即为0分）。
(1) 觉得活着没有意义；
(2) 希望自己已经死去，或常想到与死有关的事；
(3) 有消极观念（自杀念头）；
(4) 有自杀行为。

4. 入睡困难——初段失眠（选择以下1—2分，没有选项即为0分）。
(1) 有入睡困难，上床半小时后仍不能入睡（要注意患者平时入睡的时间）；
(2) 每晚均有入睡困难。

5. 睡眠不深——中段失眠（选择以下1—2分，没有选项即为0分）。
(1) 睡眠浅，多恶梦；
(2) 半夜（晚12点钟以前）曾醒来（不包括上厕所）。

6. 早醒——末段睡眠（选择以下1—2分，没有选项即为0分）。
(1) 有早醒，比平时早醒1小时，但能重新入睡（应排除平时的习惯）；
(2) 早醒后无法重新入睡。

7. 工作和兴趣(选择以下1—4分,没有选项即为0分)。

(1) 提问时才诉述,对工作失去兴趣;

(2) 自发地直接或间接表达对活动、工作或学习失去兴趣,如感到没精打采,犹豫不决,不能坚持或强迫自己去工作或活动;

(3) 活动时间减少或成效下降,住院患者每天参加病房劳动或娱乐不满3小时;

(4) 因目前的疾病而停止工作,住院患者不参加任何活动或没有他人帮助便不能完成病室日常事务(注意不能凡住院就打4分)。

8. 阻滞(指思想和言语缓慢,注意力难以集中,主动性减退)(选择以下1—4分,没有选项即为0分)。

(1) 精神检查中发现轻度阻滞;

(2) 精神检查中发现明显阻滞;

(3) 精神检查进行困难;

(4) 完全不能回答问题(木僵)。

9. 激越(选择以下1—4分,没有选项即为0分)。

(1) 检查时有些心神不宁;

(2) 明显心神不宁或小动作多;

(3) 不能静坐,检查中曾突然起立;

(4) 搓手、咬手指、扯头发、咬嘴唇。

10. 精神性焦虑(选择以下1—4分,没有选项即为0分)。

(1) 问时诉述;

(2) 自发地表达;

(3) 表情和言语流露出明显忧虑;

(4) 明显惊恐。

11. 躯体性焦虑(指焦虑的生理症状,包括口干、腹胀、腹泻、打嗝、腹绞痛、心悸、头痛、过度换气和叹气,以及尿频和出汗)(选择以下1—4分,没有选项即为0分)。

(1) 轻度,间时诉述;
(2) 中度,有肯定的上述症状;
(3) 重度,上述症状严重,影响生活或需要处理;
(4) 严重影响生活和活动。

12. 胃肠道症状(选择以下1—2分,没有选项即为0分)。
(1) 食欲减退,但不需他人鼓励便自行进食;
(2) 进食需他人催促或请求,或需要应用泻药或助消化药。

13. 全身症状(选择以下1—2分,没有选项即为0分)。
(1) 四肢、背部或颈部沉重感,背痛、头痛、肌肉疼痛,全身乏力或疲倦;
(2) 上述症状明显。

14. 性症状(指性欲减退,月经紊乱等)(选择以下1—2分,没有选项即为0分)。
(1) 轻度;
(2) 重度。

15. 疑病(选择以下1—4分,没有选项即为0分)。
(1) 对身体过分关注;
(2) 反复考虑健康问题;
(3) 有疑病妄想;
(4) 伴有幻觉的疑病妄想。

16. 没有故意减肥,但体重减轻(选择以下1—4分,没有选项即为0分)。
(1) 按病史评定:①患者诉述可能有体重减轻;②肯定体重减轻。
(2) 按体重记录评定:1周内体重减轻超过0.5千克。

17. 自知力(选择以下1—4分,没有选项即为0分)。
(1) 知道自己有病,表现为忧郁;
(2) 知道自己有病,但归咎于伙食太差、环境问题、工作过忙、病毒感染或需要休息。

评定方法：

HAMD 大部分项目采用 0—4 分的 5 级评分法。各级的标准为：0 分表示无症状；1 分表示轻度；2 分表示中度；3 分表示重度；4 分表示极重度。少数项目采用 0—2 分的 3 级评分法，其分级的标准为：0 分表示无症状；1 分表示轻到中度；2 分表示重度。

结果判定：

（1）总分超过 24 分的，为严重抑郁；超过 17 分的，为轻或中度抑郁；小于 7 分，无抑郁症状。

（2）HAMD 可归纳为 7 类因子结构：①焦虑躯体化，由精神性焦虑、躯体性焦虑、胃肠道症状、疑病和自知力等 5 项组成（第 10、11、12、15、17 项）；②体重，即体重减轻一项（第 16 项）；③认知障碍，由自罪感、自杀、激越等组成（第 2、3、9 项）；④阻滞，由抑郁情绪、工作和兴趣、阻滞和性症状 4 项组成（第 1、7、8、14 项）；⑤睡眠障碍，由入睡困难、睡眠不深和早醒 3 项组成（第 4—6 项）。

通过因子分析，不仅可以具体反映患者的病情特点，也可反映靶症状群的临床结果。

注意事项：

（1）评定的时间范围为过去 1 周内。

（2）由两名医师采用交谈与观察的方式进行检查，检查结束后，两名评定者分别独立评分。

（3）如用以疗效评估，应在开始治疗前和在治疗后各评定 1 次，以便对比疗效。

（4）HAMD 中，第 8、9 及第 11 项依据对患者的观察进行评定；其余各项则根据患者自己的口头叙述评分，其中，第 1 项需两者兼顾。此外，第 7 项需向患者家属或病房工作人员收集资料；第 16 项最好根据体重记录，也可依据患者主诉及其家属或病房工作人员提供的资料评定。

2. 抑郁症与其他疾病

调查显示，抑郁症的发生和许多心身疾病高度正相关，相关系数在 0.3—0.7，如经常感冒、慢性鼻炎、慢性咽炎、糖尿病、癌症、甲状腺结节、乳腺结节、息肉、肥胖症等。抑郁症和心身疾病是因果关系还是同一个原因形成的不同结果呢？笔者认为它们是同一原因形成的不同结果。

抑郁症并发焦虑症的概率大约在 60%，尽管各种文献和调查报告的数据存在争议，但两者的并发率很高是公认的。焦虑症的核心症状是担心未来会发生坏事情，具体资料请参阅本书相关章节。焦虑症与抑郁症的区别是：抑郁症指向当下，焦虑症指向未来。

3. 抑郁症与痛苦

抑郁症和痛苦是不同的，不能随便把痛苦定义为抑郁症。抑郁症的本质特征是意义感、价值感、兴趣感不足。痛苦则是一种负面的情绪体验，抑郁症必然伴随着痛苦，但痛苦不一定是抑郁症。

比如，某父母要子女出资5万元资助父母建房，子女拿出这5万元有点难度，但还是能拿出的。此时，子女会有一些痛苦感，但这不会影响到他的人生意义和人生价值感，也不会形成抑郁症。但当父母生病住院，需要子女拿出500元，假定这子女有着社会平均水平的孝心，偏偏这500元拿不出来，这种情况下，他形成抑郁症的概率比上述情况要大得多。因为这子女会觉得自己禽兽不如，简直不齿于为人类。如果这子女的孝心程度偏低，他得抑郁症的概率就会随之下降；如果这子女的孝心程度偏高，他得抑郁症的概率则随之上升。

再如，某家闹婆媳矛盾，父母高频率地对儿子说："我就是饿死也不会要你的钱，你这个讨了老婆忘了娘的家伙，你太没有良心了。"假定这个儿子有着社会平均水平的孝心，而且对爸妈说的话信以为真，这个儿子得抑郁症的概率就大大上升了，因为这个儿子容易觉得自己猪狗不如。如果这个儿子的孝心程度偏低，他得抑郁症的概率会随之下降；如果这个儿子孝心的程度偏高，他得抑郁症的概率随之上升。同时，这个儿子对爸妈的话信以为真的程度越高，得抑郁症的概率越大；对爸妈的话信以为真的程度越低，得抑郁症的概率越小。婆媳矛盾中得抑郁症概率最大的是夹在中间的男人，这主要是罪恶感引起的，降低了自己的人生意义。婆媳矛盾中得抑郁症的男人，会觉得自己既对不起老婆，又对不起爸妈，如果爸妈离家出走或者威胁要离家出走，或者老婆以及爸爸和妈妈之一闹假自杀，这个男人得抑郁症的概率就更大了。

假定某男人是单亲，从小随母亲长大，为了谋求老婆、孩子、妈妈的幸福生活，努力奋斗，加班加点工作，这男人会有痛苦感，但不太容易得抑郁症，因为他觉得痛苦是有价值的和有意义的。但男人努力奋斗，赚了很多钱以后，碰巧老妈与老婆都是指责性人格，完全否定他赚钱的意义，高频率、大剂量、长时间地声称："钱多了有什么用，有了你这个老公（儿子）算倒了八辈子霉！我的痛苦都是你造成的。"只要这个男的对这些话信以为真了，他就会失去人生的意义感和价值感，就容易得抑郁症。

所以，各位读者一定要明白抑郁症和痛苦（又称为难受）是两码事。

三、抑郁症的治疗

无数事例证实，药物治疗对改善抑郁情绪是有效的，患者达到临床症状却拒绝吃药是绝对错误的观念。药物治疗见效极快，部分人一周开始有效果，两周左右就有明显效果。

但是，有一个令人尴尬的数据：纯药物治疗抑郁症的复发率在50%—60%。可见，生化情绪论有明显的局限性，对于治疗抑郁症，学界的公认观点是药物治疗和心理治疗最好能并行。综合各类文献及各类调查数据可知，药物治疗和心理治疗并行的治疗方法可以把抑郁症复发率降低到20%—30%。当然，最终诊疗效果和心理治疗师的水平密切相关，不同的心理治疗师的诊疗效果差异极大。

常见的抗抑郁症药物的化学名称是：氟西汀、帕罗西汀、舍曲林、氟伏沙明、西酞普兰、阿莫沙平、吗氯贝胺等。但是，同一种化学药物会有不同的商品品牌名称，比如，氟西汀有叫百忧解的，还有叫柏忧解的，原因是仿制药可以用同样的化学结构，却不可以用同样的商品名，又如，2022年市面上流行的美抒玉和美时玉的化学结构是一样的。

很多人误以为抗抑郁症药物是兴奋剂，这种观点是错误的。抗抑郁症药物的主要作用是消除病理性情绪低落，并且改变来访者看问题的角度和方式。需要注意的一点是，同兴奋剂不同，抗抑郁药只能消除病理性抑郁情绪，并不提高正常人的情绪，而且兴奋剂不会改变来访者看问题的角度和方式，也就是说，兴奋剂无法改善认知变形。

抗抑郁症药物都是处方药，理论上，个人不能自行到药房购买，需要到正规医院去开。同时，要注意到不同人对不同药的敏感性不同，并且每个人的病症侧重点又有所不同。比如，有的人在抗抑郁的同时，需要减少失眠状况，医生就会多用美抒玉；有的人在减少抑郁的同时，需要注意减少药物对性欲的影响，医生就会多用怡诺思。各人的情况不同，自己胡乱吃是非常不妥的，在医生的指导下服药才是正确做法。

很多人反映抗抑郁药物的副作用很大，但在多数情况下，抗抑郁药物的副作用都是被自我心理暗示放大的。笔者曾遇到过许多说药物副作用很大的人，这些人在接受催眠干预后纷纷表示，副作用明显减少甚至消失了。这就证明在抗抑郁药物的使用中，很多副作用是心理暗示的结果。对于严重的抑郁症患者，有个非常麻烦的问题是不肯吃药！他们会不自觉地放大吃药的风险。此时需要通过心理干预降低他们对吃药风险的主观感觉，引导他们按时服用药物。

心理干预是抑郁症治疗中必不可少的环节。真正管用的心理咨询所需的费用极高，2023年，在京、沪、广、深，假如某心理咨询师的心理咨询费在每小时1000元以下，该咨询师有90%以上的概率是无能力应付已经达到临床标准的抑郁症的，他最多可以缓解一下患者的抑郁情绪。合格的心理咨询费用昂贵的原因就在于培养优秀的心理咨询师的成本极大，所以，无论中外，合格的心理咨询的费用都是很贵的！

在笔者的学术体系中，对抑郁症的干预的基础处方或者共性方案如下，当然，在实际操作中还需要根据共性之外的个性因素进行加减放缩。

1. 认知心理疗法：学习情绪管理心理学课程

仔细研读相关书籍，并慢慢琢磨、反复学习的过程，就是典型的认知调整过程。读者也可以寻找与情绪管理心理学相关的书籍并仔细研读,如果能看视频课程,效果就更好了。如果能够现场学习相关课程,由于人多导致的心理效应,调整情绪的效果最好。

复旦大学出版社出版了《情绪管理心理学》一书,此处列出大纲,以供读者参考。

第一篇　懂点儿心理学是人生幸福的基础
第01讲　潜意识是什么?理解心理现象的关键
第02讲　人是被自己气死的?你的情绪取决于你看待事物的方式
第03讲　幸福最重要的平衡是什么?利己利他相对平衡论
第04讲　人的欲望分几类?你的痛苦源于过度追求
第05讲　多数人就是对的吗?社会暗示对情绪的负面影响
第06讲　传销为什么吸引人?态度协调理论告诉你答案
第07讲　生化情绪论有局限?治疗抑郁症应双管齐下
第08讲　情绪管理也讲基本法?认识二元相对平衡哲学
第09讲　阴阳是封建迷信吗?理解二元相对平衡哲学
第10讲　强扭的瓜不甜?人本主义哲学教你与人相处之道

第二篇　生活中的认知陷阱
第11讲　对错程度二元论:生活中哪有那么多对错
第12讲　视角大小论:你的眼界决定了你的幸福感
第13讲　黑箱心理效应:别总是杞人忧天
第14讲　悦纳自己论:尽人事,听天命
第15讲　攀比论:攀比等于寻找痛苦
第16讲　价值观宽度论:拥有多元价值观的人更幸福
第17讲　感恩心:好运气的核心是常怀感恩之心
第18讲　面子观论:面子与幸福的关系是一条抛物线
第19讲　爱的需求强度论:索取无度换来的只有痛苦
第20讲　公平论:世上没有绝对的公平
第21讲　抱怨有害:牢骚不能解决实际问题
第22讲　接纳不完美:世上无难事,只要肯接纳
第23讲　潜意识风险放大论:一朝被蛇咬,十年怕井绳
第24讲　学会断舍离:懂得舍弃才能成就美好人生

第25讲　社会关系与主观幸福：朋友圈带给人幸福感

第三篇　当心这5类负面人格及9种心身疾病

第26讲　指责型人格批判：都是别人的错吗？

第27讲　牛角尖人格批判：杠精的自我修养

第28讲　计较型人格批判：利益得失比天大

第29讲　回避型人格批判：逃避不可取

第30讲　控制型（恶性）人格批判：没有领导命却一身领导病

第31讲　高压人群身心疾病概述：为什么得病的总是我？

第四篇　情绪调整实践操作指南

第32讲　身心柔术概述：肢体语言能影响你的潜意识

第33讲　站式静松身心柔术十六式

第34讲　龟形身心柔术十六式

第35讲　开心身心柔术十式

第36讲　自由身心柔术

第37讲　吐音十字诀：10个字归纳课堂要点

第38讲　幸福咏文：世界因我们的存在而更美好

第39讲　安心咏文：心似大海　安之若素

第40讲　转运咏文：转运之要　重在心行

2. 人本主义心理疗法：练习身心柔术

人本主义身心柔术由鞠强原创，大量的实践表明，身心柔术可改善个体的负面情绪，提升精力与大脑的反应速度，提高个体免疫力，调整抑郁症、焦虑症、强迫症等心理疾病，缓解甚至完全祛除多种心身疾病。它虽然与体操、太极、气功在外形上有部分相似之处，但内在原理与这三者完全不同，独立于体操、太极、气功之外。

它们的不同之处有：

（1）太极是气功的一种，太极、气功没有西方心理学基础理论作为指导，而是依经验以及中国传统形象思维设计而成。因此，太极、气功的流程非常复杂神秘，但对身心的调整作用又比较有限。人本主义身心柔术则以西方心理学理论为指导，并结合了中国传统文化，其每一动作都有具体含义，外表看起来简单，但身心调整效果极佳。需要特别说明的是，身心柔术经常被口传为心理太极，但身心柔术不是太极。

（2）人本主义身心柔术明确以练到惚兮恍兮、恍恍惚惚的状态为佳，这和体操完全不同。人本主义身心柔术绝对不可以清醒练习，否则达不到调整身心的效果。

(3) 在学习人本主义身心柔术时要做到动作尽可能准确，但在练习时，反对对动作100%准确的要求。因为放松是非常关键的，追求100%的准确就无法达到放松的状态，效果反而会变差。

(4) 人本主义身心柔术存在大量具体化明确的自我暗示，有非常强的操作性，而太极、气功往往使用气、意、形等极其朦胧的概念，前者是具体的暗示，后者是朦胧的概念，因此，练习气功者多数情况需要靠悟性才能准确理解。

人本主义身心柔术的具体内容请参见本书相关章节。

3. 催眠心理疗法：现场或者音频催眠

所谓催眠，就是人为地收窄意识，甚至关闭意识的过程，但此时，人的潜意识既没有收窄也没有关闭，如此就能使意识的检阅功能弱化，从而进行潜意识沟通。当前主流的催眠过程主要是4步骤经典催眠：①集中注意力；②逐步放松；③调整潜意识；④解除催眠。其中，集中注意力与放松合称催眠导入，又称催眠术。催眠可以是一对一的，也可以是一对多的，老师给大批学生做思想工作时或老板给员工做思想工作时，都可以采用集体催眠的方式，用这种方式做思想工作的效率会提高很多。在催眠的过程中，如果有的人对"催眠"二字有抵触情绪，可将其更换为其他词，如冥想、放松等。

在上面4步中，难度最大的是第3步，即调整潜意识。第1步和第2步的催眠导入和第4步的催眠解除，虽然也有难度，但其标准化程度比较高，只要勤加练习，是可以熟练掌握的。潜意识调整很难找到绝对统一的方式，如在心身问题的治疗中，高效调整潜意识的前提是需要找到形成当前错误潜意识的原因，但潜意识的形成方式五花八门，标准化程度比较低。

需要注意的是，心理学课堂上的催眠课和江湖传说的催眠是不同的，就如体育大学武术系的武打和小说中的武术是两件事，职场中的市场营销和大学课堂教的市场营销学是两件事一样，江湖传说中的催眠可以随意套出个体不愿讲的秘密，套出银行卡密码，可以操纵人做任何事，但这都是实际催眠中做不到的。在心理咨询中，催眠确实会使来访者说出他几乎忘记的过去的隐私，但来访者之所以会说出隐私，完全是出于自愿的，来访者觉得不说清隐私会对自己不利，所以才说，只要来访者认为说出隐私是不利的，催眠师就无法让他回忆出几乎忘记的往事。这是因为潜意识是人体的一部分，有着强烈的自我保护倾向。

本书用大量的篇幅介绍催眠的具体技术，具体内容请仔细参阅相关章节。

4. 行为主义心理疗法：让个体去宣讲情绪管理心理学课程

这是典型的行为主义心理疗法，讲不好会受到批评和惩罚，讲得好会受到赞扬和强化，这一动力机制会促使来访者深入理解《情绪管理心理学》书籍或课程，提高对知识融会贯通的程度，提高相关内容的内化程度，从而改善自己的情绪改善。使用这个办法的前提条件是来访者口才尚好,并且找得到听众,如果没有听众,在自媒体上面发布音频或者视频也有一定的效果。

5. 整体心理疗法:干预来访者家人心理状态

多数抑郁症的发生都有家人的原因,对多数抑郁症的干预都要采用整体治疗的指导思想。要给抑郁症患者的家人做心理咨询,干预其家人的行为方式,即使家人不肯来做心理咨询,同抑郁症家人做简单的电话沟通也是有效的。一般而言,可以要求抑郁症家人阅读本章节,如果可能,鼓励他们学习《情绪管理心理学》书籍或课程。在有些情况下,也可以把多家抑郁症家人组成群体,此时可能获得正向的效果。

6. 宣泄心理疗法:让来访者通过大喊或者其他方式宣泄情绪

相当一部分的抑郁症来访者存在着压抑现象,对他们而言,大喊大叫或者其他宣泄方式有助于缓解抑郁症,当然,这样做的效果有限,只能作为辅助手段而存在。

当前,沙盘疗法在一定程度上流行。沙盘疗法也叫箱庭疗法,就笔者的学术体系分类而言,沙盘疗法归类于宣泄疗法。沙盘疗法对治疗抑郁症有一定的作用,但也不能夸大其作用。沙盘疗法之所以流行,是因为它的治疗过程很简单,只需要有个沙盘。在本疗法中,心理咨询师的工作仅仅是:见证、陪伴、欣赏、倾听。这四步很容易学会。因此,许多沙盘疗法培训班声称只要两个小时就可以培养出一名合格的沙盘疗法心理咨询师。

7. 运动疗法:通过运动缓解来访者的负面情绪

运动可以提高人体内的5-羟色胺、内啡肽、多巴胺,这有助于缓解抑郁症。但这种缓解是十分有限的,仅仅通过运动治愈抑郁症的案例极其稀少。

在采取运动疗法的过程中,年龄大的人要注意运动强度,建议以柔缓的运动为主,以防扭伤或腰关节错位或骨折,游泳、散步、慢跑都是很好的选择。

对于上述7种干预方案,笔者不会只使用一种方案,而是多管齐下,综合进行心理干预,并且会根据来访者的具体情况,在上述方案的基础上,进行缩减、增加、放大比重、缩小比重。当然,有时候也会使用一些个性化方案。

抑郁症的复发率较高,因此,抑郁症症状缓解后尚应维持治疗6个月左右,以巩固疗效、降低复发率。当然,也有少数人主张维持治疗4个月左右。世界卫生组织要求,如果患者抑郁症发作三次以上,则需要终生服药。

中国人的传统文化认为服药是不好的,这是一种落后的健康理念。在这种观念下,许多高血压与糖尿病患者擅自停药或者减药,形成心梗病、脑中风等恶性事件,导致死亡率上升!随着人类寿命的延长,必须建立终生服药就仿佛吃饭一样正常的理念。其实,按照中医的观点,我们的饭菜也是各种药,这叫药食同源。如果某人抑郁症发作三次以上,他就应该把终生服药看作一个很正常的事。要知道,在这种情况下,如果不终生服药,抑郁症复发的概率几乎接近100%,即使是在终生服药的条件下,也不能保证抑郁症100%不复发,所以,在服药的同时,还要采取各类措施降低复发率。

解决抑郁性不能只依赖药物! 目前,社会上还有另一种错误倾向,就是过度依赖药物来应对心理问题,这是十分危险的。过高的复发率已经证明这条路是走不通的,最有效的办法还是药物和心理调整双管齐下。服药并不能根除抑郁症,也不能保证抑郁症不复发。如何降低抑郁症复发的概率呢? 笔者的建议是终生练习身心柔术。

在欧美,由于舆论多元化,总是可以听到一些极端的声音,有一个学术派别甚至主张未来的"大同社会",就是百忧解无限免费发放的社会,所有社会问题都可以通过药物来解决,他们主张:夫妻吵架离婚怎么办? 吃百忧解! 员工大规模群体聚集闹罢工怎么办? 吃百忧解! 这些极端的声音只能姑妄听之!

不能把心理干预仅仅理解为谈话,只会谈话的心理调整都是低效的、甚至无效的,心理咨询师一定要能够进入个体的潜意识,改变人的深层心理结构,这样才会达到比较好的效果。

第二节 广泛性焦虑症

一、广泛性焦虑症的定义

广泛性焦虑症是一种学术称谓,民间称之为焦虑症,而学术上的焦虑症的范围很大,既包括民间所说的焦虑症即广泛性焦虑症,也包括强迫症、广场恐惧症、交际恐惧症、幽闭恐惧症、惊恐发作、各类特定对象的恐惧症、注射恐惧症、异性恐惧症等,民间所说的焦虑症只是学术上所说的焦虑症中最广泛的一种,即广泛性焦虑症。

所谓广泛性焦虑症,是指个体对未来会发生的坏事有强烈的、频繁的、过度的、长时间的担忧,而形成的强烈的负面心理体验,主要症状是过度担忧、恐惧、紧张、惊慌、坐立不安、心烦意乱等,部分个体还会出现下列一种或数种生理症状:胸闷气短、呼吸加快、心率加快、呕吐感、恶心、口干、胃部烧灼、浑身乏力、手掌冒汗、头昏头痛、慢性颈疼、慢性背痛、精力难以集中、颤抖、便秘腹泻、失眠早醒、尿频尿急、月经不调、头发斑秃等。焦虑的特征是指向未来的,它的本质是把还没发生的事拉到今天来担忧。笔者对广泛性焦虑症的潜意识核心解释是:潜意识认为自己运气差,坏事必定来!

二、广泛性焦虑症的起因

同抑郁症一样,各心理学派对于广泛性焦虑症有着不同的解释。这说明心理学的基础理论还有待突破，更本质的规律还没有发现。当前，任何一派心理学的基础理论都无法解释所有的现象，现将各学派对焦虑症的解释列明如下，以便读者参考。

1. 进化心理学的解释

进化心理学认为，广泛性焦虑症是一种基因错配反应，焦虑是人类进化演进出来的在原始社会遇到危险和压力时的应对状态。在原始社会，人类面临的主要危险是狮子、老虎、豹、狼、蛇等。当人类遇到它们时，需要立刻进入"战斗-逃跑"状态，学者们将这种心理体验取名为焦虑。同时，人类会发生生理变化：心跳加速，血压上升，呼吸加深，这是为了调动能量，准备战斗或逃跑，抽调各处血液对肌肉充血；加速分泌肾上腺素，这是为了增强力量，准备战斗或逃跑；排尿或排屎，这是为了轻装上阵，准备战斗或逃跑。由于血液集中于和"战斗-逃跑"有关的系统，就容易导致胃缺血和脑缺血，所以，长期焦虑的患者就会因脑缺血形成头痛，或因胃缺血形成胃黏膜缺血性糜烂，即胃溃疡，或因生殖系统缺血导致生理需求下降。所以，工作压力一大，人的生理需求就会下降，人放松时，压力减轻，生理需求就会上升。

前文提到的黑箱心理效应，正是"战斗-逃跑"反应的预备状态，也是人类在原始社会进化演进出来的。但人的进化演进速度没有现代社会变化速度快，现代人的压力、威胁、麻烦已经不再是狮子、老虎、豹、狼、蛇之类，但人类仍旧在用古老的方式应对现代社会的压力、威胁、麻烦，这就叫基因错配反应。这种错配反应程度较轻时，即为焦虑状态；程度加重重时，即为焦虑症。笔者的研究方向是管理心理学和心身疾病心理干预，因此，在笔者的学术体系中，非幽门螺杆菌胃溃疡和心理性头痛统统可以归入类焦虑症的范围。

笔者在进行广泛性焦虑症患者的心理干预时，经常采纳进化心理学的解释。许多心理干预技术方法的原理就是进化心理学。心理咨询师会大量运用催眠技术扭转基因发出的信号，这不是改变基因，而是在基因发出的信号中加进其他信号，从而改善焦虑状况。这种干预方法的效果通常极其明显。基因好比无线广播中的发射台，它发出无线电，心理咨询师不是去改造发射台，而是要在它发出的无线电中加进其他内容。

进化心理学不能解释所有的焦虑现象，比如，它不能解释为何性压抑和焦虑症相关，也不能解释模仿性焦虑以及以生理因素为主的焦虑，如更年期焦虑的成因等。

2. 精神分析学派

精神分析学派也分为很多不同的小流派。这些流派对焦虑症的主要解释有以下几种。

① 性压抑形成焦虑症。这是弗洛伊德的观点，笔者确实在焦虑症和类焦虑症的来访者中观察到远超社会平均水平的性压抑比例，但和弗洛伊德的观察不同，这种性压抑中异性恋性压抑与弗洛伊德时代相比已经大大下降，即整体社会性压抑程度下降了。

② 攻击性（破坏性）压抑形成焦虑症。这也是弗洛伊德的观点，但弗洛伊德死后，精神

分析学派内部又形成了许多小派别,他们对此的解释略有差异。笔者也观察到了这样的案例,但数量比较少。

3. 行为心理学的解释

行为心理学认为,焦虑和焦虑症是后天学习来的,模仿获得的焦虑就属于这一类。另外,行为心理学认为强迫症是因为个体在实施强迫行为或强迫观念后,立刻就舒服了许多,因此形成了强化和鼓励的机制,强迫症也就形成了。笔者的经验是,支持行为心理学的案例是有的,但远不如支持进化心理学和精神分析学派的多。

4. 认知心理学的解释

认知心理学认为,广泛性焦虑症患者的意识中存在着对信息的错误图解,外来信息被错误地图解加工后,输出的结论大大放大了未来的风险。换言之,认知心理学认为焦虑症患者的信息加工模型是有问题的,对同样的外来信息,他们总是加工出未来风险很大的结论。

笔者在来访者中确实观察到部分支持认知心理学上述解释的案例,但笔者进一步发现,这种错误的图解不但存在于来访者的意识层面,而且广泛存在于来访者的潜意识层面。因此,运用潜意识沟通的技术,主要使用催眠技术调整来访者的意识与潜意识的效果远好于面谈的意识性调整。

5. 生物化学理论学派的观点

生物化学理论学派认为,任何心理疾病都有其生物化学物质原因,所以,治疗广泛性焦虑症的关键是改变体内的生物化学物质。和抑郁症一样,吃药干预广泛性焦虑症是明显有效的,而且成本低廉,见效快,但它较高的复发率引发了巨大的疑问。同抑郁症一样,许多批评者认为,生物化学物质可能是一个中间变量,是心理状况引发生物化学物质紊乱,生物化学物质紊乱反过来又影响心理状况,所以,光吃药是不行的,必须采用吃药与心理干预同时进行的干预方法。笔者也确实发现,通过催眠改变心理状况,可以同时改变体内生化指标,所以,生化心理论也不能全部说明问题。

三、广泛性焦虑症的判定

1. 广泛性焦虑症的诊断

广泛性焦虑症的生理症状极易误诊,患者到医院检查后,常发现相关结果大多数正常,因此往往诊断不明确。在进行相关诊断时,就需要特别关注来访者对未来的看法。

广泛性焦虑症患者对未来的担忧大致分两种情况:①个体认为未来会有坏事发生,非常担心,但对坏事发生的具体的原因说不清楚,也就是说,来访者可以没有任何理由地产生恐慌焦虑;②个体认为未来会有坏事发生,能说出原因,但在旁人看来,问题的严重性被过于放大了,或者是常人难以理解的。无论是以上哪种情况,个体对未来风险的概率都存在过于夸大的倾向。比如,领导轻微批评一下个体,个体就觉得肯定要被炒鱿鱼了。

显然,广泛性焦虑症患者对未来的风险有明显的联想情况,认为 A 坏事会导致 B 坏事进而导致 C 坏事,如领导轻微批评,个体就联想到失去工作,进而联想到会使老婆不满,再联想到夫妻闹离婚,接着会联想到可爱的小女儿被判给老婆,随后又联想到老婆又嫁给另外一个男的,可爱的小女儿受到继父虐待……于是,越想越怕,负面情绪体验越来越厉害,继而引发心慌、气短、胸闷、头痛等生理反应。但其实上述每个环节发生的概率可能只有十分之一不到,几个环节下来,发生可怕事情的概率可能仅有十万分之一,比人每年在马路上被汽车上的概率还要小十几倍。可在焦虑症来访者看来,十万分之一的概率和三分之一的概率似乎是差不多的,有的焦虑症来访者还会说:"十万分之一概率有什么用,落到我头上就是 100%!"

在进行相关诊断时,焦虑自评量表(SAS)是常用的诊断工具。

焦虑自评量表

下面有 20 道题,请仔细阅读每一道题,每一问题有四个选项可供选择,四个选项的意义如下:

第 1 项——没有或很少时间(过去一周内,出现这类情况的日子不超过一天);

第 2 项——小部分时间(过去一周内,有 1—2 天有过这类情况);

第 3 项——相当多时间(过去一周内,3—4 天有过这类情况);

第 4 项——绝大部分或全部时间(过去一周内,有 5—7 天有过这类情况)。

选项后附有评估分数,请根据你最近一周的实际情况进行选择。

1. 我觉得比平时容易紧张和着急(焦虑)。 1 2 3 4
2. 我无缘无故地感到害怕(害怕)。 1 2 3 4
3. 我容易心里烦乱或觉得惊恐(惊恐)。 1 2 3 4
4. 我觉得我可能要发疯(发疯感)。 1 2 3 4
5. 我觉得一切都很好,也不会发生什么不幸(不幸预感)。 4 3 2 1
6. 我手脚发抖打颤(手足颤抖)。 1 2 3 4
7. 我因为头痛、颈痛和背痛而苦恼(躯体疼痛)。 1 2 3 4
8. 我感觉容易衰弱和疲乏(乏力)。 1 2 3 4
9. 我觉得心平气和,并且容易安静地坐着。 1 2 3 4
10. 我觉得心跳得快(心悸)。 1 2 3 4

11. 我因为一阵阵头晕而苦恼(头昏)。 1 2 3 4
12. 我有过晕倒发作,或觉得要晕倒似的(晕厥感)。 1 2 3 4
13. 我呼气吸气都感到很容易(反面即呼吸困难)。 4 3 2 1
14. 我手脚麻木和刺痛(手足刺痛)。 1 2 3 4
15. 我因胃痛和消化不良而苦恼(胃痛或消化不良)。 1 2 3 4
16. 我常常要小便(尿意频数)。 1 2 3 4
17. 我的手常常是干燥温暖的。 1 2 3 4
18. 我脸红发热(面部潮红)。 1 2 3 4
19. 我容易入睡并且一夜睡得很好(睡眠障碍)。 1 2 3 4
20. 我做恶梦(恶梦)。 1 2 3 4

得分结果:

SAS的主要统计指标为总分。在由自评者评定结束后,将20道题的各个得分相加,再乘以1.25后取得整数部分,就得到标准分。标准分越高,症状越严重。

测试结果:

此系统的结果剖析图给出的是标准分,分数越高,表示这方面的症状越严重。一般来说,焦虑总分低于50分者,为正常;50—59者,为轻度焦虑;60—69者,是中度焦虑;69以上者,是重度焦虑。

注:量表得分超过60分,建议立即前往医院获取专业评估。

注:量表结果仅供测试者参考,具体请以医院专业心理/精神科的评定。

另外,可以通过下面的标准来进行焦虑症的初步判定。

DSM-IV 对广泛性焦虑症的诊断标准

A. 对多种事件或活动(如工作或学习)呈现出过分的焦虑和担忧(一种提心吊胆的等待和期待),至少持续6个月以上。

B. 患者感到难以控制自己不去担忧。

C. 这种焦虑和担忧同时伴有如下症状至少3项(至少在6个月的大多数时间里存在)。

  a. 坐立不安或感到紧张;

  b. 容易疲劳;

> c. 思想难以集中或脑子一下子变得空白;
>
> d. 易激怒;
>
> e. 肌肉紧张;
>
> f. 睡眠障碍(入睡困难、睡眠浅或易醒)。
>
> D. 排除发生精神障碍的焦虑和担忧,如惊恐发作时的焦虑和担心(惊恐障碍)、在公众场合感到难堪(社交恐怖症)、担心被污染(强迫症)、害怕离家或离开亲人(分离性焦虑障碍)、担心肥胖(神经性厌食)、多种躯体不适的主诉(躯体化障碍)、担心患严重疾病(疑病症)以及创伤后应激障碍的焦虑和担心。
>
> E. 焦虑、担心和躯体征状造成了患者的严重痛苦,并且患者的人际交往、工作等社会功能严重受损。
>
> F. 排除由某种药物(如某种滥用药物、治疗药物)、躯体疾病(如甲亢)、心境障碍、精神性障碍或广泛性发育障碍所致的焦虑症状。

2. 焦虑症与抑郁症

焦虑症和抑郁症是有区别的,抑郁症是当下情绪低落,无价值感、无兴趣,认为生命没有意义,甚至有自杀倾向。焦虑症的表现则是对未来的担心,潜意识里认为坏事一定会来。两者虽然是不同的,但有60%—70%的抑郁症会伴随焦虑症。

3. 焦虑症与焦虑

焦虑症和正常焦虑的区别是:前者是夸大的,甚至是无具体原因的;后者的焦虑程度和刺激源的严重性是真实的。

适度的轻微焦虑是有利的,但一旦形成焦虑症,就会影响个体的社会适应功能,影响个体的生活质量。所以,我们不欢迎焦虑症,但对适度的轻微焦虑则持欢迎态度。适度的轻微焦虑的正面作用有:帮助个体回避有风险的事物;提高个体的工作效率,使个体能够更加积极地应对问题。

四、广泛性焦虑症的分类与干预

1. 广泛性焦虑症的分类

笔者把广泛性焦虑症按形成原因归类,以便心理干预时快速判断,提高心理干预的效果。

(1)生理需求压抑导致的广泛性焦虑症。

在心理咨询实践中,笔者观察到了精神分析学派主张的生理需求压抑造成广泛性焦虑症的现象。当然,生理需求压抑不是广泛性焦虑症产生的唯一原因,不能简单地把广泛性焦虑症来访者判定为一定有生理需求压抑,只是这种可能性大一些,约占40%左右,本数字会随着样本量的变化、生理需求压抑定义的变动、心理测量技术的进步而不断修正。

(2) 对外部环境的安全感高度不足,感觉外部环境不可控而导致的广泛性焦虑症。具体案例如下。

① 来访者幼年时期父母离婚或父母高度冲突,造成其重大的心理创伤,导致个体在意识和潜意识中认为外界环境是不安全的,坏事还会发生,再加上自身面对的现实压力,就容易形成强烈的坏事预期。

② 青少年时代,多次碰到恶性事件,如连续有同学游泳淹死、被车撞死、遭受医疗事故而死等,导致个体在意识和潜意识中认为外部环境是不安全的,自己遇到倒霉的事概率很大,再加上自身面对的现实压力,就容易形成广泛性焦虑症。

③ 成年期遭受连续重大打击,如重大事业连续失败、理财连续重大失败、发现以前坚信非常忠诚的伴侣出轨了、亲密朋友背叛了等,导致个体在意识和潜意识中认为外界环境是不安全的,可能重大的坏事又来了,再加上自身面对的现实压力,就容易形成广泛性焦虑症。

④ 幼年时期被委托给非社会主流方式的亲友抚养,如给姨妈、舅舅、姑姑等抚养,容易使得个体安全感过低,对外部环境可控感低,再加上现实压力或负面事件刺激,就容易形成广泛性焦虑症。

⑤ 其他。

(3) 个体自我评价过低,导致个体认为自己控制环境的能力偏差,导致控制感过低,形成广泛性焦虑症。本条与第2条的区别在于,第2条中导致控制感低的主要原因在于外部环境比较糟糕,本条中导致控制感低的原因主要在于自认自己控制能力差,前者主因在外,后者主因在内,两者的共同点是个体的控制感低。此种广泛性焦虑症类型的具体案例如下。

① 个体有指责型人格的母亲或者父亲的,或者随祖辈长大,而祖辈有指责型人格的,个体自我评价容易过低,导致控制感过低,形成广泛性焦虑症。

② 小时候长期学习成绩差,而且生长环境的主流文化非常重视学习成绩,因此,个体的成长伴随大量的老师批评、父母打骂,导致个体潜意识认为自己是低价值的。

③ 长相一般,在青少年时期缺少异性青睐(如同性恋则是缺少同性青睐)的个体,容易自我评价过低,导致其控制感过低,形成广泛性焦虑症。

④ 其他。

(4) 黑箱心理效应过大导致的广泛性焦虑症。

① 黑箱心理效应的含义。

黑箱心理效应是笔者学术体系中独有的一个学术名词,其含义为:假定个体对某人、某事、某物是关注的,但又缺乏对该人、该事、该物的信息,此时,个体对该人、该事、该物的评估容易偏向负面,导致其形成焦虑心态。比如,某位家长的女儿在读初中,惯例晚上7点钟回到家里,但今天 7 点半尚未见女儿回家,并且手机也打不通,此时家长就会焦虑。如果电话打通,获得与女儿相关的信息量大幅增长,该家长的焦虑就会迅速减小甚至消失。

在上述情况下,如果手机不通,信息全无,父母多半都是担心坏事,思维首先从坏处着想:女儿会不会被人拐走了？女儿会不会遭遇交通事故了？女儿会不会遇什么坏事了？极少有父母在遇到上述情况后会首先想好事:会不会女儿捡了个一百万元的钱包？会不会女儿成绩太好而被老师请她吃饭？如果是邻居家的女儿按惯例会在晚上 7 点钟回到家里,而今天 7 点半却尚未回家,个体是不会焦虑的,因为这不是个体关注的范围。只有当个体和邻居关系特别好时,随着关注程度的增加,个体的焦虑才会增加。

② 黑箱心理效应产生的原因。

为什么人类会有黑箱心理效应呢？笔者认为这是人类进化选择的结果。在原始社会,老虎、狮子、豹、狼、鳄鱼、蛇等对人类是很大的危险,如遇前方信息太少的情况,没有黑箱心理效应的个体会继续往前闯,就更容易死亡。因此,经过常年基因淘汰,留下来的个体多半是具有黑箱心理效应的。少数个体没有黑箱心理效应,或者黑箱心理效应非常弱的现象,往往是由基因突变导致的,现代社会生存环境改善,这类基因不容易被淘汰了,所以,这一类个体的数量也就会渐渐变多。

如果个体的黑箱心理效应程度低,就容易形成焦虑;如果个体的黑箱心理效应程度过高,则容易形成广泛性焦虑症。常见的导致黑箱心理效应程度过高的情况有以下几种。

① 社会环境变化速度过快,人们对自己的未来无法预测,导致黑箱心理效应过大,增大了个体获得广泛性焦虑症的概率。当前,中国社会的变化速度快,人们对未来的预测性变差,于是,人们的焦虑症大大增长。比如,1989 毕业的大学生有许多被政府"包分配"到国有机构工作,往办公室一坐,看看年长的同事,自己人生的模样一清二楚:铁饭碗、铁工资,论资排辈升迁,一目了然。他们似乎不用奋斗,因为奋斗也没有用,似乎也不用选择,因为没有选择。如此,焦虑症自然就少了。但与此同时,他们的绝望感也就产生了。绝望虽然也是负面情绪,但绝望不是焦虑,绝望和焦虑是两件事。绝望的人的内心是比较平静的,焦虑的人的内心则是心潮澎湃的。

② 重大生活变化导致黑箱心理效应大幅提高,如工作单位变动、工作岗位变动、结婚离婚、改变国内经常居住地、改变经常居住国、重要亲人离去等,都会形成高度黑箱心理效应,大大增加了个体获得广泛性焦虑症的概率。

比如,现在独生子女一代形成了人类历史上从未有的独特行为方式并演变成一种社会文化。他们常常以自我为中心。有些独生子女在出国留学后,会轻易地长时间断绝和父母的联系,以此惩罚父母,导致父母产生高度黑箱心理效应并引发焦虑症。而在这些子女身上并没有焦虑现象,因为他们根本不关心父母,也就没有获取父母信息的需要,这种以前闻所未闻的现象现在却经常遇到,成为一种严重的社会问题。

③ 人际关系稳定性差导致的焦虑。当前,中国的人际关系稳定性和以往相比大大下降。许多人失去了稳定感,形成巨大的黑箱,导致焦虑症患者的数量急剧上升。

比如,现在年轻人的离婚率非常高。今天结婚,明天离婚,大家忙得一塌糊涂。笔者曾见过法学院的学生在马路上做公益法律咨询时,有人问:"离婚的条件是什么",法学院的学生反问:"你结婚了吗",得到的回答是:"我结婚了"。法学院的学生立刻站起来,气宇轩昂地回答道:"你已经具备了离婚的条件。"

有人说女人比男人可靠,男人出轨率太高!笔者极其沉痛地提醒你:从逻辑上讲,男女出轨率是差不多的!大量男人出轨,必须有大量女人出轨配合,因此,说男人不是好东西等于说女人不是好东西!

现在的子女可靠吗?父母老了,子女会有孝心吗?这很成问题!所以,有些人不愿意养孩子了。更重要的是,"这孩子是自己的吗"已经成了许许多多人的疑问。

公司可靠吗?同事可靠吗?员工可靠吗?可以肯定的是,现在中国已经成了"跳槽大国"。

虽然爸爸妈妈还是基本可靠的,但其可靠程度也发生了一定变化,主要是:爸爸妈妈变多了!今天叫她妈妈,明天叫另外一个人妈妈!

总之,这些重要的人际关系都变化多端!甚至人际交往中对方是男的还是女的都变得不是那么确定。变性人多了,男扮女装和女扮男装的多了。笔者就处理过多例由于谈恋爱初期没有科学地分辨出对方的性别而引发的心理崩溃现象。

④ 其他黑箱心理效应。

(5) 行为模仿会导致焦虑,严重的会发展成广泛性焦虑症。

人类是存在行为模仿心理机制的,这也成为广泛性焦虑症的一个大类型。此种广泛性焦虑症类型的具体案例如下。

① 父母之一或者两人都是忧心忡忡或者是有焦虑症的,子女患焦虑症的概率会大大上升。这既有基因遗传的因素,也有后天学习模仿的因素。此外,父母对孩子过度保护,就是在暗示环境很可怕,这本质上是父母的焦虑,并且提高了子女获得焦虑症的概率!

② 在中国,政府的权威是很高的,其心理暗示的效果也是巨大的,容易造成模仿现象。政府对某些危险的过度反应,也会形成强烈的心理暗示,提高社会整体的焦虑症获得率。假如某地方政府为了保证当地学生高考时不受影响,决定减少青蛙的叫声形成的噪音,下令放毒药把本镇农田里的青蛙全部毒死,这实际上是地方政府领导焦虑情绪的对外投射,其结果必然是该镇学生的焦虑程度大大上升,考试成绩大幅度地下降。

③ 权威人物的焦虑会带动他的"粉丝"焦虑程度上升,粉丝是很容易模仿偶像的,比如,歌星的焦虑就很容易提升他的崇拜者的焦虑。

④ 其他模仿形成的焦虑。

(6) 社会暗示应该焦虑导致的广泛性焦虑症。在某些文化体和亚文化体中,存在着一种暗示：悠闲是一种不道德的状态，是不求上进、玩物尚志、无所作为！急急忙忙，似乎暗示着某种成功特质。不焦虑似乎不太好！这会提高广泛性焦虑症的获得概率！京、沪、广、深等城市中的广泛性焦虑症人群比例偏高，就可能和上述社会暗示有关。某些大公司中流行的"996"文化，也提高了广泛性焦虑症的获得概率。此外，有统计发现，教师子女的焦虑情绪、焦虑症、自杀率都比社会平均水平高！特别是在大学教师的孩子中，这种现象更加明显。因为教师的群体文化是非常反对不求上进的，教师们习惯性地整天叨叨："天行健，君子当自强不息。"

（7）生理疾病为诱因、心理因素为主因而引发的广泛性焦虑症。比如，癌症患者患广泛性焦虑症的情况是非常普遍的。这种焦虑症发生的主因是心理因素。生理因素为次要原因。这种焦虑症主要是由对未来的预期变坏而导致的，此时，正确的心理干预极其重要。此外，糖尿病、高血压、脑卒中等患者患焦虑症的概率也在升高，这都是由于患者对所患疾病的危害的担心所致。

（8）生理因素为主要原因、心理因素为次要原因所导致的广泛性焦虑症。此种广泛性焦虑症类型的具体案例如下。

① 更年期焦虑症。更年期的到来常常伴随着广泛性焦虑症，这一种情况的出现虽然也受心理因素的影响，但其主要原因是生理因素在发挥作用。

② 慢性肺病。慢性肺病特别是慢性阻塞性肺炎导致惊恐发作的情况是很常见的。

③ 甲状腺亢进常常会导致广泛性焦虑症，这种情况的出现主要是受生理因素的影响。

④ 大约30%的帕金森症患者会有焦虑障碍。笔者倾向于认为这类焦虑症主要由生理因素导致。

⑤ 其他。

对于以上受疾病影响而形成的广泛性焦虑症，心理干预是有效果的，但效果比较小。

2. 广泛性焦虑症的干预

笔者对广泛性焦虑症心理干预的基础处方如下。需要注意的是，针对不同的个案，需依据基础处方和个案的个性化情况，进行适当的增加、删减、放大、缩小。同对抑郁症的干预疗法相似，对广泛性焦虑症的干预方法有以下6种。

（1）认知心理疗法：学习情绪管理心理学课程。具体方法可参阅抑郁症干预的相关章节。

（2）人本主义心理疗法：练习身心柔术。患者可主要练习"回松""松静""开心"三项身心柔术。这三项身心柔术以紧中求松为特点，在应对焦虑症方面有比较好的效果。这三项心身柔术的难度由易至难，效果逐项递进，建议每天坚持练习。关于心身柔术的具体介绍，读者可以参见有关章节。这里要再次强调的是，它虽与体操、太极、气功在外形上有部分相似之处，但内在原理与这三者完全不同，独立于体操、太极、气功之外。

（3）催眠心理疗法：现场或者音频催眠。有人认为现场与音频催眠的效果没有差异，但笔者的心理干预实践不支持这个结论。

把来访者导入催眠状态是容易的,但心理干预的关键不是导入催眠状态,而是如何帮助患者在催眠状态下调整潜意识。焦虑症催眠治疗需要注意以下10点。

① 在催眠状态充分解释形成焦虑的原因,让患者的潜意识充分理解这是一种基因错配现象。

② 以压力和危险为信号源,建立一种放松状态。

③ 通过潜意识信号调整脑部的供血,提高大脑活力。

④ 防止逃跑状态,提高行动力,养成面对问题的习惯,防止因焦虑形成的回避想象。

⑤ 改变潜意识中放大风险的"图解"。

⑥ 应对失眠或可能的失眠。

⑦ 增强免疫力,降低因免疫力下降而产生的各种病。

⑧ 排除抑郁情绪。

⑨ 修改来访者"自己运气差,坏事必定来的负面"的潜意识。

⑩ 未来不是过去简单的延续。

(4) 行为主义心理疗法:让个体去模仿情绪管理心理学课程。具体方法可参阅抑郁症干预的相关章节。

(5) 整体心理疗法:如果有需要,干预来访者家人的心理状态。具体方法可参阅抑郁症干预的相关章节。当然,也有相当部分广泛性焦虑症与家人的错误行为无关,需要根据不同个体得出案例特征进行单独判断。

(6) 运动疗法:通过运动缓解来访者的负面情绪。运动可以提高体内的5-羟色胺、内啡肽、多巴胺的水平,这有助于缓解焦虑症。但这种缓解是十分有限的,总是有人夸大运动疗法的作用,原因在于中国人有不想吃药的执念,事实上,仅仅通过运动治愈焦虑症的案例极其稀少。但运动疗法作为一种辅助疗法的效果依然是很好的。

一般而言,笔者不会只使用一种办法,而是会多管齐下,综合进行心理干预,并且会根据来访者的具体情况,在上述方案的基础上作出缩减、增加、放大比重、缩小比重等调整,有时候也会使用一些个性化办法。

笔者认为最好的应对广泛性焦虑症的方式是:心理干预和药物治疗同时进行!这样的治疗方式可以使患者的复发率降低。在治疗广泛性焦虑症时,要反对两种错误倾向。一种错误倾向是仅仅用药物治疗,不进行心理干预,这样做复发率是很高的。有专家认为错误的心理思维方式是形成焦虑症的根本原因。首先是心理问题影响生化指标,生化指标又会反过来影响生理状况,所以,不干预心理状况是错误的。另一种错误倾向是对于重症患者仅仅使用心理干预。确实,对于许多轻症患者,心理干预是能让焦虑完全消失的、但对于重症患者,笔者坚决主张采取心理干预和药物治疗并重的治疗方法。对于重症患者纯粹使用心理干预,见效会非常缓慢,而且症状的缓解幅度不如心理干预和药物治疗并重的缓解幅度大。另外,还存在一些重症病例是通过心理干预和药物治疗并重也不能彻底解决的。目前的各种治疗方法只有缓解之效,更有效的方法还有待于进一步的学术发现。

第三节　强　迫　症

一、强迫症的定义与症状

强迫症是焦虑症中比较常见的一种,其以强迫观念、强迫动作、强迫意向作为主要表现形式,以有意识的自我强迫和有意识的自我反强迫同时存在为特征。强迫症患者虽明知强迫症状的持续存在毫无意义且不合理,却不能克制地反复出现强迫行为。患者越是企图努力抵制,越感到紧张和痛苦。病程迁延者可以仪式性动作为主要表现,此时,患者的精神痛苦虽然显著缓解,但其社会功能已严重受损。

综合各种文献可知,主流意见认为强迫症的终生获得率为2%—3%,青少年时期为患病高发期,多数患者在成年后可康复。强迫症的得病率在性别上无明显差异,当然,也有调查认为女性的强迫症获得率更高,但这种说法的争议较大。

强迫症患者有症状自知力,即来访者感到这是不正常的,甚至是病态的,至少希望能够消灭强迫症。笔者见到的强迫症症状包括但不限于以下20种。

(1) 经常对病菌和各种疾病敏感,并毫无必要的担心。

(2) 经常反复洗手而且洗手时间很长,超过正常需要。

(3) 有时会多次毫无原因地重复相同的话语。

(4) 觉得自己在穿衣、清洗、吃饭、走路、工作时要遵循特殊的顺序。比如,看见马路上的下水道盖子,一定要看看是否有人掉下去,此时,患者也知道这样做是没有必要的,但他控制不了。

(5) 过度检查,即反复进行没必要的检查工作,如反复地检查门是否上锁、反复地检查款项是否到账等。

(6) 没事就数数,只要是能数东西就数。

(7) 做毫无意义的反复思考。比如,思考房子为什么朝南不朝北,鸟为什么不朝后面飞而朝前飞,人为什么要拉屎,太阳为什么不从西边升起。

(8) 控制不了地回忆一些不愉快的东西。

(9) 放大风险且过度担心,甚至毫无原因地担心自己患了某种疾病。

(10) 毫无原因地破坏某些物品,甚至伤害他人,或者没有原因地破坏工作。

(11) 看见或想到刀、匕首之类的物品后,担心自己去杀人。

(12) 控制不了地反复吟唱某段歌曲。

(13) 在使用肥皂时一定要分清是用于洗左手还是洗右手的,手套、袜子也是一样。

(14) 看到别人没把黑板擦干净就觉得十分痛苦,非常别扭。

(15) 追求下属中的舆论统一,否则,会感到非常难受。对异见的耐受度大大低于社会平均程度。

(16) 调音量一定要调到顺眼的数字,回答老师问题只选第6次、第8次,坚决回避第4次,否则会很难受。

(17) 研究股票的来访者无法容忍子女叫他"爹(跌)",也无法容忍弟弟妹妹叫他"哥(割)",要求弟弟妹妹称呼其"兄长(凶涨)",否则就非常痛苦。

(18) 一定要把头发弄成中分,不能有偏差,否则就很难受。来访者会随手带把小梳子,坐车时也要举起胳膊,迎风把腋毛吹成中分,并用梳子和发胶定型。

(19) 部分医生,明知没必要,但仍旧无法控制地用咖啡泡枸杞吃。

(20) 控制不了地思考人车右行和菩萨保佑(右)之间的关系。

强迫症的症状可以分为四大类。

(1) 强迫观念,即自己明知没有必要,但无法控制某种联想、观念、回忆或疑虑顽固地反复出现,内心冲突激烈。

(2) 强迫行为,即自己明知没有必要做,但却不得不做的行为,患者在做了这种行为以后焦虑减轻,但内心冲突激烈。

(3) 强迫意向,即在某种场合下,患者出现一种明知与当时情况相违背的念头,却不能控制这种意向的出现,从而感到十分苦恼。比如,母亲抱小孩走到河边时,突然产生将小孩扔到河里去的想法。虽未发生相应的行动,但患者却十分紧张、恐惧。

(4) 强迫情绪,其具体表现主要是强迫性恐惧。这种恐惧是对自己的情绪会失去控制的恐惧,如害怕自己会发疯,会做出违反法律或社会规范甚至伤天害理的事,而不是像恐怖症患者那样对特殊物体、处境等的恐惧。

强迫症患者多因自己在早年生活中接受的教育过于严谨、要求过高而逐渐形成一种强迫人格。他们往往胆小怕事,优柔寡断,处事执拗,拘泥教条,不善于随机应变,守规矩,讲信用,但又缺乏创造性和主动性。强迫症往往是由于患者对自己的估计过低而常有一种不安全感,以及事事都追求十全十美的性格特点所致。

病前人格在本病病因中起重要作用,约2/3的强迫症病人病前已经有很稳定的强迫性人格。其主要表现为:力图保持自身和环境的严密控制。他们注重细节,做任何事都力求准确、完善,但即使如此他们仍有"不完善""不安全"和"不确定"的感觉。他们或者表现为循规蹈矩、缺少决断、犹豫不决、依赖顺从；或者表现为固执倔强、墨守成规、宁折不弯及脾气急躁。

二、各学派对强迫症的解释

1. 精神分析学派

精神分析学派派系众多，其中一派认为强迫症主要是由于潜意识缺陷感重和安全感不足形成的，笔者比较认可这一解释。

精神分析学派中最古老的一派是弗洛伊德学派，该学派认为强迫症是性压抑和破坏性冲动与意识冲突的产物，即本我与自我、超我的冲突，形成强迫症，这也可以解释部分案例。比如在早年，由于性观念保守，性罪错中异性恋性罪错的比重很大。这多是因为个体受到了错误的教育，认为性是肮脏的，现在由于性观念逐渐开放，异性恋性罪错大幅度减少，同性恋性罪错的比重相对增加。所以，目前在同性恋中强迫症患者的比例会比社会平均水平偏高。

2. 行为主义学派

行为主义学派认为，强迫症是正负强化和正负惩罚的结果，即强迫症来访者在实施强迫行为之前会感到非常焦虑，实施强迫行为之后焦虑感下降，强迫行为得到了奖励，强迫症就形成了。但行为主义学派的观点无法解释为什么来访者实施强迫行为以后焦虑会下降。

3. 认知心理学派

认知心理学派认为，来访者的认知模式对形成强迫症起到重要的作用。强迫症患者的认知模式中有"非常高的对错观"以及"非常高的责任观"。还有一个认知模式是"作为个体应该控制好所有的想法和行为"。这三个常见的错误认知模式是形成强迫症的基础。其中，"非常高的对错观"的意思是来访者认为无论大事小事，都存在着约定俗成的对错标准，如毛巾放哪里、热水瓶放哪里、碗筷怎么摆放等，这些小事中都存在着客观真理。这些来访者对于对错的认识是比较僵化的、不容易变的、黑白分明的，他们给他人的感觉是比较"较真""龟毛""一根筋""吹毛求疵"。

4. 生物化学理论学派

生物化学理论学派的主要观点有以下3种。

① 遗传对本病的发生可能起一定作用。有研究者统计得出来访者的父母中强迫症的患病率为5.2%～7%，这比社会平均发病率要高得多。患者的同胞、父母及子女中，属强迫性人格者的也较多。

② 生化研究提示，5-羟色胺(5-HT)系统功能增强与本症发病有关，因此，5-HT再摄取抑制剂如氯丙咪嗪、氟西丁及氟伏沙明等，都对强迫症有较好的疗效。另外一些研究提示本病与抑郁症的发病存在正相关性。

③ 神经信号传导研究。2007年，国际权威科学杂志《自然》发表了中国科学院上海生

命科学院神经科学研究所客座研究员、美国杜克大学教授冯国平的研究成果,首度揭示了强迫、焦虑和压抑的生理机制,指出"皮质-纹状体-丘脑-皮质回路"出现信息传导不畅是强迫症的病理原因。冯国平的研究小组在做动物实验时发现,敲除了 Sapap3 基因的小鼠居然出现了类似人类强迫症的行为——小鼠反复地抓自己的脸(小鼠通过抓摸来"洗脸"),直到毛皮破损甚至流血还无法停止,同时还会焦躁不安。研究人员介绍说,Sapap3 是 Sapap 家族蛋白质中唯一在纹状体中"任职"的一位。它缺位时,一些信息传导会出现"一边倒"。比如,正常情况下,小鼠感觉脸脏了,抓几下就会感到干净了,但没有 Sapap3 时,"脸干净"的信息怎么也传不回大脑,于是,小鼠就会不停地重复一个动作,无法停止。

三、强迫症的诊断

DSM-IV 对强迫症的诊断标准(APA,2000)

A. 或者是强迫思维,或者是强迫动作:

强迫思维的定义是下列 4 项:

(1) 在病程中某一时间所体验过的思想、冲动意念或表象,会反复或持久地很不合时宜地闯入头脑,以致引起显著的焦虑或痛苦;

(2) 这种思想、冲动意念或表象不单纯是对于现实生活中一些问题的过分担心;

(3) 患者企图忽视或压制这些思想、冲动意念或表象,或者用其他思想或行动来中和它们;

(4) 患者认识到这些强迫性思想、冲动意念或表象都是自己头脑的产物(并不是被强加的思想插入)。

强迫动作的定义是下列 2 项:

(1) 患者感到为了被迫作为强迫思维的反应或按照应当僵硬地执行的规则而不得不进行的反复行为(如洗手、排次序、核对)或精神活动(如祈祷、计数、默默地重复字词);

(2) 这些行为或精神活动的目的在于预防或减少痛苦,或为了预防某些可怕事件或情境的发生,然而这些行为或精神活动实际上并不能起到所设想的中和或预防作用,或者实际上是明显过分的。

B. 在病程中的某一时,患者自己曾认识到这种强迫思维或强迫动作是过分的或不合理的。

注:这一点不适用于儿童。

C. 带来显著痛苦的强迫思维或强迫动作,是费时的(一天花费1小时以上)或明显地干扰了正常的日常活动、职业(或学业)功能或平常的社交活动或关系。

D. 排除另一种诊断存在,强迫思维或强迫动作的内容并不仅限于它(例如,进食障碍之沉湎于食物;拔毛症之拔除毛发;体象障碍之考虑到自己的外貌;物质滥用障碍之沉湎于滥用药物;疑病症之沉湎于患有重病;性变态之沉湎于性冲动欲望或性幻想;重性抑郁障碍之反复地自责自罪。)

E. 此障碍并非由于某种药物(如某种滥用药物、治疗药品)或由于一般躯体情况所致之直接生理性效应。

若有以下情况,请注明:伴自知力不全,如当前发作的大部分时间,患者不能认识这种强迫思维或强迫动作是过分的或不合理的。

四、强迫症的心理干预方法

强迫症最好的应对方式是心理干预和药物治疗同时进行!笔者对强迫症进行心理干预的基础处方如下。

(1) 认知心理疗法:学习《情绪管理心理学》书籍。具体方法可参阅抑郁症干预的相关章节。

(2) 人本主义心理疗法:练习身心柔术。

可以主要练习"回松""松静"两项身心柔术。具体方法可参阅相关章节。

(3) 催眠心理疗法:现场或者音频催眠。具体方法可参阅抑郁症干预的相关章节。

需要注意的是,把来访者导入催眠状态是容易的,但问题的关键不是导入催眠状态,而是如何在催眠状态下调整潜意识。具体方法如下。

① 解除缺陷感或者罪错感;

② 提高安全感;

③ 降低对错观;

④ 如需要,适度降低责任感;

⑤ 提高接纳自己的程度;

⑥ 潜意识想象中用脱敏疗法;

⑦ 潜意识想象中用暴露疗法;

⑧ 指令改正强迫行为或者强迫观念等;

⑨ 根据个案情况进行个性化处理。

(4) 行为主义心理疗法:让个体去复述《情绪管理心理学》书籍。具体方法可参阅抑郁症干预的相关章节。

(5) 森田疗法。森田认为来访者存在轻度功能障碍,如当众说话时紧张、失眠、心慌、头痛、口吃等时,如果他对这些症状不特别注意,它们并不会影响来访者的生活和工作。但来访者往往过度注意这些"病态",力图摆脱病态的紧张状态反而严重影响其生活和工作,形成工作生活的挫折与失败,从而进一步造成心理压力,形成恶性循环,产生精神交互作用,不断放大负面感觉。森田疗法的目的是让来访者接受自身症状,将注意力向外,打破精神交互作用。

森田疗法中的住院治疗分为四期。在采用森田疗法时,应首先向病人简要介绍治疗程序,以消除病人的顾虑,提高其合作性。病人的住院房间需为单人房间,房间的装饰颜色应以绿色为主。周围应当保持安静,可以适当地增加绿色小植被。

第一期为绝对卧床期。此时,病人应独居,禁止用手机、说话、看书、看电视、吸烟、喝酒及其他娱乐活动。除进食、洗漱、大小便以外,应卧床休息。尽量使病人体验到:如果任其自然,烦恼和痛苦就会逐渐消失。在第一期,病人最初会保持情绪安定,但在绝对卧床的时间增长后,会出现难以忍受的状态。病人会出现无聊的感觉,总想做点事,这就是无聊期,即"烦闷即解脱"的关键时期。多数病患的绝对卧床期为3—7天,也可延长至10—14天。森田认为,绝对卧床期对失眠、焦虑、强迫症的病人有明显疗效。

第二期为轻作业期,此时,病人同样被禁止看手机、说话、看书、看电视、吸烟、喝酒及其他娱乐活动,每日卧床时间改为7—8小时,时间为一周左右,但病人在白天需到户外接触新鲜空气和阳光,并通过写日记激活其自愈潜能。此时,来访者会从无聊中解脱,会有一种愉快的情绪,注意力不会在自身的症状之上。因为经过绝对卧床期,来访者对自身的症状已经烦透了,对症状的感觉也会减轻,来访者会越来越渴望参加较重的工作。如果来访者对重体力劳动持拒绝态度,可以适度地延长轻作业期。

第三期为重作业期。来访者可按自己的喜好选择参与各种重体力劳动,如砌墙、种植、砍柴、翻土、上树摘果等。同时,来访者还要读书。在这个时期,应着重培养来访者对工作的持久耐力,使其反复体验工作成功的喜悦,唤起其对工作的兴趣,使其学会忽视症状,将注意力转向外部。此期以1—2周为宜。

第四期为生活训练期(社会回归期)。在此时期,应让来访者回到工作岗位或在医院参加某些较为复杂的工作,并使其在晚上回到病房后记下日记,使来访者在工作、学习、人际交往和复杂工作中进一步体验顺应自然的原则,为回归社会做好准备。此期以1—2周为宜。

目前还有门诊式森田疗法的治疗方法,这种方法一般只适合于轻症患者。

森田疗法有其自身的局限性。由于在采用森田疗法的过程中,心理咨询者不会进行心理分析,所以,这一方法对于人格障碍或深层次创伤的来访者是不适用的。此外,有许多来访者由于无法忍受治疗期间的痛苦而放弃治疗。森田疗法在笔者的学术体系当中属于选择靠后的疗法,原因在于该方法的成本过大。

(6)暴露疗法。暴露疗法是让来访者暴露于自己讨厌恐惧的场景中的一种治疗方法。比如,让洁癖来访者去做掏大粪的工作,要求其在限定时间内不准逃离,也不给予其任何放松机会,这会大大提高来访者对肮脏的耐受度。这种方法还可分为实景暴露和想象暴露两种。想象暴露疗法分为来访者意识层面想象和催眠状态想象。暴露疗法不给患者进行任何的放松训练,不给患者准备,让患者想象或者直接暴露于自己最讨厌、最焦虑、最担心、最恐惧的情景当中,用以迅速矫正来访者的强迫症状,调整其错误的认知,并且消除习得性焦虑、恐怖以及预期的焦虑、恐怖等。

对于症状严重的患者,在采用暴露疗法时需控制风险,该治疗过程必须在非常可控的治疗环境下进行。

(7)系统脱敏疗法。

系统脱敏疗法和暴露疗法不同,它是逐级让来访者处于负面刺激心理环境中,并在每一级别的负面刺激环境中反复刺激,直到来访者适应这一刺激级别,然后停止刺激放松,再提高负面刺激级别的过程。就这样逐级上升负面刺激级别,直到来访者完全适应。可以在每次训练中提升2—4级负面心理刺激等级,在每个等级的刺激过程中,都要让来访者作出主观评价,直到来访者报告已经接受或适应后,停止刺激放松,再升高负面刺激心理等级,直到来访者完全能够适应生活工作中的负面刺激。这是一种比较安全的心理干预方法。

系统脱敏疗法也分为想象的和现实的,想象的又分为来访者意识层面想象和催眠层面想象。笔者偏好在催眠中想象,并调整来访者潜意识中的错误认知。

对于以上几种干预办法,一般而言,笔者不会只使用其中一种,而是多管齐下,综合进行心理干预,并且会根据来访者的具体情况,在上述方案的基础上进行缩减、增加、放大比重、缩小比重等。

第四节 恐惧症概述

恐惧症是焦虑症的一种特殊情况。它指对某个物体、某种动物、某个地方、某个情境等的极度恐惧。这种极度恐惧是持续且过度的,与实际的危险性并不匹配。恐惧症患者在遇到令其恐惧的东西时,恐惧情绪会快速发作,严重者甚至会昏厥。如果恐惧症很严重,患者可能会围绕着避免让他们恐惧的事物来安排自己的日常生活,这会给他们的日常生活带来很多限制,还会造成很多困扰。大多数恐惧症患者会同时对两种或两种以上事物产生恐惧。

一、恐惧症的分类

根据美国精神医学学会(American Psychiatric Association,APA)出版的《精神障碍诊断与统计手册》(第五版)(DSM-5),恐惧症可分为特定恐惧症、社交恐惧症(又名社交焦虑障碍)和广场恐惧症。

1. 特定恐惧症

患有特定恐惧症的人会对特定的物体或情境感到恐惧。这种恐惧的感觉几乎总是在个体遇到特定物体或情境时立即引发并持续存在,并与该物体或情境所构成的实际风险不成比例。特定恐惧症的诊断标准如下。

(1)对某一特定物体或情境有明显的恐惧或焦虑。需要特别提醒的是,在儿童中,恐惧或焦虑可能通过哭泣、发脾气、身体僵硬或对大人的过度依赖来表达。恐惧症的刺激包括:①动物,如蜘蛛、蛇、昆虫、狗等;②自然环境,如高处、风暴、水、闪电、黑夜等;③与血液、注射相关,如血、针头、注射过程、医疗护理等;④特定情境,如坐飞机、坐电梯、处于密闭环境等。

(2)令人恐惧的物体或情境几乎总是会立即引起恐惧或焦虑。

(3)对于令人恐惧的物体或情境,患者会积极避免,或者在无法避免时忍受强烈的恐惧或焦虑。

(4)恐惧或焦虑与特定物体或情境造成的实际危险和社会文化背景不成比例。

(5)恐惧或焦虑是持续的,通常会持续6个月或更长时间。

(6)恐惧或焦虑会导致患者无法继续工作,使其丧失部分或全部的社交功能。

特定恐惧症患者一般会对多种特定的物体或情境产生恐惧。他们平均会害怕三种物体或情境,大约75%的特定恐惧症患者会害怕不止一种物体或情境。

2. 社交恐惧症

社交恐惧症又名社交焦虑障碍,患者在处于公共场合或社交活动时会表现出害怕、焦虑等症状,因此,他们会尽可能地回避社交活动。这些社交活动包括与不熟悉的人见面、个人可能被观察到吃喝行为的场合以及在众人面前表演等。许多社交恐惧症患者并不能意识到自己出现了心理疾病,他们会把社交恐惧理解为不想得到别人的负面评价、不想经历尴尬、不想被拒绝或冒犯他人等。社交恐惧症的诊断标准如下。

(1) 对一个或多个可能受到他人评价的社交场合会感到明显的恐惧或焦虑。它们包括:社交互动(如会谈、与不熟悉的人见面等);被观察(如独自在饭店吃饭);在别人面前表现自己(如发表演讲、表演)等。在儿童中,上述恐惧或焦虑必须发生在与同龄人相处的环境中,而不仅仅只是在与成年人的社交中。

(2) 个体担心其行为或者恐惧或焦虑的情绪本身会带来负面评价。如担心自己没有面子、尴尬、冒犯他人等。

(3) 在任何社交场合几乎总是会引起恐惧或者焦虑。在儿童中,恐惧或焦虑的表现形式可能是哭泣、发脾气、身体僵硬、对大人的过度依赖或在社交场合说不出话。

(4) 个体会极力避免参加社交活动,如果实在无法避免,在参与社交的过程中他们将忍受强烈的恐惧或焦虑。

(5) 恐惧或焦虑的程度与社会实际威胁不成比例。

(6) 恐惧或焦虑是持续的,通常持续 6 个月或更长时间。

(7) 恐惧或焦虑会导致临床上严重的痛苦感,使患者丧失部分或全部的社交功能,甚至让患者失去工作能力。

(8) 患者的恐惧、焦虑或回避行为不能归因于某种物质(如滥用药物)的生理作用。

社交恐惧症中有一种特殊类型,即表演型社交恐惧。对于患有表演型社交恐惧症的人,这种恐惧或焦虑往往会对他们的职业生涯造成巨大的损害,特别是音乐家、舞蹈家、演员、运动员或是需要定期在众人面前演讲的职业。表演型恐惧也可能出现在工作、学校或需要定期公开演讲的学术环境中。表演型社交恐惧症患者不会恐惧或避免其他的社交场合。

3. 广场恐惧症

广场恐惧症患者会对以下两种或两种以上的情况感到恐惧和焦虑:使用公共交通工具;处于开放的空间中;处于密闭的空间中;处于排队状态或在人群中;处于独自离家的情况中等。广场恐惧症患者害怕上述情况,因为他们认为在这些情况下如果出现危机,逃避可能是困难的,或者他们可能得不到帮助。上述这些情况几乎总是引起个体的恐惧或焦虑,患者会极力避免处于这些情况中,或者在处于这些情况时必须要有同伴的存在。广场恐惧症的诊断标准如下。

（1）对以下5种情况中的两种或更多表现出恐惧或焦虑：①使用交通工具（如公共汽车、火车、轮船、飞机等）；②处于开放的空间中（如停车场、集市或大桥上）；③处于封闭的环境中（如商场、电影院、剧院等）；④排队或在人群中；⑤独自出门在外。

（2）个体害怕或回避上述情况，因为个体觉得逃避可能很困难，其在出现恐慌的症状或其他丧失能力、令人尴尬的症状时可能得不到帮助。

（3）对（1）中的情况几乎总是会引起恐惧或者焦虑

（4）个体会积极回避（1）中的情况，如无法回避，则经历这些场合时需要人陪伴，或者需要忍受强烈的恐惧或焦虑。

（5）恐惧或焦虑的程度与实际威胁不成比例。

（6）恐惧或焦虑是持续的，通常持续6个月或更长时间。

（7）恐惧或焦虑会导致临床上的严重痛苦感，患者丧失部分或全部的社交功能。在最严重的情况下，广场恐惧症会导致个体完全被困在家里，无法离开自己的家，甚至基本需求的满足都需要依赖他人提供的服务或援助。其他常见症状和行为还有意志消沉、抑郁以及滥用酒精和镇静药物等。

由于某些特定型恐惧症的患者是对特定情境产生恐惧（如飞行、封闭场所、电梯），这与广场恐惧症的诊断有所重叠，因此，有时候临床的诊断会遇到一些困难。一般认为，如果一个人只对广场恐惧症的五种情况中的一种表现出恐惧，则应诊断为特定型恐惧症；如果一个人对广场恐惧症五种情况中的两种或两种以上情况表现出恐惧，则应诊断为广场恐惧症。例如，如果某人害怕坐飞机和火车（与广场恐惧症中的"使用交通工具"重叠），但不害怕其他东西，则该患者将被诊断为特定恐惧症；如果某人同时害怕坐飞机、坐火车和人群（与广场恐惧症中的"使用公共交通工具""排队或在人群中"两项重叠），则该患者将被诊断为广场恐惧症。除此之外，广场恐惧症诊断标准中的第二条也可作为辅助标准以区分广场恐惧症和特定恐惧症。如果患者是出于其他原因而产生恐惧，例如，害怕被物体或情况直接伤害（如害怕飞机坠毁、害怕动物咬人等），则诊断为特定恐惧症可能更合适。

二、恐惧症的病因

1. 特定型恐惧症的病因

（1）幼年时的负面事件或创伤。很大一部分特定型恐惧症的患者在儿童时期经历过负面事件或创伤，这些事件或创伤在成年时发展为恐惧症。例如，如果一个人早年曾被困在一个封闭的空间里，他极力求助但是没有得到回应，最后获救时已经筋疲力尽，成年后，其可能会对封闭的空间产生恐惧。再如，如果一个人在很小的时候在飞机上经历了很多颠簸，他可能会产生对坐飞机的恐惧症。又如，如果一个人早年曾被狗咬伤，他可能会产生对狗的恐惧症。

(2) 早年的模仿学习。恐惧症有时可以在幼年时"习得"。例如,孩子的父亲或者母亲在遇到蟑螂或蜘蛛时非常害怕,孩子可能会模仿学习这种害怕,久而久之,孩子遇到蟑螂或蜘蛛时也会表现出非常害怕。如果父母或家庭中的其他人对某些东西产生严重的害怕感觉,孩子也可能会对其产生恐惧。

(3) 基因返祖。在史前时代,被动物伤害的风险、黑暗、深水和被困在狭小的空间中是大多数人恐惧的事情,因为不恐惧这些的人会在基因竞赛中被淘汰。这类基因一直延续到现代,在大脑中根深蒂固。在现代社会,这些事物在绝大多数情况下都不再是危险的,但有些人的潜意识仍沿用过去的反应模式,造成恐惧症。

2. 社交恐惧症的病因

(1) 基因遗传。父母中有一人或父母都患有社交恐惧症的人,自己患社交恐惧症的可能性要高出其他人30%—40%。然而,亲子间的社交恐惧的关联有多少是基于基因,有多少是基于父母的教育方式,目前仍有很大的争议。研究人员发现一个名为SLCGA 4的基因,这个基因会在5-羟色胺的运输过程中被激活,而5-羟色胺的缺乏和过量都与社交焦虑有关。此外,有脑部扫描显示,患有社交恐惧症的人大脑中被称为杏仁核的部分会过度活跃。杏仁核负责战逃反应相关的生理变化,它能够调动身体对感知到的威胁作出反应,无论这种威胁是真实的还是想象的。

(2) 父母的教育方式。广泛的研究证实了父母的教育方式与焦虑障碍(包括社交恐惧症)之间的联系。如果父母有控制欲过强、动不动就批评、不愿表达爱意、过于在意别人的意见等行为,在这种环境中长大的儿童和青少年可能会变得不信任他人甚至害怕他人。而且,绝大多数父母意识不到他们的行为是有害的,会给孩子以后的生活带来麻烦。社交恐惧症通常在患者成年后才被诊断出来,但其产生的原因往往要追溯到患者早年的经历。

(3) 环境因素。童年时期的负面事件和创伤会导致社交恐惧症。目前已知的因素包括:身体、性或情感虐待;被同龄人欺负或取笑;家庭冲突、家庭暴力和父母离婚;父母死亡或被遗弃;怀孕或婴儿期来自母亲的压力。上述经历会导致患者形成这样一种观念:社会是一个可怕的、不可预测的地方。因此,患者会选择远离社会,产生社交恐惧。

(4) 害怕自己的隐私在众人面前暴露。例如,有部分同性恋患有社交恐惧症,这是由于他们潜意识里害怕自己同性恋身份的暴露。

3. 广场恐惧症的病因

产生广场恐惧症的心理原因仍有待研究。已有的生理研究显示,控制恐惧反应的大脑区域的变化可能起了一定作用。产生广场恐惧症的可能心理原因有如下5种。

(1) 幼年的创伤性经历,如父母去世或遭受性虐待。

(2) 经历压力事件,如丧亲之痛、离婚或失业。

(3) 有心理疾病史,如抑郁症、神经性厌食症或贪食症。

（4）滥用酒精或药物。

（5）由非理性恐惧引发。例如，患者有顽固的观念：如果离开家，就会成为暴力犯罪或恐怖袭击的受害者；如果去人多的地方，就会感染一种严重的疾病；自己会不小心地做一些让自己在别人面前尴尬或羞辱自己的事情。

三、恐惧症的治疗

（1）系统性脱敏疗法。系统性脱敏疗法是一个过程，在这个过程中，患者在心理咨询师的帮助下，逐步将自己暴露于恐惧的环境中，慢慢地习惯自己的恐惧，并最终克服它。最近兴起的虚拟现实（VR）技术，也可很好地帮助恐惧症患者逐步脱敏。使用虚拟现实技术，可生成特定场景，这些场景在现实中可能是不存在的，但它与传统脱敏疗法一样有效，并有额外的优势。因为在 VR 技术的支持下，患者所面对的场景可由心理咨询师根据患者的情况动态调整。

（2）催眠疗法。一方面，催眠疗法可结合系统性脱敏疗法，让来访者在催眠状态下想象特定场景，达到脱敏的效果，另一方面，催眠疗法也可以让来访者遗忘幼年的创伤。

（3）认知疗法。该疗法重在改变来访者对恐惧物体和情境的认知。

（4）行为疗法。通过强化与惩罚改变来访者对恐惧物体和情境的反应方式。

（5）药物疗法。通常使用的药物包括抗抑郁药、苯二氮平类药物（用于减缓焦虑）以及β受体阻滞类药物（用于处理心率异常）。

第三章
CHAPTER 3

实用心理干预技术

本章将集中介绍笔者常用的心理干预实用工具,这些工具带有明显的中国文化色彩,更适合中国人的心理特点。需要注意的是,其中的一些工具是经过反复练习才会拥有的功夫。

本章主要介绍的心理干预工具有:潜意识心理学范畴的催眠、人本主义范畴的心身柔术、认知心理学范畴的情绪管理心理学。除了笔者详细阐述的工具外,还有他人常用的心理干预工具,如森田疗法、内观疗法、音乐疗法、完形疗法、舞蹈疗法、运动疗法、意向疗法、宣泄疗法、存在主义疗法等。在心理干预实践中,笔者会根据来访者的个性情况,结合中国文化特点对其进行适当的修改,并适用于来访者。

上述类目是比较常见的心理干预工具,除此之外,还有许多比较小众的心理干预工具。对此,每个心理干预老师都会形成自己的偏好,各种学术上的争议也非常多,这是学术发展在前沿阶段的必然现象,读者若有兴趣,可以详细地去了解。

心理干预和传统医学的药物手术治疗并不是竞争关系,也不是替代关系,而是同一条战壕的战友。笔者反对仅用药物治疗、手术治疗等传统方式应对心理问题,也反对仅用心理学技术干预心身疾病。笔者强调两者并行,既吃药、打针、手术,又进行心理干预。无数案例证实,综合应对的效果比只用一种方法明显更好。

第一节 经典心理干预技术:催眠调整潜意识

一、催眠的定义与程序

1. 催眠的定义

催眠的定义在学术上有很大争议,不同流派对其的定义不同,都有一定的道理。本书将催眠定义如下。

（1）广义的定义：人与人之间的任何方式的潜意识沟通。

有一种常见的广义催眠方式是：全神贯注地看非常有吸引力的电视剧，导致意识运转效率下降，也就是意识的检阅功能下降，导致潜意识沟通效率上升。比如，某个精彩的电视连续剧中的男主角很帅，而且特别专情、特别能干、特别有钱、特别会照顾人，非常符合女性对理想男人的要求，但这个男主角特别喜欢某个品牌的炸鸡，许多女性看过电视剧后，"某炸鸡特别好"这一信息就不知不觉地进入了潜意识，该炸鸡就畅销了。比如，鞠老师讲课时，对于偶然路过课堂的人，其意识在检阅其他的事情，其潜意识却会受到鞠老师讲课内容的影响，这被称为内隐学习，也叫潜意识学习。还有，互相接触对方皮肤，可以让信息越过意识的检阅作用，直接进入潜意识。如夫妻睡觉时相互交流的信息非常容易进入对方的潜意识，容易说服对方，双方意见容易靠拢，即民间说的"枕边风"对人的影响很大。

还有一种常见的潜意识沟通现象叫暗示，笔者也把它归入广义催眠的范围。暗示是指关闭或缩小意识检阅作用，或者绕过意识检阅作用，让信息直接进入潜意识的过程。其对潜意识的影响比明示的效果要好，但其沟通成本比较大，因此，只有当需要说服一些难说服的对象时，才使用暗示的方法。比如，为了哄小孩子睡觉，直接跟孩子说："宝贝，你要睡觉了"，这就属于明示。一般而言，人对直接的明示指令是有阻抗心理的，人都不愿意被命令，所以，明示传播的效率是低的。此时，家长可以给他讲动物睡觉的故事：小鸭子开始犯困了，它困得眼睛都要睁不开了，全身很沉重……猪八戒也睡着了，孙悟空也睡着了，唐僧也睡着了……这样一来，孩子意识层面的阻抗就更小，睡觉的暗示更容易进入潜意识，小孩就容易睡去。

再举个例子，要让别人认为你很有钱，如果直接说自己很有钱，这就是属于明示，对方大概率是不信的。暗示的方法是说自己的某朋友去年亏了1.5亿元，又某某朋友亏2亿元，还有某某某朋友去年亏了3亿元，对方会更容易相信你是个有钱人。

在催眠导入过程中也要时刻注意暗示，比如为了提高权威性，让被催眠者配合，直接称自己是权威的做法就是明示。暗示是什么呢？暗示是：穿着正装、办公室屋顶很高、催眠室里放英文报纸、手里拿一本大部头的英文书、讲话时偶然夹几个英文单词等。这些信息会越过意识的检阅作用，直达潜意识。这样一来，来访者更容易相信催眠师是权威。如果在心理治疗前，做一个催眠经典的人桥表演，这也属于暗示，会大大提高权威性，提高后续的心理咨询效果。

（2）狭义的定义：人为地收窄意识甚至关闭意识，但保持潜意识开放，使意识的检阅功能弱化，提高潜意识沟通的程度。

催眠和睡眠的区别是什么呢？催眠是使来访者意识收窄或关闭但潜意识开放，来访者的潜意识还在和你沟通。睡眠则是来访者的意识与潜意识都关闭或至少基本关闭的状态,在睡眠状态下,心理咨询师与来访者无法进行潜意识沟通。也就是说,催眠和睡眠的外在表现状态是一样的,但内在心理状态是不一样的。很多人误以为催眠是催人入眠的意思,就是因为催眠和睡眠外在表现状态是一样的。另外,民国时期学术界选择使用"催眠"一词作为名称,有些词不达意,但久而久之却也相沿成习。其实,将"催眠"成为"潜意识沟通"最为准确。

2. 催眠的程序

西方主流的催眠程序是4步骤经典催眠:(1)集中注意力;(2)逐步放松;(3)调整潜意识;(4)解除催眠。其中,集中注意力与放松两步骤合称催眠导入。

催眠方式可以是一对一的,也可以是一对多的。老师给大批学生做思想工作时,老板给员工做思想工作时,都可以采用一对多的集体催眠方式,用这种方式做思想工作的效率会提高很多。由于中国文化对催眠有妖魔化的倾向,如果有人对催眠有抵触,可以把催眠称为冥想、正念、浅睡眠、放松、心理瑜伽等。

在这4步当中,难度最大的是第3步,即调整潜意识,第1步和第2步催眠导入和第4步催眠解除,虽然也有难度,但其标准化程度较高,只要勤加练习,是可以熟练掌握的。但潜意识调整是很难标准化的,需要根据不同的情况和类型进行处理,因此,心理咨询师水平的高低主要体现在第3步。

在心理干预中,高效调整潜意识的前提是需要找到当前错误潜意识形成的原因,但潜意识的形成原因往往五花八门,很难做到标准化。比如,同样是人际关系恐惧症患者,有的人是因为小时候被父亲打骂太多,而将对父亲的恐惧泛化到周边所有的人;有的人则是家中老小,因计划生育政策,父母带着他到处流浪,导致来访者觉得这个世界很可怕,因而出现了强烈的人际关系恐惧感;有的来访者是遭受多次严重的同学霸凌的泛化反应。因此,人际关系恐惧症的原因是不一样的,潜意识调整的内容自然也是不一样的。

很多人把催眠导入当作催眠,这种理解是错误的。催眠导入是把个体引导进入催眠状态,即意识收窄或关闭,并且潜意识开放的状态,目的是为了方便潜意识沟通。许多初学者特别热衷于学习各种催眠导入的技术,这是没有必要的,催眠导入技术大同小异,标准化程度高,也相对容易学,只要多练习就可以掌握。心理干预的难点并不在于催眠导入技术,而是在于针对个体千差万别的个性开出正确的潜意识调整处方。这就需要心理干预者拥有扎实的心理学知识、丰富的社会经验、很强的逻辑推理能力、很高的判断主次的能力,并且能够创新性地拟出潜意识调整处方。显然,拥有这些能力是有难度的。笔者在实践中发现,理论学习和案例教学相结合是相对较快的提高学习者心理干预水平的好办法。就近观察高手处理案例的方式是最有效的学习之道。但这种教学方法的缺点也很大,其教学对象的数量有巨大限制,无法同时教授很多人。

二、催眠的历史与流派

1. 催眠的历史

催眠的历史大致可以分为三个阶段：第一个阶段为神学时期；第二个阶段为磁气学时期；第三个阶段为科学时期。

（1）神学时期。人类早期把许多催眠现象用神或者仙来解释。比如，有的寺庙会让虔诚的教徒进行类似集体催眠的祈祷，让他们凝视自己的肚脐，在单调重复的诵经声中，教徒们不久就会疲乏地闭上双眼，呈现催眠状态。在主持者的暗示和自我暗示下，祈求神灵帮助的人甚至能听到神灵的旨意，并以此获得心灵宽慰以及某种程度的"解脱"。

（2）磁气学时期。随着科学的发展，人们对催眠状态的理解逐渐从神的影响转为天体星相对人体体液作用的影响，从而开始注意到物与物之间的关系。

在上述理论指导下，维也纳医生麦斯麦系统地进行了对催眠术的研究，提出"动物磁气流体"学说。麦斯麦研究过神学、哲学和法律，而后学习医学。当时，该学说的提出受到了磁气治病的启发，麦斯麦也曾使用该法治愈了许多患者，影响极广。

治疗时，麦斯麦使用双手轻轻接触或稍离患者躯体，自病人头部顺下抚至足部，如此往复施行，使病人体内的磁流畅通，达到治病的目的。后来，由于前来应诊的病人急剧增多，对病人个别地实行通磁方法已不能满足众多病人的要求。因此，他创立了用"磁气桶"进行集体治疗的方法。病人围"磁气桶"就坐，在盛满磁铁屑的木桶中央插上一根发亮的金属铜棒，每位接受治疗的病人都接上一根通向铜棒的铜线，以提示磁气可通过铜线进到各个病人体内。当这一切安排就绪后，麦斯麦医生身着黑色"催眠长衫"，手持一铜棒，低声念着单调重复的催眠语和治疗暗示语。患者在接受施术和治疗性暗示后，麦斯麦医生就暗示病人，治疗已结束，其病已愈，病人可起立活动了。

麦斯麦当时可能是真心认为磁气桶是有作用的，但实际上，是神秘的仪式起了暗示作用，提高了潜意识沟通的效果。

（3）科学时期。1889年，法国巴黎举办了首届国际催眠学术会议，来自世界各地的代表就催眠及相关问题进行理论和实践方面的探讨。后来，法国南锡医学院联系了生物界、法律界的学者共同对催眠进行研究，形成了催眠学的南锡学派。这一学派认为，催眠状态是被术者接受了施术者的暗示所致。这一理论的建立，改变了既往的施术方法，施术者采用不同的暗示诱导便可令被术者进入催眠状态。

1949年，美国成立了SCEH和ASCH两大催眠学术团体。第二次世界大战后，美国的医学之波涌入日本，从1952年起，日本慈惠会医科大学的竹山寿博士、久留米大学医学部的藏内宏和博士、前冈金治博士、东京教育大学心理学科的成濑悟策博士等人进行了有关催眠问题的学术研究活动，庆应义熟大学、早稻田大学等机构加入了研究行列。1956

年,相关人员组织成立了催眠术研究会。1963年,日本催眠心理学会成立。同期,在德国、英国、加拿大及意大利等国都相继有催眠学会建立。

2. 催眠的主要流派

(1) 南锡学派。19世纪70年代,以伯恩海姆为代表的南锡学派认为催眠者因暗示而引起催眠,特别是当其产生视力疲劳后会进入催眠状态,故施术时应令被试者凝视施术者,直至视疲劳闭目。随后,英国外科医生布雷德根据视疲劳理论发明了一种能发光的器械——催眠球,这也就是现在催眠师常用的水晶球。令被试者凝视水晶球,并结合语言催眠暗示,可以诱人进入催眠状态。

(2) 放松学派。放松学派强调放松为催眠之关键,在施术时应解除被试者过度紧张的状态,使其身心保持松弛。这样一来,在施行催眠后,被试者可由催眠状态中获得松弛感,施术者也可应用放松的暗示来获得更好的催眠效果。在有效放松状态下,被施术者以往由于紧张而被强化的失眠、疼痛、不安、恐惧等症状都会改善,对外界的刺激反应也会减轻。同时,这也能促使其对自我更加客观审慎,并有助于提高自由联想和自我认知的能力。于是,贾科布森便创立了渐进性松弛法。放松性催眠学派在对患者施行催眠时通常并不需要使其进入太深的催眠状态,被施术者有时虽未被诱入催眠状态中,但经充分的放松暗示也能获得相似的治疗效果。

(3) 自我催眠学派。新南锡学派的爱弥文·库艾在自家诊所用放松指令和暗示来治疗疾病,他认为患者进入全身放松状态后,就能很集中地接受暗示,从而达到治疗效果。所以,无须考虑如何诱导患者进入催眠状态,放松指令和暗示能达到同样的效果。他提出所有的催眠从本质上来说都是暗示,而且真正起作用的是自我暗示而已。库艾提出了自我暗示学说,认为所有的催眠本质都是自我催眠。

舒尔茨博士在对催眠状态和暗示的研究中,总结出一个通过自我暗示而诱导出催眠状态的模式——自律训练法。这一方法包括手足变得沉重、手足变暖、心率稳定、呼吸顺畅、腹部变暖及额头变凉六个环节。沉重感和温暖感的体验使患者在不知不觉中进入催眠状态,再辅以针对性暗示,则能起到良好的治疗和调整作用。目前,这种心理调整的方法正受到越来越多的关注。

(4) 间接暗示学派。美国精神科医生艾瑞克森博士利用间接暗示,以独特的方式对来访者进行催眠,让对方在不知不觉中进入催眠状态。这种方法避免了受术者过多地注意或检验自己是否能被导入催眠状态、是否能达到预期治疗效果。他避免了患者对催眠的恐惧或心理上的无意识抵抗,有效地突破了被催眠者的抵抗,其技法获得了学界的高度评价。这种新型的催眠诱导性暗示的心理治疗方法被很多人称为"现代催眠"。

(5) 单调刺激学派。该学派的人认为导入催眠的关键是单调的信息刺激,所以,这一派喜用节拍器,也可以用语言反复吟唱,或者类似木鱼、小鼓、下雨的录音等,这些都有很好的效果。

(6) 本土文化学派。本土文化学派强调催眠要和本土文化相结合，要充分运用本土文化的资源，提高个体的接受度，并通过强化暗示加强催眠的效果。

在催眠实践中，大多数催眠师都是综合运用各种催眠方法，但笔者更强调本土化。因此，笔者自创了与中国传统太极相似的心理太极，并在催眠中使用穴位按摩的方法，大大强化了催眠效果。

三、催眠心理干预的作用

催眠的作用非常广泛，常见的用处有以下几点。

(1) 改善情绪，如烦恼情绪调整、失恋情绪调整、离婚情绪调整、缓解压力、环境改变情绪调整等。

(2) 治疗心理疾病，如抑郁症、焦虑症、强迫症、恐惧症、疑病症、网瘾、厌学等。

(3) 缓解或者消除躯体化的心身疾病，如失眠、胃溃疡、过敏性鼻炎、哮喘、肠易激综合症、类风湿性关节炎、红斑狼疮、抗体过盛型紫癜、强直性脊柱炎、甲状腺结节、乳腺结节、紧张性头痛、高血压、糖尿病、肥胖症、高频率感冒、慢性疲劳综合征、心因性痛经、部分面瘫、皮肤瘙痒症、心理性不孕不育症、不明原因背痛、肩颈疼、腰痛、神经性皮炎、更年期综合征等。

(4) 潜能激发，如体力潜能激发、创新潜能激发、工作动力潜能激发等。

(5) 戒除各类瘾癖，如戒烟、戒酒、戒赌、戒嫖、戒手机瘾等。

(6) 催眠表演娱乐，又称催眠秀，如人桥表演、想象橘子流口水、洋葱当苹果吃等。

四、影响催眠效果的主要因素

影响催眠心理干预效果的因素主要包括：

(1) 催眠师的权威性；

(2) 来访者对催眠师的信任感；

(3) 催眠师的神秘感；

(4) 催眠师的社会经验、思想深度和知识面；

(5) 催眠师对问题判断的准确性；

(6) 催眠师抓主次的能力；

(7) 催眠师的创新性；

(8) 催眠师的沟通与说服技术。

在催眠术中，催眠师的权威性、来访者对催眠师的信任感以及神秘感是很重要的。其中，神秘感是影响催眠效果的重要要素，例如，具有神秘感的某些仪式在治疗某些因为心理因素而引起的疾病时,效果虽然远不如直接的心理调整好,但也会产生作用,这就是神秘感在起作用。神秘感会使潜意识沟通的效率增高,如有些心因性不孕不育患者在求神拜佛后怀孩子的概率的确会升高。笔者曾仔细研究过壮医的许多神秘仪式,发现它确实对一些心身疾病有一定的作用,这实际上是一种广义催眠现象。

此外,催眠师的社会经验、知识面、思想深度等也会很大程度地影响催眠的效果,历史上著名的催眠师维也纳医生麦斯麦就是一位哲学博士。他的思想深度高,知识面广,他的催眠治疗效果非常好,与这些不无关系。当一个人的思想深度高、知识面广时,他会给人一种无所不能的感觉,会更加接近"神",其催眠效果一定会更好些。例如,有些总经理、领导干部、高管得了抑郁症,一般的心理咨询师是对付不了,因为这些患者不会崇拜一般的心理咨询师,而且他们在现实生活中往往有很多现实的管理问题需要解决,这些问题一般的心理咨询师回答不了。此时,这些心理咨询师只能拿出人本主义心理学的招牌,声称人本主义心理学是不提出解决问题方案的。又如,某个市长可能是因为本市群体骚乱太多而得了抑郁症,此时,如果仅采用一般的焦点正面等思想调整,或可达成一定的效果,但这显然不够。遇到这种情况时,心理咨询师需要向他说明群体事件如何处理、网上舆论如何应付、如何削减群众领袖的影响力等。给出具体的可操作性的方式,建议他解决群体事件,这样治疗效果才会好。再如,某企业家因为企业经营问题得了抑郁症,合格的心理咨询师就需要帮他整顿企业,而企业问题可能包括战略问题、营销问题、产品开发问题、绩效管理问题等。要解决这些问题,一般的心理咨询师是无法做到的。

五、提高权威性和神秘感的方法

催眠师的权威性和神秘感对催眠效果的影响非常大。因此在催眠前,催眠师需要通过一些方式提高自己的权威度和神秘感。

普通催眠师可以通过展示表演性催眠、催眠时适度说出一些专业术语来提高自己的权威性和神秘感。比如,在催眠时说一些普通人不太知道的穴位,如中府穴、血海穴、气海、关元等,这些穴位本身就具有生理上的治疗作用,说出这些词也会造成专业化的暗示。有些新手在点穴时记穴不准,比如将气海错说成血海,如果被催眠者不懂穴位,即使不更改说法,也会提高施术者的权威性,但如果对方精通穴位之道,说错则是减分的。

此外,做一些表演性催眠(如催眠劈木板、橘子口水法、人桥催眠)也可以提高权威感。

最后,对身份的用词也需要注意。催眠者需要给自己塑造高位的身份形象,绝对不可以谦虚,如需要称自己为张老师、张经理、张董事等。绝对不可以说:"我给你做个催眠吧","吧"这类带有犹豫感觉的词语会降低权威感。更不可以谦虚说:"我学业不精,如果效果不好、请多包涵!"

六、催眠与其他相关概念辨析

1. 催眠术与催眠心理治疗

催眠术是指让人进入催眠状态的心理技术,也叫催眠导入。催眠术是标准化的,其较易学习。对催眠术的掌握不必太多,会其中一两种即可,解决心理问题的核心并不在此。

催眠心理治疗是指在催眠状态下调整患者的潜意识。这是非标准化的,有相当的难度,与催眠师的综合水平密切相关。

2. 催眠与植物神经系统

催眠是一种潜意识沟通,主流心理学界认为植物的神经系统与潜意识有相当程度的重叠性。如血压、血糖、淋巴数量、白血球数量等都会受到潜意识影响。

3. 催眠与气功

气功现象是种客观存在,它实际上是一种不科学的简易自我催眠术,对一些心身疾病的确会有缓解效果。但以西方的科学思维来看,气功学说基本上是伪科学,所以,用气功治病的效果很不稳定,气功大师都是经验主义者,他或许自己都不知道为什么患者的病会好。

气功治病的关键要素有三个。

① 来访者极度相信该气功大师。这种情况下,来访者的潜意识容易打开,因而气功只对少数人有效。

② 来访者的高度易受暗示性。所以,气功只对极少数人有效。

③ 该气功大师的名声很大。大师名声越大,抓注意力的能力、权威性、神秘性会越高,其气功治疗的效果也会越好。

4. 催眠与祷告念经

祷告念经是种科学性不强的初级自我催眠,催眠导入的一个方法是单调刺激,而念经和木鱼就像一个单调的节拍器一样,可以让人进入轻度的催眠恍惚的状态。如果此时恰好有正确的潜意识调整内容,它对某些心身疾病会有一定的作用,但很多念经祷告的人根本没有意识到起作用的关键所在。

5. 催眠与辟谷

辟谷的核心就是通过催眠降低食欲,但辟谷大师们通常是凭经验办事。辟谷现象是客观存在的,但辟谷理论解释的科学性存疑,因此,辟谷大师们自己也不知道起作用的关键点在哪里,也就会有很多错误之处。辟谷中的一些做法是有正向效果的,但也有很多做法的效果为负,有些做法则是无效果的。比如,有的辟谷手段提倡在辟谷时候把自己想象成一个大大的绿叶,每天向着太阳,既然自己是植物,那不必吃饭也能饱了。还有辟谷者提倡加深呼吸,呼吸天地之精华,以精华代替饭,这样就不用吃饭了。实际上,这些说法是非常荒谬的,真正的关键是辟谷的过程不知不觉地利用了催眠技术,减少了个体的饿感。

利用辟谷减肥，提倡光喝水不吃饭是不科学的，它不仅效果不好，而且会引起事后的强烈反弹。辟谷期间不吃饭，会让潜意识认为外部发生了饥荒，为保存生命，潜意识会指挥身体降低自身的新陈代谢。辟谷结束并恢复正常饮食后，反而容易变得更胖。

6. 催眠与禅修

禅修从某种程度来说是一种初级催眠和自我催眠。禅修的内容是标准化的，因而无法应对个性化的潜意识错误。但禅修对一些共性原因导致的浅度心身疾病是有效果的。

七、催眠导入的基本模型

典型的催眠导入可分为7步：（1）心理咨询师术前权威暗示；（2）腹式深呼吸；（3）三穴深点或按摩；（4）全身逐节放松；（5）催眠情景联想，如草地联想、温泉木屋联想、海滩联想、山洞泉水联想等；（6）检查催眠深度，决定是否加深催眠导入；（7）进入潜意识调整。

1. 催眠姿势

催眠的姿势可以是躺着、坐着或站着。多数情况下，被催眠者应闭起眼睛。（1）躺式催眠：被催眠者躺在床上，面朝上，催眠师坐在被催眠者头的前方。（2）坐式或站式催眠：催眠师需在被催眠者的身后。催眠师在被催眠者身后可以减少被催眠者的意识化的程度。事实上不仅在催眠中，在做认知调整时，如果想要提高来访者的潜意识打开程度，降低其意识化程度，催眠师也可坐在来访者的身后。著名学者弗洛伊德就使用这种咨询方式。

2. 心理咨询师术前权威暗示

心理咨询师在催眠导入前，应用暗示手法告知来访者心理咨询师很权威。心理咨询师可以做人桥表演，也可以做其他表演性催眠，还可以手拿一本大部头的英文书或者英文报纸，或通过助手对心理咨询师毕恭毕敬的肢体语言暗示心理咨询师的权威性。比如，心理咨询师发一个信号，助手就快步跑来。

3. 腹式深呼吸

催眠词为："现在请用腹式深呼吸，呼要呼得透，吸要吸得深……一定要想象自己吸进的都是新鲜空气，充满了氧气和养分，它们随着你的血液循环滋润了你的每一个神经和每一个细胞……请继续用腹式深呼吸，呼要呼得透，吸要吸得深……外面所有的声音变得若有若无，转化为更深催眠的状态。"

易错点提醒：（1）"若有若无"不可改成如"销声匿迹""完全消失"等词，因为"完全消失"是做不到的，如使用这类词语，潜意识会觉得是在撒谎；（2）不可对潜意识说一些不可能实现的词或事情，否则它也会接受不了，从而产生阻抗提高；（3）自我称呼不可以谦虚。

4. 三穴深点或按摩

具体做法为：依次按摩血海穴、点中府穴和按摩上星穴。实验表明，选这三个穴道及顺序的效果是最好的。点穴姿势上，建议用食指和中指一起点穴，这样力道会更大，如力量还是不够，还可将大拇指并拢，一起点穴。

（1）按摩血海穴。血海穴位于大腿内侧（如图3-1所示），髌骨内侧端上约6 cm处，对其按摩可达到下肢放松的效果，使患者产生温暖和舒适的无力感，从而推动患者进入催眠状态。按摩血海穴也可起到治疗痛经、膝关节疼痛、腹痛、体倦无力等病痛的作用。

图3-1　血海穴图示

（2）点中府穴。中府穴位于胸前正中线旁开约18 cm，平第1肋间隙处（如图3-2所示），对其按摩可达到上肢放松的效果，减少无力和人体下沉感，还有平喘、调节呼吸和入静的作用。点中府穴也可起到通经活络、疏散风热、和胃利水、止咳平喘、健脾补气等作用。

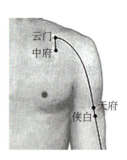

图3-2　中府穴图示

（3）点上星穴。上星穴位于头部当前发际正中直上约3 cm处（如图3-3所示），对其按摩后，患者有明显的放松下沉感，可以起到宁心安神、放松头部的作用。按摩上星穴也可起到缓解头痛、眩晕、目赤肿痛、前额神经痛、鼻炎、鼻塞等病痛的作用。用该穴位导入催眠状态，效果非常好！

按摩上星穴时需要一指按住上星穴，轻点后逐步缓慢下滑，口中念道："随着某某老师手指下滑，你很快地、迅速地、简单地进入深深的催眠状态或者睡眠状态。"

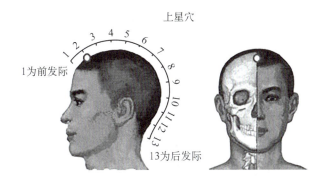

图 3-3　上星穴图示

点击穴位可以起到以下作用：(1)点穴可以集中被催眠者的注意力，让来访者更容易进入催眠状态；(2)穴位本身有生理治疗的作用，这已经被广泛的实证研究所证实；(3)穴位的治疗作用已被中国人广泛接受，点穴时用清晰的声音说出部分穴位的名称，可以加强权威性暗示。

为保持催眠过程中催眠师的权威性，提高催眠效果，万一认穴不准，按错了穴位，催眠师也不需就纠正，更不可摸索或向对方确认，而是要斩钉截铁地表示穴位就在这里，除非对方是穴位专业人员。

5. 全身逐节放松

简式全身逐节放松的催眠词为："先请放松你的头部，再放松你的颈部，再放松你的肩部，再放松你的背部，再放松你的腰部，再放松胸部，再放松腹部，再放松你的胳膊，再放松你的双手，再放松你的臀部，再放松你的大腿，再放松你的小腿，再放松你的脚。我数到三，让全身加倍的放松。"

少数情况下，遇到某些人的注意力很难抓取时，可以不按照从头到脚的顺序放松，比如，可以请患者放松脚、放松肩膀、放松背……因为当顺序放松时，对方会有预期，打乱放松的顺序可以让对方无法预期，达到抓取注意力的目的。

6. 催眠情景联想

催眠情景联想包括草地联想、海滩联想、温泉木屋联想和山洞泉水联想。草地联想是一种广谱暗示，也是非常适合中国人的经典暗示。它在多数情况下最为适用。海滩联想主要适用于虚症患者，如抑郁症后期患者、自杀者、全身极度疲劳者、严重自卑感者、癌症患者等。温泉联想适用于心理疾病的治疗后期，用于清除残存的心身疾病。山洞泉水联想适用于各类燥症，如观念强迫、各类妄想、脾气火暴、发烧、不明原因的头痛、紫癜、热天催眠、网瘾患者催眠等。如果读者吃不准使用哪种场景，笔者建议一律使用草地联想。

（1）草地联想。

草地联想的催眠词为："请你想象自己躺在一块厚厚的、松软的、干爽的草地上。草地非常青翠、非常干爽、非常舒服……抬头仰望天空,白云朵朵,在天空中缓慢移动。天边的远处有一群大雁,它们排着人字形的队伍,在天边慢慢地滑过……温暖的阳光照在身上(夏天则是凉爽的风),温度适中,感觉非常舒服,非常舒服……微风轻轻地吹动你额头上的头发,感到了一点点的凉意,深呼吸一口气,仿佛闻到青草的芳香,很舒服,很喜悦,很朦胧……很快地、迅速地、简单地进入了深深的睡眠状态或者催眠状态……请你想象,在你的正前方有一片湖水,湖面非常平静,静得有点像镜子一样,倒映出天空中的景象……湖水非常清澈,一眼望去,湖面三四米底下的水草游游可见,湖中有一些鱼儿在缓缓地游动,可能有红色的鱼、也可能有青色的,它们自由自在缓缓地游动着。在鱼儿下方有许多鹅卵石,鹅卵石有大的、也有小的、有乳白色的,也有咖啡色的,它们交错排列在湖底,静静地躺在湖底……在湖边有一棵柳树,柳树的枝叶条理清晰地垂下来,一阵微风吹过,吹动柳枝触碰到了湖面,带起轻轻的涟漪,柳树上的叶子嫩绿嫩绿的……不远处有只白色的小兔子,耳朵耷拉下来,感觉它满含笑意,眼睛微微地闭上了,正在打瞌睡。"

易错点提醒:①形容草地时必须要有"干爽"这个词,不用这个词可能有的人会说"好凉啊",导致催眠深度降低;②形容草地时必须使用"厚厚的",否则可能有人会说觉得很硌人,导致催眠深度降低;③大雁的意象不可更换,大雁代表奋斗乐观,海边可用海鸥,也可用天鹅;④不可更换为老鹰,老鹰有很强的攻击性,会小幅度地增加被催眠者的攻击性;⑤"温暖的阳光"可在阴冷时使用,在夏天炎热时需要换成"凉爽的风";⑥青草是生命力强大的暗示,不可更换;⑦湖面是"有点像镜子",而不可说"像镜子",否则潜意识会判定为撒谎,导致潜意识难以接受,使催眠程度低;⑧"在湖边有一棵柳树,柳树的枝叶条理清晰地垂下来"不可改成诸如"在湖边有一棵柳树,柳树的枝叶随风摇摆"等说法,因为枝叶一乱,思绪也会混乱起来;⑨"柳枝嫩绿"暗示生命力强大,不可更改为黄色;⑩"轻轻的涟漪"以动衬静,可以带来安静感,不要改动;⑪如被催眠者不喜欢兔子可换成狗,但催眠师一般使用兔子作为意象,因为有的人怕狗,用狗容易导致催眠程度低;⑫情景中常出现"水"的要素,按中国传统医学和五行学说的说法,心理问题属"火","水"克"火",对心理问题是有正面帮助的,这也符合案例实践中得出的结论。

(2)海滩联想。

海滩联想主要适用于虚症患者,如抑郁症后期患者、自杀者、癌症患者、全身极度疲劳者、严重自卑感者、回避主义人格患者等。对热证(如头痛、发烧的)患者不可以用海滩联想。

海滩联想的催眠词为:"请你想象你正躺在三亚的海滩上,温暖的阳光照在身上(如果天热,则是凉爽的风吹在身上),很舒服,很愉悦……沙滩是热热的那种,背部感到了一股能量,这种能量逐渐弥漫全身,使你感到一种力量……海风吹来,仿佛闻到了鱼腥味,那种充满了蛋白质感觉的鱼腥味……全身充满了能量感,仰望蓝天,白云朵朵,在天空中缓慢地移动,远处渔帆点点,碧波荡漾,传来渔夫唱出的嘹亮的歌声,充满了力量……一只海鸥在天空中飞着,发出了高亢的声音,让人感到充满了力量……人很舒服,很舒服,很快地、迅速地、简单地就进入了深深的催眠(睡眠)状态……人非常开心、非常舒服、非常喜悦。"

易错点提醒:①海滩联想需要力量感,因此,声音需要低频但高亢,充满力量感,不能软绵绵;②对老年人以及学过高尔基的《海燕》者,海鸥可以换成海燕,代表力量暗示。

(3) 山洞泉水联想。

山洞泉水适用于各类燥症,如观念强迫、各类妄想、脾气火爆、不明原因的头痛、紫癜、热天催眠、网瘾患者催眠、清除负面人格等。

山洞泉水联想的催眠词为:"请你想象你正在一个山洞里洗泉水澡,清凉的泉水从头顶上方流下,很凉爽的那种……头脑感到很冷静,很冷静……随着泉水流下,脑子里乱七八糟的想法都被洗掉了……人很舒服,很舒服,很快地、迅速地、简单地进入了深深的催眠(睡眠)状态。"

(4) 温泉联想。

温泉联想适用于心理疾病的治疗后期,用于清除残存的心理疾病。

海滩联想的催眠词为:"请你想象你正躺在一个温暖的温泉中,没有穿衣服,……上面有小木屋,木屋有屋顶、有窗户,可以看见天空,空气是新鲜的……水的温度非常适中,而且很安全,很安全,别人看不见你的,很舒服、很愉悦……一定要想象皮肤上每个毛孔都打开了,体内的烦扰、抑郁、病气和杂气变成黑气,都咕咚咕咚地从汗毛孔冒出来了……一定要想象浮到水面时气泡有鸡蛋那么大……人很舒服,很舒服,……很快地、迅速地、简单地就进入了深深的催眠(睡眠)状态……人很开心、很喜悦、很舒服。"

易错点提醒:(1)"木屋"不可改动,不可为改露天,必须是木屋,而且木屋是有屋顶的,木屋是为了营造安全感;(2)气泡浮到水面,一定要变得像鸡蛋那么大,这个要点不能改动。

八、催眠检测

催眠检测的目的是检验来访者是否进入了催眠状态,也是检验催眠师的控制性。

检测方式一:抬手指天检测。

将对方的手抬起来指向天空,点击曲池穴。催眠词为:"我点击曲池穴,数到3,点击曲池穴,手就停在空中,1、2、3。"如果对方确实手指向天空,没有放下,则表明催眠导入成功,个体已经进入催眠状态;如果对方手放下了,也不必惊慌,可以用坚定的口气说:"很好,非常好",重新加深催眠,换个方式检测。

检测方式二:无法抬手检测。

催眠词为:"现在你进入了深深的朦胧状态中,你感觉到手越来越沉重了,想抬都抬不起来了,你轻轻地用力试看抬手,但还是抬不起来。"如果对方的手确实抬不起来,则表明催眠导入成功,个体已经进入催眠状态;如果对方的手抬起来了,不必惊慌,用坚定的口气说:"很好,非常好",重新加深催眠,换个方式检测。

检测方式三:无法睁眼检测。

催眠词为:"现在你进入了深深的朦胧状态中,你感觉眼睛像被胶水粘住了一样,想睁都睁不开了。试试看,你的眼镜睁不开了。"如果来访者的眼睛睁不开,意味着对方的潜意识在接收你的指令了,对方已经进入催眠状态;如果对方没有服从指令,如睁开了眼睛,则需要用坚定的语气说:"很好,非常好",而后令其闭上眼睛,重新加深催眠。

九、催眠加深的方法

(1)细节逐步加深。催眠词为:"请放松你的头部,放松你的额头,放松你的眉毛,放松你的眼睛,放松你的脸,放松你的鼻子,放松你的耳朵,放松你的嘴巴,放松你的脖子……"还可以根据需要细化细节,如可以说"放松你的左眉毛,放松你的右眉毛"。

(2)地洞法。催眠词为:"请你想象你站在一个地洞口,一共有7个台阶,你向下走去……往下走了一步,一阵蒙眬感袭来……往下走了第二步,蒙眬感加深了……往下走了第三步,有了沉重的感觉……往下走了第四步,沉重的感觉更浓了……往下走了第五步,有睡意了……往下走了第六步,深深的睡意袭来……往下走了第七步,看见一个装修很好的卧室,有一张很柔软的席梦思床,于是,你躺在床上深深地睡着了。"

如果是坐式催眠,可将席梦思改为沙发;如果是站式催眠,则可改为靠在墙上。如果对方有幽闭恐惧症,则不可用地洞。如果某些数字在某些文化中有负面暗示的作用,应尽量避免使用。比如,13在上海文化中有傻瓜的意思,台阶的数量就不可设置为13级。一般就建议置为7级,以为多数人的理解极限在7级左右,级数太多会使人产生厌烦感。需要注意的是,在引导时只能要求对方想象自己在往下走,如果从下面往上走,则容易越走越清醒!

(3)电梯法。催眠词为:"请你想象在一个7层的高楼上,现在你要搭乘电梯下降……你按动按钮,开始下降了……你的眼睛看见了电梯显示屏上的数字变化……现在电梯到了6层,人有朦胧感了……又下降一层,到了5层,进入朦胧状态更深了……又下降一层到了4层,身体有沉重感了……又下降一层到了3层,人的沉重感更深了……又下降一层到了2层,有睡意了……又下降一层到了1层,人的浓浓睡意来了……打开电梯门,你见到一个装修很好的卧室,有一张很柔软的席梦思床,于是,你躺在床上深深地睡着了。人完全进入深深的睡眠状态……"

地洞法与电梯法的区别在于地洞法加深效果好一些,但有些人对地洞有负面情绪甚至恐怖情绪,因此就改用电梯法。

易错点提醒:①7层为好,层数太多易使人厌烦;②眼睛要看见电梯显示的数字;③只能往下走,如果从下面往上走,容易越走越清醒!

(4) 沉海法。双手出双指点中府穴往下压,口中说道:"请你想象沉到海里去了……看见了水晶宫,很漂亮的那种……有一群鱼游过来了,还有一只乌龟游过来了……人很舒服,很开心,很喜悦……很快地、迅速地、简单地进入了深深的睡眠(催眠)状态……"

(5) 星穴下沉法。食指或者大拇指按住上星穴,轻点后逐步缓慢下滑,口中念道:"随着某某老师手指的下滑,你很快地、迅速地、简单地进入了深深的睡眠(催眠)状态……"如果对方的催眠深度不够,则可以反复使用上星穴下沉法。这几种方法中上星穴下沉法的加深效果最好,但为了避免单调,避免被催眠者产生厌烦,可更换各种加深方法。

易错点提示:①在转换使用各种催眠加深方法时,催眠词是"请转换想象";②要多处使用催眠词"很快地、迅速地、简单地进入了深深的睡眠状态或者催眠状态",这样能让来访者更快地进入状态。

如何判断来访者不是进入睡眠状态而是进入催眠状态?可以使用催眠词指令:"你听到我的话后,右手食指向上动一动。"如果来访者的右手食指动了,就说明他不是处于睡眠状态;如果他的右手食指不动,则很可能是睡着了,此时就不是处于催眠状态。

十、其他催眠导入方法简介

(1) 单调刺激法。最经典的单调刺激是"南无阿弥陀佛"以及藏传佛教六字真言"唵(ǎn)嘛(ma)呢(ní)叭(bā)咪(mī)吽(hòng)"、节拍器等。

(2) 抚摸法。催眠师不断地轻轻抚摸皮肤,使对方进入催眠状态。但年轻美女对男人用抚摸法和男人对女人用抚摸法的效果常常不好,因为这容易导致来访者高度意识化。

(3) 极端情绪法。把被催眠对象的情绪调到极其痛苦的状态或者极其开心的状态后,潜意识也会打开,但这种办法很难掌握。

(4) 动态自我催眠。比较典型的是前文提到的身心柔术。

十一、催眠潜意识调整与催眠解除

1. 催眠潜意识调整

心理咨询师把来访者导入催眠状态后,就可以调整来访者的潜意识了。调整来访者潜意识的方法并不统一。一般而言,来访者有心理问题多数是因为他们的潜意识中有错误的内容,只有少数案例不能从调整潜意识入手解决心理问题。虽然来访者潜意识中的错误内容可以被分为若干个类型,但事实上每个类型中的来访者具有共性的错误潜意识,每个来访者的错误潜意识中既包括共性的错误潜意识,也包括个性的错误潜意识。因此,仅仅调整共性的错误潜意识当然是有效果的,但是如果能够再调整个性的错误潜意识,效果会更好些。所以,催眠干预心理问题的难点不在将来访者导入催眠状态,而在于如何调整来访者的潜意识,提高学习者这方面水平的行之有效的办法是多看案例,特别是要多看高手的案例。

通过书本自学催眠干预心理问题是有可能的,但是难度非常高。笔者主张跟老师学习,特别是音调的声音很难用语言描述,因此,初学者最好是不断地模拟老师的声音。心理干预时的音调应当缓慢、连绵、低频,声音的大小应根据需要调整。

2. 催眠的解除

每次做完催眠,都应该解除催眠,这时候要为下次催眠做暗示:本次催眠很开心、很舒服、很愉悦,你特别喜欢催眠,下次我们再做催眠,而且进入催眠状态特别快,特别舒服,特别开心,特别喜悦。

解除催眠词为:"我数到3,就睁开眼睛……很清醒、很舒服、很愉悦……1,准备睁开眼睛,很清醒、很舒服、很愉悦……2,准备睁开眼睛,很清醒、很舒服、很愉悦……3,睁开眼睛!醒!"

需要特别提醒的是:①催眠不一定要求个体睡着,只要进入潜意识状态,个体自认为睡着或者不睡着都是可以的;②个体自认为睡着时,常常不是真的进入睡眠状态,个体常常有指动反应;③"催眠"在社会上会有负面暗示,如对方无法接受"催眠",这个词语可以改为"冥想""正念"等;④潜意识沟通时用图案化沟通的效果比较好,图案化的东西更容易进入人的潜意识;⑤潜意识需要不断鼓励,这样沟通的效果更好,因此,要常说"很好""很棒"之类的鼓励性话语;⑥导入催眠的过程中要不断地进行越来越朦胧了以及睡得、更香、更深、更愉悦了等类似的暗示;⑦看书学催眠是有一定的困难,读者最好跟专业老师学习;⑧催眠师一定要以自己的放松带动催眠对象的放松;⑨催眠中输出的信号要时时保持一致,不可以出现矛盾信息,如三亚海滩联想需要配合有力雄劲的音调;⑩要用低频音,低频音能更好地绕过意识检阅进入潜意识;⑪要注意催眠与文化程度的关系,许多人认为,文化程度低、见识低的人更容易被催眠,但实际上,文化程度低、见识少的人更难以被催眠,因为催眠的一个重要方式是暗示,文化程度低的人更难以被暗示。比如,对方没去过类似三亚的地方,就会对三亚暗示出来的热感力量没有概念。又如,有一次笔者给一个没有文化的老太太做治疗,想用一个乌龟的意象做暗示长寿,当问老太太听到乌龟会想到什么时,老太太回答:"炖汤的!"因此,催眠对文化程度高、社会阅历丰富、智商高的人常常效果更好。

第二节 学习情绪管理心理学课程

自我情绪管理不仅和个体的主观幸福、家庭幸福、职场和事业成功有关,也和心身健康密切相关。情绪管理是笔者干预各类心理疾病和生理疾病的基础干预方法,这也是一种共性方法，在心理干预中属于认知调整的范畴。

认知心理学认为，个体面对相同的事情，会有不同的评价方式（不同认知）。在进行特定评价方式体系处理后，对待相同的事情，个体也会出现不同的行为方式与情绪体验。面对同一件事情，不同的人的看法差异是非常大的，这就是认知不同导致的情绪反应不同。比如，高速公路上汽车追尾造成交通堵塞，结果导致两个人没能及时赶到机场，错过了自己的航班，这两个人对这件事的情绪反应有可能截然相反。一个人非常懊恼，心想："如果我能早点出发，不就能赶上飞机了吗？"另一个人却喜滋滋的，心想："幸亏我出发得晚，否则那些追尾相撞的车子里，可能就有我的车了！"

又如，有一次，笔者给某EMBA总裁班上课，有个总经理故意当场出难题，站起来提了个问题："鞠教授，我公司有个员工，下班后在马路上被汽车撞死，我的情绪完全是负面的，你能帮我转换认知角度，让我的负面情绪少一点吗？"面对同样的事件，笔者的思维却有所不同。员工下班后被汽车撞死，总体而言当然是一件坏事，需要赶紧善后，安抚可怜的家属，给予其优厚的抚恤金，并对员工孩子实行心理干预，防止其留下创伤，在员工孩子的成长道路上尽其所能地帮助他，组成帮困小组，给死者妻子介绍更高薪水的工作。但这件事是百分之百的坏事吗？有没有办法让这件坏事变得不那么坏呢？笔者悄悄地让人力资源总监把各个子公司各个车间斤斤计较的人全部集中起来，去参加追悼会。后来，各级干部反映当年发放年终奖的时候，公司斤斤计较的现象大幅度减少，尤其是参加过追悼会的年轻人的思维明显通达了许多。当然，请人去看望重病的病人也有类似的效果。

再比如，当自己嘴上都是油，拿手纸擦嘴，但纸破了，结果嘴上的油没有擦干净，反而弄得一手油。有的人会想："人倒霉了，喝凉水都塞牙，气死我了。"有的人会感到非常幸运："幸亏擦的是嘴！"

总之，读者在日常生活中一定要少说"你气死我了"，因为其本质是"我自己的观念把我气死了"。个体潜意识中错误、不当的认知，会引起其在情绪上、心身上的痛苦。情绪管理心理学在一定程度上可以帮助我们认识自身的错误认知，建立正确的认知方式。它阐述了情绪管理心理学的基本理论，包括潜意识理论、认知理论、利己利他平衡论、欲望二元论、社会暗示论、态度协调论、生化情绪论及其局限、二元相对平衡哲学、人本主义哲学等。学习本部分内容，会使读者对个体的心身疾病问题、情绪问题有深刻的理解，理解心身及情绪背后的产生原因。该书还具体阐述了导致个体出现心身问题的具体的潜意识认知错误，包括对错程度论、视角大小论、黑箱心理效应、悦纳自己论、攀比论、价值观宽度论、感恩心、面子观论、爱的需求强度论、公平论、风险放大论、社会关系与主观幸福、抱怨的害处、接纳不完美等。

第三节 人本主义身心柔术

一、人本主义身心柔术的哲学基础与基本理论

人本主义身心柔术以鞠门人本主义哲学为基础，涉及的心理学理论有肢体语言倒暗示心理学、自我催眠、正念、认知心理学等。

1. 人本主义身心柔术的哲学基础

鞠门人本主义哲学认为，人的基因经过百万年的变异与进化，不断淘汰相对劣质基因，保留优质基因，现存的人类已经具备复杂、精密、强大的自愈能力，足以应对部分心理疾病和生理疾病。但这种自愈能力的发挥受心理因素的影响很大。人本主义身心柔术通过一系列精心设计的肢体动作与自我暗示，将个体导入一种恍惚、朦胧的自我催眠状态，消除影响基因发挥作用的障碍，激活个体的自愈本能，让个体自动地产生一系列的应对方式，以缓解甚至治愈心理疾病以及心身疾病。人本主义哲学认为个体的自愈能力存在于基因的本能中，因此，个体在练习人本主义身心柔术时，无需在意识层面知道应对疾病的具体方法，甚至无需知道身体具体哪处出了问题，个体的基因会自动根据情况对身体进行调节，以达到缓解甚至治愈心理疾病和心身疾病的功效。

2. 肢体语言倒暗示心理学

无意识的肢体语言是潜意识在肢体动作上的投射。比如，人开心的时候会不自觉地把嘴角咧开；双手插胸的姿势是保护和防御的信号；当参与招聘时，应聘者身体往面试官方向前倾，表示其对这份工作感兴趣。

肢体语言倒暗示指故意做出某些肢体动作，也可以倒过来影响个体的心理状态。比如，当自己情绪低落时，故意让自己咧开嘴强笑20分钟，会发现自己的情绪有所好转。当一个人对周围环境的防御心过高时，强迫自己把双手打开，会提高对周围事物的接纳度。

人本主义身心柔术在设计时遵循肢体语言倒暗示心理学原理，通过大量有意义的肢体动作来影响个体的心理状态。例如，在练习时，人本主义身心柔术一般要求脚掌平行，不可呈现外八字的姿态，此处的肢体语言含义是防止目标过多。再如，人本主义身心柔术存在大量手臂弯曲的、画圆的动作，该肢体动作的含义是降低对错观，提高社会适应性。

3. 自我催眠

催眠是仅关闭意识或者一定程度地关闭意识而潜意识更加开放，从而进行潜意识沟通，改变错误的潜意识，达到心理调整目的的一种心理技术。自我催眠指个体使用催眠技

术对自己进行催眠,从而对自身进行心理调整的心理调整技术。

人本主义身心柔术是自我催眠的技术之一,它通过特定的动作与心理暗示,把人导入恍恍惚惚的自我催眠状态,进而对自己进行潜意识调整。在练习身心柔术的过程中,可以通过吟唱口诀,调整潜意识。口诀是心理学课程内容的高度概括,单纯吟唱口诀是没有用的,必须先学习和口诀相关的心理学课程,再通过简单的口诀调动记忆,从而影响潜意识。

4. 正念

正念最初源于佛教禅宗,是佛教修行的方法之一。它的含义是专注地、有意识地觉察、体会当下发生的一切,而又对当下的一切不作任何评价与分析。美国的卡巴金教授使用科学的手段对正念进行了大量研究,论证了其对缓解压力、调整心身健康有明显的效果。得益于卡巴金的研究,正念在美国以及全世界风靡,得到了广泛的认可。

人本主义身心柔术借鉴了正念的理论。在练习人本主义身心柔术的一些动作时,要求练习者敛神听微声,体会风从指间划过的感觉,有意识地觉察当下,不受外界干扰,停止评判。

5. 认知心理学

认知心理学认为,人的情绪不是由外部刺激直接导致的,而是由人的认知方式决定的。人本主义身心柔术也加入了认知调整的部分,包括降低人造欲望、降低对错观、利他利己平衡、焦点正面、放大视角、降低黑箱效应、价值观多元化、亲朋好友多赞美等。

二、人本主义身心柔术的编排

鞠强教授经过三十余年的研究,通过大量的实验与逻辑推演,不但设计出几十种人本主义身心柔术的基本动作,还形成了一套内在编排原理。该编排原理是人本主义身心柔术起效的关键。因此,练习人本主义身心柔术时一定要按照本书所教授的进行,切不可随意增减、修改、调换任意一个动作,否则就没有类似的效果。

三、人本主义身心柔术与体操、太极、气功的区别

人本主义身心柔术是独立于体操、太极、气功之外的东西,它虽与体操、太极、气功在外形上有部分相似之处,但内在原理与这三者完全不同,决不可跟这三者混为一谈。

它们的不同之处有以下几点。

(1) 太极是气功的一种,太极、气功没有西方心理学基础理论作为指导,也不是完全逻辑化的科学思维,它们全凭经验以及中国传统形象思维设计而成,存在大量无用的甚至有害的动作或步骤。因此,太极、气功往往流程复杂且神秘,但心身调整的作用极其有限。比如,有一派气功认为两手做鹿角状放在脑袋上,有助于提高性能力,理由是梅花鹿这方面的能力比较强。

当把气功中有害的动作或者步骤删掉时,就会发现其治疗效果有所增加。也就是说,

气功设计者或许并不知道哪些动作是有益的,哪些又是有害的,它是经验主义的产物。气功中有不少动作是模仿动物的动作,这是假定动物比人更高级或者更聪明,这在逻辑上是讲不通的,也就是说不少气功确实整体是有益的,但它的理论是典型的伪科学。

人本主义身心柔术则以科学的心理学理论为指导,并结合了中国优秀传统文化,它的每一个动作都有具体含义,其外表看似简单,但用于心身调整的效果极佳。

(2)人本主义身心柔术明确要求进行自我催眠,以练到恍恍惚惚的状态为佳。这和体操完全不同,人本主义身心柔术绝对不可以清醒地练习,否则起不到心身调整的作用。

(3)人本主义身心柔术在练习时,反对要求动作的100%准确。因为自我催眠的过程中,放松是非常关键的,追求100%的准确性就无法达到放松状态,效果反而更差。这和普通太极、气功或者体操要求动作越准确越好完全不同。当然,在学习时,笔者会要求学生动作准确,离开课堂之后,学生动作自然会变成八九分准确的。

(4)人本主义身心柔术存在大量具体化的明确的自我暗示,有非常强的操作性,而太极、气功往往使用气、意、形等极其朦胧的概念,练习气功者多数情况下需要花费大量时间,甚至靠悟性才能准确地理解它们。

(5)人本主义身心柔术带有认知调整的部分,它以学习相关心理学课程为前提,把课程内容提炼为简单的口诀,通过练习身心柔术中的吟唱口诀来调整潜意识。它的认知调整部分有明确的含义,这是体操、太极、气功所没有的。气功虽然也有六字诀,但六字诀的流传年代久远,当年的心理暗示含义和现在差异很大,其效果也会大打折扣,而且在使用六字诀前并不需要先学大量的心理学课程,六字诀也不是大量复杂内容的高度提炼。

也就是说,情绪管理课程学习是身心柔术的一部分,没有情绪管理课程的学习,就无法掌握完整的身心柔术,其中的十字诀也就没有心理暗示作用。因此,笔者强烈建议读者学习情绪管理课程。

(6)身心柔术的重心不是动作,而是心理调整,而体操、太极、气功的重心是动作。

(7)身心柔术的动作虽然也有少部分动物的名称,但选择这些动作更多的是基于心理学原理,而不是认为该动物值得学习,它在本质上和模仿动物没关系。

(8)身心柔术有时也被口传为"心理太极",但身心柔术不是太极。

四、人本主义身心柔术的类型

人本主义身心柔术分为广谱性和特异性两类。广谱性身心柔术对多种心身问题都有一定的作用,适用于健康者心身疾病预防、轻度心身疾病的调整以及某些重度心身问题的辅助治疗。特异性身心柔术对某一种心身疾病有效,它虽然也有其他次要效果,但在这一种疾病的调整上效果极佳,其效果往往是广谱性身心柔术的十几倍至几十倍。

广谱性身心柔术主要有以下5种。

（1）三步简式身心柔术，包括回春身心柔术和回松身心柔术。这是最简单的、入门级之前的身心柔术。只要读者认真练习，每天练的时间足够长，效果肯定是有的。但若想有很好的效果，就要学习更高级的身心柔术。

（2）松静身心柔术。松静身心柔术是人本主义身心柔术中最基础的入门级身心柔术。松静身心柔术对缓解负面情绪有明显的作用。练习松静身心柔术，可使脾气暴躁者在练习当天就会明显好转；也可使抑郁情绪和焦虑情绪缓解，使练习者心情好转；还可以提高其免疫力，使与免疫力低相关的疾病缓解或者消失。比如，使频繁感冒者的感冒次数减少，或者使练习者患感冒时的症状减轻、慢性鼻炎缓解、慢性咽炎缓解等。

（3）龟行身心柔术。龟形身心柔术是比较高级的身心柔术，它除了有松静身心柔术的所有功效外，还具有明显的减压效果，可以使练习者的抑郁情绪和焦虑情绪明显缓解、溃疡缓解或消失、多种慢性炎症缓解或消失、缓解高血压、高血糖、失眠，使癌症化疗副作用缓解、顽固性头痛缓解、冬天脚皲裂缓解……龟行身心柔术还可以大大提高练习者的精力，提升其大脑反应速度，降低其疲劳感，使其提高工作效率。

练习龟行身心柔术时特别容易走形，如果练成了体操或太极，效果就会差许多。达成良好效果的核心在于进入恍恍惚惚的自我催眠状态。

（4）开心身心柔术。开心身心柔术的大部分效果和龟行身心柔术的效果相似，最大的区别在于开心身心柔术在应对焦虑症、强迫症、社交恐惧症、演讲恐惧症、猫狗恐惧症以及心身疾病（如紧张性头痛、肩颈疼痛、顽固性胃溃疡、痛经等）方面的效果更好，其学习难度也比龟行身心柔术更低。

（5）自由身心柔术。自由身心柔术是人本主义身心柔术中的高级身心柔术，学习自由身心柔术需先学会龟形身心柔术和开心身心柔术。自由身心柔术是由潜意识引导身体自动做出一系列动作，启动体内的自愈功能，达到缓解或消除顽固性心身疾病的目的的一种方法。

笔者也在考虑开发更为简单、更为广谱、更为广大群众喜闻乐见的新的身心柔术，但越广谱的东西，受益面越大，针对性就越差，受益效果就会有所降低，因此，广谱性和针对性存在不可调和的矛盾。

特异性身心柔术主要有：①助眠身心柔术，主要用于应对失眠；②强肾身心柔术，主要用于应对男性勃起功能障碍；③降压身心柔术，主要用于高血压的缓解，与龟形身心柔术的不同之处在于它专为降压而设计；④降糖身心柔术，主要用于糖尿病的缓解；⑤促孕身心柔术，主要用于女性不孕不育的治疗；⑥减肥身心柔术，主要用于减肥。

五、人本主义身心柔术的学习

练习身心柔术应对心理疾病和身心疾病同医学治疗并非对立和替代关系，两者并行效果最好。练习身心柔术应对心理疾病同催眠心理干预也非对立和替代关系，两者并行效果最好。

练习身心柔术效果差的原因主要有：

(1) 没有学习情绪管理课程或书籍，等于割裂了身心柔术；

(2) 没有进入恍恍惚惚的自我催眠状态；

(3) 每天练习的时间太少，练习的天数太少；

(4) 边练习边说话，或边练习边想其他内容；

(5) 带有严重怀疑的心态练习身心柔术，导致无法进入自我催眠状态。

第四节 回春身心柔术与回松身心柔术

一、身心柔术的基本理论

笔者认为，人类基因经过百万年的进化淘汰，已经具备了应对人体大部分心理疾病与生理疾病的自愈本能，这种自愈本能的效率高低很大程度上受心理因素的影响。笔者基于肢体语言倒暗示心理学、自我催眠、正念、认知心理学等心理学基础理论，并结合中国传统文化，发展出一套自我心理干预技术，名为身心柔术。身心柔术的目的是去除影响人体基因自愈本能的障碍，激活人的自愈本能，从而达到缓解或祛除心身疾病的目的。

人本主义心身柔术由鞠强原创，大量的统计表明，身心柔术可改善负面情绪，提升精力与大脑的反应速度，提高免疫力，调节抑郁症、焦虑症、强迫症等心理疾病，缓解甚至完全祛除多种心身疾病。它虽与体操、太极、气功在外形上有部分相似之处，但内在原理与这三者完全不同，独立于体操、太极、气功之外。

二、回春身心柔术

回春身心柔术的学术名为轻度减压抗郁身心柔术基础三式，它有助于缓解压力、缓解疲劳、缓解负面情绪、缓解抑郁倾向、提升免疫力，对改善高血压、糖尿病、哮喘、紫癜、过敏性鼻炎等都有一定的效果。回春身心柔术是鞠门学术最基础的身心柔术之一，仅能缓解部分轻症症状，对于上述心理疾病或者心身疾病比较严重的人，需要练习鞠门更高级的身心柔术，具体请参阅笔者的其他学术著作。

练习回春身心柔术的时候，最好是在比较开阔的环境中。如果有条件的话，练习者可以到公园或者到小区的花园里，如果能到山林里面的山间小道上，练习效果会更好。如果没有条件，在办公室或者在家里练习也可以。

回春身心柔术共三式，分别为龟行桩、汇元桩、龟行桩。

练习前，平行站立，双脚与肩同宽，如图 3-4 所示，站立时不要外八字或内八字。许多初学者会犯双脚外八字的错误，双脚外八字的肢体语言会暗示欲望过大，因此，我们要求双脚与肩同宽，平行站立，暗示收敛人性欲望，降低贪婪心，这样人生才能够更加幸福。同时，练习者全身放松，尤其要放松肩膀，膝盖微垂，双手放置于身体两侧。整个练习身心柔术的过程中，练习者闭起眼睛，停止说任何话。

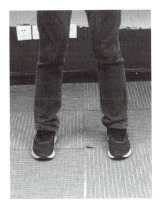 

正确示范：平行脚　　　　错误示范：八字脚

图 3-4　平行站立图示

第一式：龟行桩。如图 3-5 所示，掌心相对，抬臂至齐肩高度，同时人慢慢站立；掌心向下，落臂至自然下垂，同时人慢慢下蹲。如此反复。身体要垂直升降，动作绵而不断。呼吸方面，站立时吸气，下蹲时呼气。除低血压人群之外，呼吸时深吸平呼，即吸气时吸得饱满，呼气时正常吐气。低血压人群呼吸时深呼平吸，即呼气时尽量呼透，吸气时正常。本式一般做 36 次左右，数量大概即可，不必完全精准。

图 3-5　龟行桩图示

第二式：汇元桩。如图 3-6 所示，双臂摊开，手掌朝上，画大圆，从头顶下收，同时人慢慢站立；双掌朝下，下沉至丹田部位，同时人慢慢下蹲；翻掌，双掌朝上。如此反复。身体要垂直升降，练习时配合呼吸，与第一式一样，深吸平呼。抬臂的时候吸气，手臂往下压的时候呼气，动作要柔、要圆、要慢，要体会手指间风的感觉。欲达到最佳效果，本式的练习时间以 20—30 分钟为佳，勿低于 15 分钟，也不要超过 1 个小时。

图 3-6　汇元桩图示

第三式：龟行桩。动作要领同第一式。本式一般做 9 次左右即可。

三式练习完成后，双手护住丹田部位，在心里默念："我数到 3 就睁开眼睛，感觉很清醒，很舒服，很愉悦……1，准备睁开眼睛，很清醒，很舒服，很愉悦……2，准备睁开眼睛，非常清醒，非常舒服，非常愉悦……3，睁开眼睛！"然后搓搓手，搓搓脸，整个回春身心柔术的练习到此结束。

三、回松身心柔术

回松身心柔术的学术名为轻度缓解紧张焦虑身心柔术基础三式,它有助于缓解焦虑症、胃溃疡、腰背疼、紧张型头痛、社交恐惧症、动物恐惧症以及当众说话恐惧症等,对肩颈背部肌肉长期紧绷者、过度担心未来者和易将风险放大者、焦虑者的治疗效果比较好,长期练习效果更佳。与回春身心柔术一样,回松身心柔术也是鞠门学术体系中最基础的身心柔术之一,仅能缓解部分轻症症状,对于上述心理疾病或者心身疾病比较严重的人,需要练习鞠门更高级的身心柔术,具体请参阅笔者的其他学术著作。

回春身心柔术共三式,如图 3-7 所示,分别为龟行桩、胸纳四海、龟行桩。与回春身心柔术一样,练习前双脚与肩同宽,平行站立,不要外八字或者内八字。同时,全身放松,尤其要放松肩膀。膝盖微垂,双手放置于身体两侧。整个练习身心柔术的过程中,练习者闭起眼睛,停止说任何话。练习时以选择比较开阔的环境为佳,如果没有条件,在办公室或者在家里练习也可以。

图 3-7　回松身心柔术图示

第一式:龟行桩。同回春身心柔术第一式,此处不再赘述。

第二式:胸纳四海。双臂水平舒展,手掌向下,双臂缓慢下压,同时身体下蹲,缓慢吸气;自最低处,双臂抱球向上,小拇指内扣,至胸前,同时身体缓慢站立,继续吸气;吸气停止,稍作停顿,双手从内自外展开,然后双臂斜伸、绷紧,用力长长呼气,放松。如此反复。身体垂直升降,紧中求松。欲达到最佳效果,本式练习以 20—30 分钟为佳,勿低于 15 分钟,也不要超过 1 个小时。

第三式:龟行桩。同回春身心柔术第三式,此处不再赘述。

三式练习完成后,双手护住丹田部位,在心里默念:"我数到 3 就睁开眼睛,感觉很清醒,很舒服,很愉悦……1,准备睁开眼睛,很清醒,很舒服,很愉悦……2,准备睁开眼睛,非常清醒,非常舒服,非常愉悦……3,睁开眼睛!"然后搓搓手,搓搓脸,整个回松身心柔术的练习到此结束。

第五节 经典心理干预技术:松静身心柔术

本身心柔术是笔者学术体系当中系列身心柔术的基础技术,是一种广普性的调整心理状态的技术,对抑郁症、焦虑症和免疫力低下等诸多心身疾病都有一定程度的缓解作用。当然,本身心柔术在针对性方面肯定不高,针对性的身心柔术应另外深入学习。身心柔术和体操、太极、气功是完全不同的东西,先期花 15 节课时学习的情绪管理心理学课程,就是其与体操、太极、气功重大的区别之一。学习情绪管理心理学课程,是一种干预各类心理疾病和心身疾病的基础方法,也是一种共性的干预办法。

一、练习身心柔术前的准备工作

(1) 站着伸懒腰 1 次;

(2) 左右扭腰各 3 次;

(3) 足三里逆时针方向轻柔穴位按摩 30 次(如图 3-8 所示);

(4) 下丹田(肚脐眼底下 10 厘米)逆时针方向轻柔穴位按摩 30 次。

按摩穴位不必特别准确,大概准确即可。

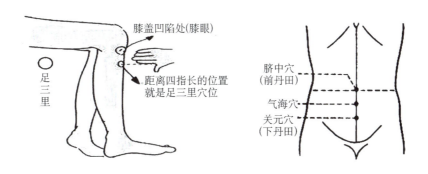

图 3-8　穴位示意图

二、松静心身柔术 14 式

自然站立,两脚齐肩分开,脚尖平行向前,松胯,松肩,两手自然下垂。

(1) 汇元桩。如图 3-9 所示,读者应练习 72 次左右,过程中注意体会指间风的感觉,加深呼吸。

图 3-9　汇元桩图示

双脚分开,微屈膝盖,含胸拔背,双掌相对放于下部,仿佛抱一大球,双臂摊开,手掌朝上,划大圆,从头顶下收,双掌朝下,下沉至丹田部位,翻掌,双掌朝上,重复上述动作72次。练习过程中,动作宜慢,约做7—12分钟,不宜死扣时间,要体会手指间风的感觉,练习中呼吸要加深。

(2)闭眼或半闭眼,暗示自己进入朦胧状态。心中默默念道:"外面所有的声音都变得若有若无,我自己很快地、迅速地、简单地进入深深的朦胧状态。"

(3)龟息九次。如图3-10所示,用下巴上下画圆,长吸平呼,或吸停平呼。腰部基本垂直,身体随着呼吸上下沉浮。本式的核心关键是吸气时肺部饱满,但呼气时不能让肺部变得比平时扁,而是要和平时一样。

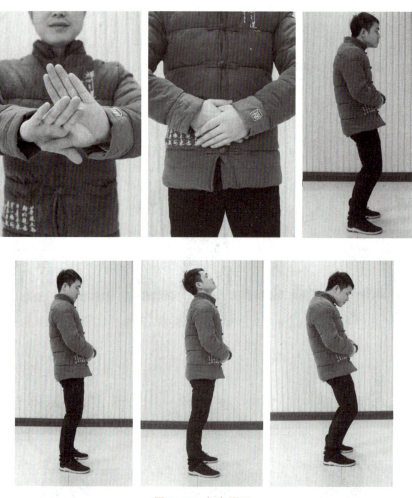

图3-10 龟息图示

(4)全身逐节五线放松,如图3-11所示,全身放松、前线放松、背线放松、手臂放松、内脏放松。

图 3-11　五线放松图示

依次给自己的指令如下。

第一线放松：放松自己的头部，放松自己的颈部，放松自己的肩部，放松自己的胸部，放松自己的背部，放松自己的腹部，放松自己的腰部，放松自己的臀部，放松自己的大腿，放松自己的小腿，放松自己的脚。

第二线放松：放松自己的脸，放松自己的胸部，放松自己的腹部，放松自己的大腿前侧，放松自己的小腿前侧，放松自己的脚面；把自己的意念集中到大脚趾隐白穴5—10秒钟。

第三线放松：放松自己的后脑勺，放松自己的背部，放松自己的腰部，放松自己的臀部，放松自己的大腿后侧，放松自己的小腿后侧，放松自己的脚后跟；把自己的意念集中到脚底涌泉穴5—10秒钟。

第四线放松：放松自己的肩部，放松自己的胳膊，放松自己的手臂，放松自己的双手。

第五线放松：放松自己的大脑，放松自己的肺部，放松自己的肝脏，放松自己的胃部，放松自己的大肠，放松自己的小肠，放松自己的左右肾。

（5）集中注意力，调入练习者认可的权威或有力量感的人物。读者若找不到类似人物，就以鞠教授为想象物，把他们的身高放大至百米，让这些形象进入脑海数秒，默默体验。这样做目的有两个：首先是让练习者集中注意力；其次是令其潜意识更容易接受图案化的信息。因此，调入权威的形象能强化心理暗示，增强心身柔术的效果。

读者可以但不一定调入鞠老师的形象，只要调入练习者认可的权威即可。前提是你喜爱并且认为他们是有力量感的，如此，哪怕是虚拟的人物、卡通人物或拟人化的动物，如孙悟空、米老鼠等也是可以的。

调入的形象一定要百米高，正常人高度的形象会使练习效果大打折扣。

（6）百会穴排黑气。心中默念："我数到3，就把烦恼、焦虑、抑郁、病气和杂气统统变成黑气从头顶心百汇穴排出去,排出去后,思维焦点更加正面,很开心、很舒服、很愉悦!1,准备排黑气!2,准备排'黑气'!3,排!很开心、很舒服、很愉悦!"

(7) 吞津入丹田,汽化为免疫力保健全身,冥想心理暗示。有免疫力紊乱过盛的心身疾病的读者省去这一步。免疫力紊乱过盛的心身疾病,包括但不限于过敏性鼻炎、哮喘、类风湿性关节炎、红斑狼疮、抗体过盛型紫癜、强直性脊柱炎、糖尿病、部分皮肤瘙痒症、部分神经性皮炎等,具体应以专业的医生判断为准。

吞一口津液下去,想象津液顺着食道往下流,想象食道是透明的、通透的,津液可以通过的;继续想象津液流到了胃里,想象胃部是透明的、通透的,津液可以通过的;继续想象津液流到了小肠、大肠里,想象小肠、大肠是透明的、通透的,津液可以通过的;继续想象津液流到了肚脐眼下的丹田穴。

想象津液雾化成了白雾,变成白血球、淋巴细胞、巨噬细胞、T细胞、B细胞,从丹田穴位置像潮水一样地涌出来,弥漫全身,并且图案化地想象这些白血球、淋巴细胞、巨噬细胞、T细胞、B细胞巡逻全身,把细菌、病毒、癌细胞一个个吞噬或者杀死,请注意一定要进行图案化的想象。

如果身体有炎症,做完上述自我冥想后,再想象把白血球、淋巴细胞、巨噬细胞、T细胞、B细胞调往有炎症的部位,重点杀灭相关细菌或病毒。如果患者有鼻炎兼鼻塞,则自我暗示词如下:"潜意识指挥白血球、淋巴细胞、巨噬细胞、T细胞、B细胞像潮水一样地涌向鼻子,图案化的想象免疫细胞把细菌、病毒消灭了……潜意识指挥鼻子周围的毛细血管扩张,血液循环加速,鼻黏膜处的水分运出去了,水肿逐渐地消失了,鼻塞缓解了,甚至鼻塞没有了……"

之所以要强调图案化,是因为潜意识更容易接受图案信息,图案化想象可以提高效果。

如果练习者有西医学知识,练习效果会更好。直接冥想暗示指令鼻子鼻塞消失,效果会很差。练习者最好明白西医对鼻塞的具体解释,对症冥想暗示,这样效果比较好。对西医理解稍微有点误差是没关系的,追求百分之百的准确反而会造成练习者紧张,而心身疾病的一个共性原因之一就是紧张。

(8) 主式:胸纳四海。如图3-12所示,小指内扣,双臂水平舒展,全身放松,双臂往下收缩,自双臂抱球,双手所抱之球似有似无,向上抱球,双手从内自外展开,但双臂协身,含胸拔背,收紧,胸中浊气被迫排出,长长呼气,放松,双手缓慢放下,又成双手抱球状。重复上述动作72次。

特别提醒:
① 呼吸动作和谐共振,全部动作呼吸一次,到处是圆,动作以柔和、缓慢为佳;
② 注意体会指间风的感觉,此点至为关键,要加深呼吸。

图 3-12 胸纳四海图示

（9）龟息九次。以下巴上下画圆，长吸平呼或吸停平呼。腰部基本垂直，身体随着呼吸上下沉浮。本式的核心关键是吸气时要使肺部饱满，但呼气时不能让肺部变得比平时扁，而是要使其和平时一样。

（10）全身逐节五线放松：全身放松、前线放松、背线放松、手臂放松、内脏放松。依次给自己如下指令：

第一线放松：放松自己的头部，放松自己的颈部，放松自己的肩部，放松自己的胸部，放松自己的背部，放松自己的腹部，放松自己的腰部，放松自己的臀部，放松自己的大腿，放松自己的小腿，放松自己的脚。

第二线放松：放松自己的脸，放松自己的胸部，放松自己的腹部，放松自己的大腿前侧，放松自己的小腿前侧，放松自己的脚面；把自己的意念集中到大脚趾隐白穴5—10秒钟。

第三线放松：放松自己的后脑勺，放松自己的背部，放松自己的腰部，放松自己的臀部，放松自己的大腿后侧，放松自己的小腿后侧，放松自己的脚后跟；把自己的意念集中到脚底涌泉穴5—10秒钟。

第四线放松：放松自己的肩部，放松自己的胳膊，放松自己的手臂，放松自己的双手。

第五线放松：放松自己的大脑，放松自己的肺部，放松自己的肝脏，放松自己的胃部，放松自己的大肠，放松自己的小肠，放松自己的左右肾。

（11）集中注意力：调入权威或有力量感的人物，或鞠教授百米形象，数5秒。这样做目的有两个:首先是让练习者集中注意力;其次是令其潜意识更容易接受图案化的信息。因此,调入权威的形象能强化心理暗示,增强心身柔术的效果。

读者可以但不一定调入鞠老师的形象,只要调入练习者认可的权威即可。前提是你喜爱并且认为他们是有力量感的,哪怕是虚拟的人物、卡通人物或拟人化的动物,如孙悟空、米老鼠等,也是可以的。

调入的形象一定要百米高,正常人高度的形象会使练习效果大打折扣。

(12) 手护丹田,依频吟唱吐音十字诀。鞠门学派吐音十字诀可以用于练习任何身心柔术之时,读者可以选择自己舒服的阶段吟唱,目的是以简洁的吐音给自己潜意识以暗示,达到改变潜意识的目的。事实上,这十个字就是对情绪管理心理学课程全部核心内容的概括,读者通过反复念十字诀,调动记忆,改变潜意识。

吐音十字诀

心平气和(松)全身,人造欲望(空)七分;
对错观念(元)字除,利他利己(仁)爱深;
焦点正面(喜)相随,放大视角(阔)乾坤;
风险大小(安)若素,价值多元(数)理真;
亲朋好友(赞)美勤,人生精彩(乐)鞠门。

松:全身放松,改善微循环,健脾降压。
空:消除60%—70%的人造欲望。
元:生活中的对错观要低。
仁:利己利他要平衡。
喜:潜意识焦点要正面。
阔:视角要扩大,最好有放眼世界的慈悲胸怀。
安:黑箱效应要小,潜意识不安全感尽量消除。
数:人生意义价值观要多元化,防止一棵树上吊死。
赞:多赞扬亲友,要充分意识到每个人有责任让亲友开心。
乐:内心充满喜乐。

(13) 汇元桩。读者应练习36次左右,练习过程中要注意体会指间风的感觉,加深呼吸。

（14）默念开眼，解除恍惚状态。心中默念："我数到3，睁开眼睛，很清醒，很舒服，很放松，很喜悦……1，准备睁开眼睛，很清醒，很舒服，很放松，很喜悦……2，准备睁开眼睛，很清醒，很舒服，很放松，很喜悦……3，睁开眼睛！"

练习者需要特别注意以下内容：

① 吐音十字诀也可以改成下面的十句话：

> 心平气和（松）全身，人造欲望（空）七分；
> 对错观念（元）字除，利他利己（仁）爱深；
> 焦点正面（喜）相随，放大视角（阔）乾坤；
> 风险大小（安）若素，价值多元（数）理真；
> 亲朋好友（赞）美勤，人生精彩（乐）鞠门。

② 松静身心柔术以练到恍恍惚惚的状态为佳，实际上达到自我催眠状态或者称为冥想状态。练习时眼睛可以闭起来，也可以半闭。

③ 松静身心柔术和体操完全不同，绝对不可以清醒练习，否则就是在练体操，是没有效果的。

④ 松静身心柔术和普通太极、气功或者体操不同，不要求100%准确，只要求八九分准确。要求100%准确时的练习效果反而较差。这是因为追求放松是非常关键的，当追求100%准确时，练习者就无法放松。

⑤ 松静身心柔术和普通的太极与气功不同，在做汇元桩与胸纳四海时，体会指间风的感觉非常重要。

⑥ 松静身心柔术和普通太极与气功不同，这里的吞津气化和心理冥想暗示，必须做得非常具体化和图案化，这对提升免疫力极其关键。它的本质是自我催眠。

⑦ 松静身心柔术和普通太极与气功不同，它的十字诀是有具体观念调整的。要想准确地把握十字诀的含义，需要至少学习十六节课时的情绪管理心理学，少了此条环节，练习的效果会严重打折。

⑧ 练习松静身心柔前请不要预设期望，越是设有目标，个体越容易紧张，练习就越没有效果。

⑨ 练习松静身心柔术时要停止负面暗示，暂时停止对错判断，要注意重在静心体验，这样效果才会出来。

⑩ 练习松静身心柔术时须有耐心，坚持天天练习，练习者的免疫力会提高，情绪会好转，脾气会变好，睡眠质量会提高，与免疫力相关的慢性病也会得到缓解。

⑪ 本十四式其实不是太极、不是气功、不是体操,它的正式学名叫鞠门学术松静身心柔术。有些学习者为图群众理解方便,称其为"心理太极"。但笔者仍要强调它不是太极。它与太极只是在动作外形上有一点类似,两者的编排原理本质上是不同的。

⑫ 全家一起练习松静身心柔术的效果更好。如果能把十字诀学深学透,家庭关系还会变得更和睦。

⑬ 练习过程中动作宜慢,呼吸一定要自然加深,呼吸不加深是不行的。

⑭ 穴位的使用并不是关键,它的作用类似于催化剂,能够增效10%—20%,但是没有也是可以的。

⑮ 如果实在太忙,可以将准备动作去掉。

⑯ 学习情绪管理心理学课程十分关键!它是身心柔术的一个有机组成部分,没了这个部分,练习的效果就要下降。

⑰ 本十四式由鞠强教授基于人本主义哲学思想、潜意识心理学、认知心理学、肢体语言倒暗示心理学、卡巴金正念冥想等理论编排而成,目的在于激活体内的自愈本能,主观加减动作很容易造成练习效果下降,所以,笔者不主张自行增加或减少动作。

⑱ 群体练习松静身心柔术的效果明显增强,这是相互心理暗示的结果。

⑲ 松静心身柔术在改善情绪上的作用非常明显。

⑳ 本心身柔术是一种广谱性、基础性心身柔术,在笔者的学术体系中,各类心身柔术构成一个完整的体系,读者应注意广泛学习。

㉑ 身心柔术没有副作用,不存在气功中"走火入魔"之类的事。笔者曾用催眠技术调整过许多气功中"走火入魔"的人。笔者发现气功中之所以有"走火入魔"的现象,是因为气功提出的"要防止走火入魔"的说法导致了自我暗示。所以,必须坚决摒弃这种说法,防止自我负面暗示。古人之所以创造"走火入魔",是因为当时没有知识产权保护气功师的利益,气功师通过这种吓唬人的办法,迫使他人只能跟发明人学习,这是一种垄断生意的手法。

对付气功中的"走火入魔"的方法很简单。首先应让来访者安静,然后由催眠师发出口令,指使来访者按本章节进行全身五线逐节放松。如果觉得催眠深度不够,可以走本书全套的催眠导入流程。检验到来访者进入催眠状态后,心理咨询师向来访者解释"走火入魔"仅仅是一种自我暗示,是根本不存在的,并且明确指令"走火入魔"现象消失。催眠结束后,这种现象就会消失。

㉒ 身心柔术不属于常规意义上的医学用药治疗方法,没有西医意义上的副作用,它属于心理干预范畴。

㉓ 有免疫力紊乱过盛的心身疾病的读者应省去其中的一些步骤。免疫力紊乱过盛的心身疾病,包括但不限于过敏性鼻炎、哮喘、类风湿性关节炎、红斑狼疮、抗体过盛型紫癜、强直性脊柱炎、糖尿病、部分皮肤瘙痒症、部分神经性皮炎等,具体应以专业的医生判断为准。

㉔ 由于没有大量孕妇大规模地练习身心柔术，所以，此法对孕妇的效果尚不明确。目前的确存在少数孕妇自主练习的情况，但由于人数过少，笔者无法得出准确结论，所以，笔者不建议孕妇练习此术。

第六节　书法心理干预

一、书法心理干预的理论基础

郭君环曾采用问卷调查法，对 552 名师范专科学校学生进行调查，探讨书法的兴趣水平与自信心发展之间的关系。结果表明，师范专科学校学生书法兴趣水平与其自信心水平之间呈正相关，即师范专科学校学生对书法的兴趣水平越高，其自信心水平也越高。辛晶考察了书法练习、个体心理健康和生存质量三者的关系，结果表明，与对照组相比，在应对方式方面，书法练习组更多地采用积极应对的方式；在人格特质方面，书法练习组在精神质维度上得分较低，人格比较稳定；在生存质量方面，书法练习组在心理、生理、社会关系三个领域的得分较高，在健康总状况评价和生存质量总评价中的得分也比较高。周斌等人研究了书法练习对儿童心理健康的作用，研究对象为参加书法练习的小学三年级学生 87 人，以及未参加书法练习的小学三年级学生 37 人，共计 124 人。他们采用纵向设计进行两年的追踪调查，比较两组学生在焦虑、神经过敏性以及行为问题上的差异。结果表明，书法练习有利于减轻焦虑和神经过敏，降低学生的不良行为，同时，书法练习还能在一定程度上增强学生的心理健康。崔明、敖翔将参加书法与绘画练习的 60 位老年大学学生作为研究组，将 30 位非老年大学老干部作为对照组，探讨书法与绘画练习对老年大学学生心理健康的作用，结果同样支持了书法练习对心理健康的促进作用。

二、书法心理干预的应用

书法对心理情绪有一定的调节作用，当然，这种调节作用是比较微弱的，但它的优势在于简便易行，符合中国人的传统文化。它给人的心理暗示是比较高雅，而且非常安全，适合文化程度较高、社会地位较高的人用来修养身心。

心理学研究表明，巨量重复的信息输入可以改变个体的潜意识，有助于观念内化，进而外显为行为调整。少量的信息输入是无法改变潜意识的。书法的内容对心理状态也有影响，笔者将有益的内容高度概况成如下文章，取名为心理书文，供有兴趣的人反复抄写，以调节心理。

书写时要注意以下几点：①不要写压扁的隶书，字压扁容易导致心情低落；②字写得偏大为好，字大有助于心胸开阔，读者观察社会上的各类成功人士，可以发现他们中写字大者为绝对居多；③书写时以慢为佳，慢到何种程度，以舒服为准。

安心书文

事分二元，阴阳共存，相对平衡，万法之门！

心理二元，亦分阴阳，意识自知，潜意识暗藏。须知，欲之所分，天道人造。

所谓天道之欲，如生理之需、安全之求、亲子爱孙、引朋呼友、恻隐向善，上苍所赐，性无罪错，食非杀生，满足为主，空之为辅。如色而勿滥，食无过饱，勿走极端，七分正好。其余类推，可悟天道，谨能持之，受益终老。

所谓人造之欲，如耐克之勾、奥迪之圈，衣非名牌不穿，食无鲍翅不餐，攀权贵之虚荣，而求清议，比财富之多寡，而图妒忌，又或望子成龙补偿己之所失，冀夫腾达以为炫耀之资。诸如此类，林林总总。得之，欲火更旺；失之，寻死觅活。是故，人造之欲，烦之源，苦之本也，其性若水，最易泛滥。求之，如捞水中之月，精疲力竭而永无尽期。吾等当常知觉，宜三分满足，七分空之，心中筑坝，堵之于前，侧洞小泄，可得两全。此安心之法一也。

凡夫俗子，活于往昔，虽活犹死，实在可惜。所谓活于往昔，或因抱怨过去，旧恨依依，自添烦恼无期；或因早年穷困而奋斗致富，表相虽富，却未脱乞丐之灵魂，冒死求财，法界游离，亲友罪绝，颠倒迷离，病体捞钱，阎府可期！活在过去，荒谬无比。然，早年经历，深刻于潜意识而难忘。吾等当常知觉，灵魂深处，忘记过去，活在当下，将来可期，此起死回生安心之法二也。

大事有道理，小事无对错，工作须谨慎，生活须宽容。生活之中，装点糊涂，开放心态，执着自无，柔化观念，烦恼即除。此安心之法三也。

指责人格，多承之先辈而不知，看人之缺点，趾高气扬；察物之负面，既愤且惶；叹人醉我醒，苦海茫茫。此为大谬，当常知觉。摒弃指责，心转运昌，转烦为乐，祸减福长。此安心之法四也。

痴人苦人，多为懦夫，执迷不悟，借口百出，拖延逃避，年月荒芜，积重难返，大烦难除，吾等当常知觉。勇敢面对，变问题为资源；积极行动，运动中寻战机。倘力穷而天不助，亦应心似大海，安之若素。此安心之法五也。

五则良言，安心善法。当时时诵之，日日思之，常常书之，刻刻知觉，渐收潜移默化之功，必得定神安心之效！

养心书文

现在,我以感恩的心并且以人类历史长河的视角来反省我的价值观。

当我回想漫漫人类的历史,反省我的一生,我知道我当下许多在意的东西没有太大的意义!

我会以宽容的心看待这个世界,我知道人的生活方式是多元的,绝大多数事情无所谓对,也无所谓错,万古不变的纲常是很少的。一颗过多执着固定观念的心是痛苦的,不但给自己带来痛苦、病患和提前离开人世,而且给家人和朋友带来无穷的烦恼。

我将努力把视角集中于事物的正面,去体会生活中一切美好的东西!

我意识到人生的意义就是:因我的存在,这个世界更加美好!

首先要做到的是让我的家人因我的存在而更加幸福,人生最荒谬的事情之一就是对外人温言细语,对家人恶语粗声,我今后要以包容、赞赏、鼓励的心对待我的家人。

我有余力的时候,还应该让我的朋友因我的存在而更加快乐!

我再有余力的时候,应该让这个世界因我的存在而更加快乐!

我会很好地平衡利己与利他的关系以及天生欲望和人造欲望的关系,宏观、整体、系统地把握人生幸福的意义。

我是一个独一无二的存在,上苍让我来到人间,我必有我的使命、我的价值和我的意义,我以欣赏、悦纳、完整的视角接受自己。

我的价值不是建立在别人变化多端的评价上,这些评价的变化既不会增加我的一分价值,也不会减少我的一分价值,他人的评价变了,我还是我!我要做我自己!

我尽自己现实的能力去爱别人,但我并不需要过多的爱,也不要求过多的爱,爱含有情绪的成分,所以是变动的、不稳定的,当把我的人生意义、价值、幸福建立在他人的爱上面,其本质就像把人生的意义寄托于虚无缥缈的风一样,虚无而易碎,荒谬无比!

许多人充满忧虑是因为对未来的风险放大了,我理智地意识到:青少年时代形成的不安全感以及黑箱效应是对未来风险放大的主要原因。

回想往昔,我会发现二十年前的担忧绝大多数根本没有发生,或者将风险放大了,所以,二十年后回想今天的烦恼,照样会觉得幼稚可笑,感觉到今天的烦恼完全没有必要。

我会努力改变可以改变的东西，但更重要的是，我会接纳不可改变的东西，并且拓宽人生意义的价值宽度，养成区分主次的习惯，如果主次能兼顾，则统筹兼顾；如果主次不能兼顾，则勇敢地抛弃次要的方面，并且深刻意识到幸福的人生经常取决于是否勇敢地抛弃。坚决戒除凡事统筹兼顾的作风，控制发牢骚的数量，以行动解除烦恼，在个人事务上放弃追求绝对公平，在社会事务努力追求相对公平。穷则独善其身，达则兼济天下。

我不是为标签而活！

不是为面子而活！

不是为攀比而活！

更不是为他人的爱而活！

我深深地知道：运气的核心是潜意识的感恩心。

我将会竭尽全力地提高自己潜意识的感恩心。

我还深深地知道：用老办法解决老问题是行不通的。

问题之所以成为老问题，就是因为老办法可能有点效果但又没法根本解决，对老问题必须用颠覆性的、革命性的、高度创新的办法去解决。

我还深深的知道：指责型人格、牛角尖人格、斤斤计较人格、回避型人格、控制型人格是引起人生麻烦的五大常见原因。

我将坚决、干脆、彻底地远离这五大负面人格，我的人生将会变得更加幸福、快乐和圆满。

大多数在契约自由、信息对称、双方理智、无负外部性的四项条件下，因为交易而获得的金钱是善的，因为交易后的世界更幸福了！

金钱是有意义的，赚取上述意义的金钱的过程本身就是在做公益，但把金钱当作唯一的意义是错误的，这不但荒谬而且危险！

金钱是满足他人需求的副产品，我应该追求满足他人的需求而不是金钱本身！

我将牢记：世界因我的存在而更加美好，这就是人生的意义。

我将不断地洞察、反省、改变我灵魂深处的价值观，我的人生将变得更加喜乐、幸福、成功，而且更加有意义！

立足行动！

加强修炼！

不断创新！

在运动中寻求战机！

我会思维正面,视野宏阔,步伐坚定!我会像一座灯塔!向这个世界散发出光明,指引着众人的方向!

世界会因为我的存在而更加美好!

转运书文

命分长短,运有起伏。延命转运,人之所逐。命或难测,运多转机。一朝运蹇,或缘外力;长久时乖,归因于己。厄运失之于心,好运得之于行。转运之要,重在心行;心正行妥,超越祸福。

转运之法,大要八则,修之行之,必有所得。修行愈久,所得益多。

一曰正,即焦点正面。多看负面,情绪消极,行为被动,人皆恶之,则事多不成。多看正面,心态积极,行为主动,人皆爱之,则事多成功。

二曰赞,即赞美他人。人皆有优点,诚心寻之,必可得之。赞之具体,细节栩栩,务要真诚,切忌逛语,实有化腐朽为神奇之效。赞美他人,得道多助,何乐而不为?

三曰舍,即舍得放弃。目标多而矛盾,实乃贪心之征,必至心苦,心苦则运衰。分主次、抓关键、弃次要,敢于放弃,集中资源与精力于主要目标,何愁运之不转?

四曰衡,即利己利他相对平衡。凡夫俗子多自私过度而利他不足,减私欲,增利他,于私心泛滥之当世,必如出污泥之清莲,香馨无比,爱之者众,必助之者众,好运自当绵绵不绝。

五曰学,即学习、反省、接受、拒绝。人总是有错误之认知,凡事立判,以错误认知判对错,必然是他人错我们对则永无改进之日。对待学习,宜开放心态,先暂停判断,无有对错,以开放心态研究体察。体验而后判断之,或接纳,或拒绝。方有所获。学习、包容、方能成纳百川之海。

六曰新,即创新求变。问题日久,积重难返;痼疾不除,皆因旧法。必以颠覆性、革命性、全新性之法而试之,方可转祸为福,转难为运。

七曰践,即立刻践行。养成立刻行动之作风,严防拖拉迁延之恶习。不断试错,运中寻求战机,终有转运出头之日。

八曰恩,即感恩。感恩乃运气核心。得到帮助,反哺感恩;遇到磨砺,亦怀感恩。则助己者愈众,为敌者益少,必可调动更多社会资源相助,转苦为乐,转难为顺,何难之有?

闲暇之时,诵读书写;忙碌之日,以八字诀代之。

焦点宜向(正)面聚,
多寻优点(赞)美诚;
紧抓关键(舍)末节,
顾己及人(衡)他我;
包容开放(学)业励,
破除旧法(新)绩升;
立即行动(践)心愿,
加倍感恩(恩)愈增。

  转运八法,日诵日行,化之于心,融之于体,马上实行,当即受益。一生修行,收获不已。勤于品味,身体力行,必鸿运常临,基业长青。

老年书文

老少成长境不同,古旧观念时不宜。
以己喜好论长短,自生烦恼早归西。
万古纲常本少有,忆尔幼时前辈批。
新生事物需接纳,各获自由心身怡。

婆媳矛盾子难为,父母埋怨妻嫌弃。
两难抉择实难下,唯有郁郁心生疾。
媳妇待婆不如母,人之常情莫惊奇。
就如视媳如己出,可称传奇万世遗。

传统文化需辨证,可孝难顺要分清。
千古尽孝是精华,事事顺从太违心。
农耕时代经验重,如今科技日日新。
工作生活按旧方,谬误多少人生惊。

隔代教育子为主,越俎代庖实不宜。
清心寡欲自养寿,四处插手烦恼积。
儿孙自有儿孙福,各守疆界两相怡。
空闲多多练柔术,长命百岁神仙奇。

街亭巷议多谣言,发财妙方自古稀。
高息理财风险大,富豪乞丐旦夕易。
身体有恙多问医,讳病忌医终害己。
事走极端不可取,过度医疗伤身体。

心理负面易生病,心身疾病需注意。
血压偏高血糖升,中风癌症冠心病。
免疫下降百病生,全和心理有关系,
莫道生气源他人,全是自己气自己。

呼朋引类翩翩舞,身心柔术日日新。
老骥伏枥需适度,白发童心游山溪。
痴人苦人多哀怨,心态负面启病机。
古往今来长寿者,养生之道唯在心。

第四章
CHAPTER 4

常见的管理者心理疾病及其干预

第一节 工作家庭冲突导致抑郁焦虑情绪

一、工作家庭冲突导致抑郁焦虑情绪的常见情况

在政府、国有企业、民营企业的管理者中,工作繁忙导致工作家庭冲突,夫妻矛盾增多,进而导致焦虑情绪是一种普遍现象。其中主要包括以下6种情况。

① 工作时间特别长,导致回家晚;
② 出差特别多,导致在家的时间少;
③ 假期不稳定或突然加班,导致与家人的旅游、休假、娱乐计划无法实施;
④ 在家工作多,工作与家庭的界限不明显;
⑤ 回家吃饭少,家人之间的沟通少;
⑥ 在家心事重重,影响家庭气氛。

在男性管理者中,配偶和孩子的抱怨主要有以下8个方面。

① 妻子觉得老公参与家务少,有不公平感,因而怨言多,牢骚多,这本质上是求重视;
② 陪伴妻子少,导致妻子有被忽视感,觉得老公爱她少了,因而怨言多,牢骚多;
③ 妻子感觉老公不爱家,会怀疑老公是否有拈花惹草的行为,导致夫妻双方发生争吵;
④ 妻子教育子女的难度比较高时,觉得自己很累,常埋怨老公不尽义务;
⑤ 工作忙导致性欲下降,引发妻子不满,也增加了妻子怀疑其在外拈花惹草的可能;
⑥ 妻子和子女要求管理者动用权力帮他们的亲友忙,管理者力不胜任,无法满足,引发矛盾;
⑦ 管理者的家庭经常因经济问题发生矛盾;

⑧ 婆媳矛盾也是管理者家庭生活中的常见矛盾。

在女性领导干部中,配偶和孩子的抱怨主要有以下 9 个方面。

① 管理者陪伴老公少,导致老公觉得有被忽视感;

② 管理者觉得老公窝囊,导致老公抱怨牢骚;

③ 老公由于自卑心理作祟,主动挑女领导的毛病,打压女领导的价值感以求平衡;

④ 工作忙导致性欲下降,引发老公不满;

⑤ 部分管理者又要工作,又要做许多家务,从而引发矛盾;

⑥ 老公由于自卑心理作祟,在外人面前故意对妻子趾高气扬,从而引发矛盾;

⑦ 女性管理者中心粗的人的比例高一些,因此,老公会经常抱怨妻子粗心、不细腻;

⑧ 女性管理者的家庭经常因经济问题发生矛盾,但发生的比例通常比男领导家低;

⑨ 女性管理者的家庭中也会产生婆媳矛盾,但由于其善于沟通,因此这一矛盾发生的比例比男领导家低很多。

管理者遇到上述冲突后,会产生左右为难的感觉,形成焦虑情绪和低价值感,觉得自己努力奋斗,但家人并不理解。对于这些矛盾,仅仅阅读书籍是不可能完全解决的,因为矛盾的本质是工作多,没有解决本质问题,光靠心理技术是不行的。在本节,笔者将向各位管理者介绍一系列心理技术,以期帮助管理者调解生活节奏,缓和家庭矛盾。

二、工作家庭冲突导致抑郁焦虑情绪的心理干预技术

1. 在冲突中控制对方的情绪,让对方恢复理性的心理技术

在家庭冲突中,家庭成员经常会进入情绪化状态,而一旦进入情绪化状态,讲理就没有用了。管理者一定要清醒地意识到,这时摆事实讲道理是没有效果的,管理者的首要任务是控制对方的情绪,让对方恢复理性。此处提供 3 种控制对方情绪的心理技术,以供读者学习。

(1) 重复对方的话,会让对方产生被重视的感觉。

配偶抱怨牢骚后,管理者把配偶的抱怨牢骚重复一遍。例如,管理者可以说:"老婆(老公)啊,你刚刚说我做得不好的地方一共有五点,我可不可以跟你确认一下,你看看我理解得是否正确,是否有遗漏之处?第一点是……"

多数配偶在听到对方重复他(她)的抱怨后,会产生强烈的被重视感,至少 60% 的人情绪会得到缓解,而且此时配偶会认真地听管理者所讲的话,这也有助于其情绪缓解。

(2) 沟通时降低对方的重心,会减少对方的情绪性,增加其理性程度。

心理学研究表明,人的情绪跟身体重心的高度成正比,身体重心的高度越高,人的火气越大,情绪越大,人就越没有理性,越不讲道理;身体重心的高度越低,人的火气越小,情

绪越小,人就越有理性,越讲道理。人站着吵架时不如坐着吵架时理性,坐着吵架时不如坐在地板上吵架时理性,坐在地板上吵架时不如躺着吵架时理性。所以,建议管理者在夫妻吵架时首选坐在地板上沟通!

(3) 裸露的皮肤接触能减少对方的情绪性,使其恢复理性。

大量的实践证明,裸露的皮肤接触可以有效地减少对方的情绪,使对方恢复理性。所以,处于情绪化状态时,管理者可以抱住对方,轻吻对方的脸,然后喃喃细语,这样对方的情绪更容易平稳下来。

需要注意的是,以上3种心理技术的实施是不分先后的,没有明确的规定要求先使用哪种心理技术,管理者可以挑选自己喜爱的心理技术先行实施。

2. 提高配偶被重视感的心理技术

(1) 养成大量、长期、具体化赞扬配偶的习惯。

一般而言,多数公共管理系统的领导和国有企业的领导有赞扬人的习惯,但部分管理者特别是民营企业领导对此比较吝啬,很少在家里赞扬亲人,这是不对的。管理者要养成赞扬亲人的习惯,这对缓解家庭矛盾大有裨益,而且这些赞扬必须是具体化的赞扬,而不能是泛泛而谈的赞扬,越是具体化细节化的赞扬,效果越好!

比如,请比较下面两句话:

> 今天的饭很好吃!不错!不错!
>
> 今天的饭很好吃!特别是辣椒炒牛肉,这胡椒粉放得特别传神!香得很!五星级宾馆也就这水平!

显然,后一句的赞扬效果更好!

(2) 妻子买了新衣服并问丈夫是否好看时,丈夫不能正确应对。

许多妻子在买了新衣服后,喜欢问丈夫:"我穿这个衣服好看吗?"此时,许多丈夫的回答是错误的!错误主要有两种。第一种情况是丈夫认为不好看,就直截了当地回答妻子不好看,这样说话是毫无意义的。好看是没有标准的,妻子花钱买了这件新衣服,她肯定是认为它好看的。钱已经付了,丈夫说不好看,除了给妻子添堵,没有任何实际意义!第二种情况是不管丈夫内心是否认为它好看,都立刻回答好看!这样容易给妻子留下敷衍搪塞的感觉,正确的方法是对妻子说:"你转一转,我看一下。"然后凝视数秒钟,头稍微往下一点,音调稍微加重一点,朗声说道:"好看!"

(3) 男性管理者应重视给妻子买礼物。

此行为的关键不在于礼物是否贵重,而在于双方心里感觉,因此礼物要经常买!

笔者通过长期观察发现，女性对礼物有两种态度：一种是对礼物非常重视；另一种是对礼物非常非常重视！

3. 重视各类纪念日和节日的仪式感

在各类纪念日和节日举办象征性仪式，是投入时间少、相对收益高的缓解家庭矛盾的方法。这类纪念日和节日有配偶生日、儿女生日、情人节、中秋节、端午节、春节、结婚纪念日等。对于这些纪念日和节日，管理者可以举办一些简单的仪式性活动，这对于融洽家庭气氛、缓解家庭矛盾是很有好处的。

在这里，笔者举个例子供读者参考。笔者夫人曾经是某一处级事业单位的书记，有段时间，因为两个人都特别忙，双方自然就会产生一些家庭矛盾，笔者就设法缓解。正好夫人过生日，夫人的亲朋好友都来参加宴会，这宴会没有下属和社会人士参加，宴会由笔者负责主持。笔者先照例讲了一些话，而后请大家吃饭，慢慢地宴会进入了高潮，笔者宣布自己写了 20 首歌颂夫人的诗，并请自己的学生朗诵。第一首诗歌颂夫人美丽，第二首诗歌颂夫人能干，第三首诗歌颂夫人从小读书比笔者好，第四首诗歌颂夫人事业心强，第五首诗歌颂夫人家务投入大……每隔两分钟，就有一个学生从门外进来，对师母摇头晃脑地歌颂一番。笔者的夫人越听越心花怒放，根本没有意识到这些歌功颂德有点过头了，而且诗与诗之间存在矛盾。比如事业投入大，家庭投入也大，就是严重矛盾的。20 首诗念完后，全场的情绪进入高潮，夫人开心得很，总结道："这些诗写得还是蛮实在的！"笔者的家庭氛围也就更加和谐了。

4. 科学地应对婆媳矛盾

从古至今，婆媳矛盾都是一个老生常谈的话题。婆媳关系不和是导致婚姻关系破裂的一个重要原因，因为婆媳矛盾导致家庭分崩离析的报道屡见不鲜。

(1) 婆媳矛盾发生的原因。

婆媳矛盾发生的表面理由五花八门，有人认为婆媳矛盾是由于双方生活习惯不同导致的，有人认为它是两代人的价值观冲突导致的，有人认为婆媳矛盾产生的原因是对第三代的教育方法的冲突，有人认为是用钱的尺度导致大小的冲突……这些冲突在发生婆媳矛盾的家庭里确实存在，但它们并不是导致婆媳矛盾的本质原因。通过对大量的案例分析，心理学的主流观点认为多数的婆媳矛盾都有两个共同点：(1) 多数婆媳矛盾的本质是母亲与儿媳互相争夺对儿子（老公）的爱和控制权；(2) 有些婆媳矛盾的本质是母亲与儿媳都在互相争夺家庭管理的控制权。对于有的家庭，上述两项同时存在。特别是独生子女家庭，许多母亲把自己人生的意义和价值都寄托在儿子身上，这种现象更为明显。但这都是潜意识层面的，在意识层面，婆婆和妻子一般是不知道上述答案的。如果你去问婆婆："你们闹婆媳矛盾是在争夺对儿子的爱吗？"那 99.9% 的婆婆会回答："不是的。"或许会有各种表面理由解释婆媳矛盾，但其背后原因是婆婆看到另一个女人分享了儿子的爱，心里面会涌出一种说不清道不明的难受,这种难受是无法用言语表达的。儿子一贯都听妈妈的,和妈妈最亲热,但现在儿子突然听另一个女人的,和另一个女人很亲热,这才是问题的本质。统计发现,93%以上的家庭都有婆媳矛盾。

(2) 婆媳矛盾中常见的应对误区。

① 三方按照表面矛盾处理婆媳矛盾。

婆媳矛盾本质上是母亲和妻子对儿子(老公)的爱和控制权的争夺,所以,很多表面上的矛盾并不是导致冲突的真实原因。比如,当婆婆说媳妇做的家务少了,或是花钱大手大脚了,丈夫如果真的按照婆婆的意思让妻子花更多时间做家务或者去克制花费,结果就是婆媳矛盾依然存在,而且矛盾会在其他方面显现出来,如妻子做的饭菜太难吃了、陪孩子的时间不够多等。所以,处理婆媳矛盾问题时,丈夫不能按照表面问题去处理,要找到实质原因并着手干预。

同样,妻子说婆婆如何如何,男人常常也不能当真,不能按照表面矛盾去处理。因为这样去处理问题,问题永远也解决不了。

② 妻子在婆婆面前指挥老公,老公在婆婆面前表现出听妻子的指挥。

婆媳矛盾的本质是母亲与儿媳都在争夺儿子(老公)的爱和对他的控制权。婆婆在家里的时候,妻子在做饭时就指挥丈夫去端茶倒水或者切菜打杂,这是万万不可的。妻子如果这样做了,婆婆心里会不知不觉地产生反感情绪,妻子这顿饭菜不管做得多么香甜可口,都无法抹去婆婆心中儿子被呼来喝去的负面印象。当然,如果婆婆不在面前,妻子指挥丈夫去洗衣做饭、扫地洗碗是无伤大雅的。

③ 儿子让母亲知道了儿媳买的衣服和化妆品的真实价格,老人以自己的标准约束年轻人消费。

当婆婆知道老妈没花着儿子的钱,许多钱却让另一个女人花了,心里别提多难受了。所以,丈夫千万不可以让母亲知道自己给妻子买了衣服和化妆品,万一被母亲知道了,丈夫在母亲面前报价时也一定不可以报真实价格,要说一个大大打折的价格,或者说是客户免费送的,或者说是公司抽奖得来的,或者说是商家促销的赠品。同时,儿子也要给老妈买衣服或者化妆品,价格多少不论,关键是礼物给老妈带来的心理感觉。

就公公婆婆的角度而言,以自己的标准约束年轻人的消费也是很不妥的。多数老人都有过极其贫穷的经历,潜意识中有创伤,所以会特别节约。但年轻人并没有这个创伤,因此老人要克制自己的直觉反应,理性地理解矛盾冲突所在,不要强行以自己的标准约束年轻人消费。

④ 儿媳期望婆婆把自己当女儿疼爱,或者婆婆希望儿媳像女儿一样爱她。

有的丈夫家里有兄弟姐妹,妻子结婚以后对丈夫抱怨说:"我把婆婆都当亲妈一样对待了,照顾她比你的姐姐妹妹照顾的都多,怎么她对我还不如对你的姐姐妹妹呢?"妻子如果有这样的心理,那需要当心了。因为这样想的结果只会是给自己带来满腹的委屈,而无实质的改变。因为人性使然,妻子是不可能真的把婆婆当成亲妈的,婆婆自然也无法真的把儿媳当成女儿。如果读者作为儿媳,还是觉得愤愤不平,那么你可以设想一下:当亲妈说你好吃懒做、不懂节约或对你唠叨时,你会真的往心里去吗?你会记恨吗?不会的,因为她是你亲妈。但是,当婆婆说你好吃懒做、不懂得照顾家庭时,你肯定会满腹委屈,甚至把这些负面信息存到潜意识深处,把负面情绪传给丈夫。所以,儿媳千万不能抱有婆婆把自己当女儿的期望。有这种想法其实是比较愚蠢的。

很多婆婆也抱怨,儿媳不像女儿一样贴心,这种抱怨同样是荒唐、不切实际的。儿媳不可能真的像女儿那样爱婆婆,这就是人性,是无法改变的。如果儿媳能做到表面上和婆婆很亲热,双方就像一对母女似的,这个儿媳已经很不错了。要求像真女儿一样给你贴心的感觉是过分的。如果在儿媳的内心深处,婆婆的重要程度和亲妈一模一样,这个儿媳要么是一个脑子有严重问题的人,要么早年间有过非常特殊的经历。

⑤ 闹婆媳矛盾时,丈夫作为中间人来回传话。

婆媳之间闹矛盾的时候,丈夫其实是心理压力最大的人,他的思考能力、判断能力都远远不如平时。有时,丈夫会作出错误决策:为婆媳互相传话。这会导致双方矛盾越来越大,婆婆会天然地认为儿子应该站在自己这边,妻子也认为丈夫会和自己一条心,当丈夫作为中间人传达信息时,即使传达的内容与双方原本的说法完全一致,婆婆也会认为儿子没有袒护自己,妻子也会认为丈夫没有偏向自己,大家都会怪男人无能的。

⑥ 婆媳间发生矛盾时,妻子埋怨丈夫,婆婆埋怨儿子,二人都觉得自己是最大的受害者。婆媳二人都没有意识到夹在中间的男人才是最大的受害者。

很多人有一个误区,认为婆媳矛盾中如果有一位家庭成员会出心理问题,这个人肯定是妻子或者婆婆。然而,心理学统计发现,丈夫在婆媳矛盾中得抑郁症的概率是最大的,因为婆媳矛盾导致自杀的丈夫的比例远远高于妻子或者婆婆。这是为什么呢?

首先,婆婆和媳妇既会受气,但是又可以出气。婆婆可以骂儿子:"你这个没良心的,娶了媳妇忘了娘。"媳妇可以骂老公:"你这个长不大的,你到你妈那里吃奶去吧!"而丈夫只能受气,没地方出气。

其次,婆婆和媳妇都有自己的支持系统。婆婆可以找公公倾诉,以获得安慰,妻子可以从娘家获得支持,而丈夫(儿子)是没有支持系统的。

再次,当丈夫感觉问题无法解决时,潜意识会指挥丈夫通过得抑郁症来调节婆媳关系。丈夫夹在妻子和母亲之间,一边是朝夕相处、相濡以沫的爱人,另一边是赋予自己生命、含辛茹苦地养育自己的母亲,无法抉择。而丈夫一生病,婆婆和媳妇都去关注儿子(老公),矛盾就暂时缓解了。这也是丈夫(儿子)得抑郁症和自杀的概率最大的原因。

丈夫承受着巨大的心理压力却无人支持,在妻子和母亲之间又无法选择,所以,丈夫出现心理问题的概率远高于妻子和婆婆。因此，在发生婆媳矛盾时，妻子要多理解丈夫作为儿子的难处，婆婆要多理解儿子作为丈夫的难处。

⑦ 媳妇为了证明自己的价值，全盘否定公公婆婆带孩子的作用。

婆媳矛盾中有一个常见的冲突就是孩子的教育问题。绝大多数年轻人接受过的教育和接触到的信息都比老年人要多，所以，在教育子女的方法上年轻人经常和公公婆婆的意见不一致。在潜意识层面，儿媳为了证明自己是对的，会不知不觉地全盘否定公公婆婆教育孩子的方法，以至于全盘否定公公婆婆带孩子的作用。

公公婆婆作为退休人员，本身就存在无价值感的问题，他们的人生意义和人生价值有可能主要体现在抚养第三代上，如果儿媳全盘否定公公婆婆带孩子的作用，这种打击将是全面的、致命的、崩溃性的。当然，这种否定在多数情况下也是不客观的。儿子与媳妇经常地、高强度地、大剂量地肯定公婆带孩子的作用，是家庭管理中很重要的一个环节。

⑧ 婆婆与儿媳误认为儿子（丈夫）有调节婆媳矛盾的能力，夸大了他的作用。

在绝大多数爆发婆媳矛盾的家庭中，婆婆与儿媳都会责怪儿子（丈夫）不会处理事情。事实上，他即使才高八斗，在外面呼风唤雨、能力超群，也很难摆平婆婆与媳妇的矛盾。这是因为矛盾的本质是母亲与儿媳在争夺儿子（老公）的爱和对他的控制权，本质上是母亲与儿媳在争夺家庭管理的控制权。二人的目标针锋相对，没有调和的余地。这就从本质上决定了儿子（丈夫）无法摆平这个矛盾。鞠老师写作此书时已经 53 岁，见过无数的婆媳矛盾，从来没发现儿子（丈夫）能够真正摆平婆媳矛盾的案例。所有婆媳矛盾的缓和和消失，都是婆婆或者儿媳调整自己目标的结果。有的是其中一方调整目标，有的是双方都调整目标。只要双方目标针锋相对，儿子（丈夫）能够摆平婆媳矛盾就是不符合逻辑的，也是不可能的。即使遇到个别的号称儿子（丈夫）摆平婆媳矛盾的案例，如果细究下去，就会发现这全是婆婆或儿媳有意或无意地改变目标的结果，也就是说，她们其中之一或全部放弃了争夺控制权。

当然，处理婆媳矛盾的误区远不止以上 8 种，这里只列举比较常见的例子，以供读者参考。

(3) 处理婆媳矛盾的原则。

① 如果条件允许，尽量避免婆媳长期同住一屋。

婆媳分房居住，间隔 50—300 米为最佳，这样既可以尽孝道，又可以缓解矛盾。如果丈夫和妻子懂得婆媳矛盾产生的实质性心理原因，就可以明白，婆媳短期同屋相处，矛盾还可以控制；如果婆媳长期同屋相处，发生婆媳冲突的概率是很大的。所以，要尽量避免婆媳同住一屋。

② 处理婆媳矛盾时，要直奔本质，促使大家思考，促使婆媳放弃争夺控制权的目标。

千万不要被表面的矛盾所牵制,卷到具体的事务堆里,导致清官难断家务事的局面。婆媳双方也要认真反省:自己背后的潜意识目的是不是在争夺对这个男人的控制权,或者说是家庭管理的控制权。婆媳双方要扪心自问:争夺这种控制权是否有意义?是否有必要?

③ 媳妇要大剂量、高强度、长时间、真诚地夸公公婆婆,公公婆婆也要大剂量、高强度、长时间、真诚地夸儿媳。

老年人一个很常见的心理问题是缺乏价值感。所以,儿媳大剂量、高强度、长时间地夸奖公公婆婆,肯定他们的价值,往往可以收到意想不到的效果。

在这里特别要强调,夸奖还要真诚。夸奖不是制造优点,而是发现优点。有人说这不是教人说假话吗?对方实在没有优点!事实上,毫无优点的人是不存在的,你之所以没有发现对方的优点,有99%的可能是指责型人格的你不善于发现别人的优点。

需要补充的是,如果家庭条件有限,婆媳必须同住一屋,在婆媳矛盾高峰时,双方短暂保持距离是有必要的。比如,小夫妻暂且搬出去住几个月,可以使双方更加冷静,恢复一定程度的理智,随后小夫妻可以再搬回来,这常常是相当有效的。

作为丈夫(儿子),要提高对婆媳矛盾的耐受度,既然婆媳矛盾的发生率是93%,那么,对轻度的婆媳矛盾就要保持接纳的心态。这种接纳的心态会使自己更加冷静、客观、理智,有更多的方法处理矛盾。如果以无矛盾为目标,反而会使冲突更大,自己的压力也会更大,得心理疾病的概率就会上升。

笔者建议读者组织全家学习本章本节,并进行讨论。如果主持人得力,效果是比较好的,如果几家人合成一个学习小组,一同学习本章本节,效果就更好了。

5. 拒绝家人的要求

读者可偶尔使用微笑摇头拒绝法的心理技术,降低家庭冲突!在面临不涉及大是大非的原则,但又必须有拒绝表示的夫妻中等冲突时,读者就需要在保持气氛融洽的前提下拒绝对方。行之有效的办法是:一边微笑,一边摇头。这样既可以拒绝对方,又可以使气氛相对融洽。微笑可以让对方放松,摇头可以表达拒绝。

比如,如何拒绝妻子提出要过永世难忘的生日的要求?

妻子要过生日了,还特意强调要过一次永世难忘的生日。如果此时丈夫不想花太多心思,该如何拒绝呢?直接说不行,妻子肯定不开心。其实,丈夫可以面带微笑,嘴里答应道:"好的呀!好的呀!好的呀!"同时头左右摇摆,这时妻子对生日的要求预期就容易降低。多数情况下,就不必过永世难忘的生日了。

笔者作为管理者,在工作中也会使用微笑摇头拒绝法。假定我要否定某个下属的建议,就会在听汇报的时候面带微笑,以极其微弱的频率和幅度轻轻摇头。这个幅度和频率可以微弱到旁人几乎看不出,甚至汇报者也几乎看不出,但汇报者的潜意识会接受这个信号,此时,70%左右的汇报者以后就不会再提这个方案了。

6. 解决做家务矛盾的关键：多给对方深度鼓励

家务矛盾是导致夫妻离婚的重要原因之一。解决家务矛盾的关键是多给激励、少讲道理！

人的行为主要不是受观念影响，也不是受利益驱动，影响人的行为的最强劲的力量是长期的情绪正负面体验。如果一个人感觉自己的情绪体验是正面的，这个人就愿意多做这件事情；如果一个人感觉自己的情绪体验是负面的，慢慢地就倾向于不做这件事情。推动人的行为的第二力量是利益，推动人的行为的第三力量才是观念。

因此，要想让伴侣有做家务的积极性，最关键的一点就是让他感觉做家务会带来正面的情绪体验。比如，许多人在观念上是明确知道抽烟有害的，但仍旧会去抽烟，这是因为抽烟的正面情绪体验推动了他的行为。又如，从利益角度讲，努力读书考上名校对人生是绝对有利的，但不好好读书的大有人在，这主要是因为读书太苦了，带来的情绪体验是负面的。所以，需要再次重点提醒的是，推动人的行为的最大力量是情绪体验！

关于如何让伴侣多做家务，有两种常见的错误做法。第一种错误做法是伴侣烧了菜、做了家务，丈夫或妻子就在旁边批评。常见的说法是"这个菜盐放少了""这个东西整得这么乱""这里都搞得一塌糊涂""这里不行，口味差"等，此时，这个丈夫或妻子的情绪体验是正面还是负面呢？答案显然是负面的，伴侣就会不知不觉地倾向于少做家务。女性犯这种错误的情况比较多。这成为离婚率升高的重要原因之一。

第二个常见的错误做法是夫妻一方或双方认为人要有责任感，于是对配偶大讲道理。常见的说法就是"他应该有责任感啊""他应该做家务啊"等。事实上，如果世界上的人都是按照"应该"来决定自己的行为，这个世界就是一个大同社会，哪里还会有战争，哪里还会有小偷，哪里还会有秩序混乱，哪里还会有贪污，哪里还会有阴暗的东西。所以，认为人应当按照"应该"去行动的想法是幼稚的。整个社会上，只有一部分人在一部分时间会按照"应该"去做，即每位个体一生之中只有一部分时间会按照"应该"去行动。批评伴侣不做家务，高举"责任""应该""道德"的大旗，实际是效果不佳的。正确的做法是多给予明示或暗示的激励！比如，丈夫或妻子烧了菜，要常说"好吃！好吃！好吃！"。当然，如果只是这样夸奖丈夫或妻子，那还不够。按百分制来打分的话，只能勉强获个60分。那值得80分的行为是什么样的呢？

心理学中有一个理论：暗示的信息导入比明示的信息导入更容易进入对方的潜意识，明示的信息导入容易在意识的检阅作用下被堵在门外，不容易进入潜意识。关于意识和潜意识，在本书中有专门的章节详细描述，这里不再细讲。显然，"好吃！好吃！好吃！"就是明示信息。那什么是暗示的呢？就是你嘴上虽然没说好吃，但是吃得很香，嘴里轻微地发出"渍渍渍"的声音，脸上有轻微的笑容，菜吃得比较干净。当然，盘子也不能吃得太光，笑容也要适度。这比嘴上说好吃的明示信息的激励作用更大，因为说"好吃"会被意识检阅，对方会去思考这话是真的还是假的。但是你嘴发出"渍渍渍"的声音，脸上出现幸福的笑容，盘子吃得比较干净等行为，都是一种暗示的信息导入，意识是不检阅的。

值得 90 分的行为是什么样的呢？那就是当丈夫或妻子在厨房炒菜的时候，就要含情默默地看着他（她）、跑过去亲他（她）一下。这时，嘴上不要说干得好，否则可能会引起他（她）意识的检阅作用，而是要让丈夫或妻子朦胧地觉得"穿着炒菜的围裙、手里拿着勺子"就是他人生中最幸福的时光。

你应该通过坚持多夸奖伴侣饭菜做得好吃，或者通过眼神动作的暗示让伴侣觉得自己饭菜做得香，或者通过在伴侣做家务时去拥抱对方，把脸蹭过去亲一亲等各种明示暗示的激励措施来激励对方。实践证明，这可以有效地缓解家务矛盾。

7. 建设"工作中对错观要高、生活中对错观要低"的家庭文化

具体方法请仔细研读本章第四节，特别是其中关于降低对错观的内容，最好组织全家一起学习。

落实了这 7 条，不等于工作繁忙与婚姻生活的矛盾就解决了，因为问题的根源在于工作繁忙，而这是没办法改变的。但只要认真地落实，明显缓解工作繁忙与婚姻生活的矛盾是可以期望的。

第二节 工作繁忙与亲子养育矛盾导致心理压力上升

一、工作繁忙与亲子养育矛盾导致心理压力上升的常见情况

政府、国有企业、民营企业管理者往往工作繁忙，常常导致疏于亲子养育，导致配偶的抱怨，并且产生亲子养育的一些问题。其中，最主要的问题是子女的学习成绩不好，厌学情绪严重。其次，对于男性管理者的家庭来说，由于缺乏男性介入子女教育，子女的规则意识往往不足。从精神分析学派来理解，男性在子女的潜意识中代表规则与权威。第三，管理者与子女沟通较少，容易发展成双方都非常冷漠，彼此间不太讲话的状态。第四，管理者多半学历很高，日日夜夜地加班会严重影响子女的学习动机。子女潜意识会不知不觉地认为："努力学习有什么用？爸爸（妈妈）具有这么高的学历，还忙得半死，读书没意思！"

子女的这些问题反过来又使管理者产生沉重的心理压力，严重地影响管理者的心理健康。事实上，问题的本质是往往太忙，投入亲子养育的时间太少，所以，这些问题是很难

解决的。笔者只能提供一些心理技术上的建议,以期帮助缓解问题。

二、工作繁忙与亲子养育矛盾导致心理压力上升的心理干预技术

1. 降低子女的厌学倾向、提高学习兴趣的心理技术

个体在接触某类人或物的时候,如果获得的是正面的情绪体验,久而久之,个体就会喜欢上这类人或物,我们把这种现象称为正向情绪链接,又称为正向心锚。个体在接触到某类人或物的时候,如果获得的是负面的情绪体验,久而久之,个体会讨厌这些,我们把这种现象称为负向情绪链接,又称为负向心锚。因此,要让个体喜欢某个东西的程度提高,或者讨厌某个东西的程度降低,应该:尽量建立正向心锚,减少负向心锚。

基于上述基础理论,本书为家长总结出培养孩子学习兴趣或者降低孩子厌学程度的5条建议。

(1) 停止宣传读书痛苦论,防止把读书的主观痛苦感放大。

许多家长经常这样教育孩子:

"孩子啊,书山有路勤为径,学海无涯苦作舟!"

"孩子啊,学习要吃得苦中苦,才可人上人!"

"孩子啊,十年寒窗苦,才可跃龙门!"

"孩子啊,要拼命学啊,要拼命学啊!"

还有更极端的,号召孩子:"孩子啊,学习要头悬梁,锥刺股!"。

这些教育很常见,它们有个共同的特点:强调读书是极其痛苦的事,学习简直是世界上头等倒霉的差事。笔者在催眠中经常听到孩子发类似的牢骚:"谁他妈的发明了学习这玩意儿,老子宰了他。"

宣传读书痛苦论会把读书的主观痛苦感放大许多倍。比如,本来孩子对读书的主观痛苦感是70分的苦,家长宣传了读书痛苦论之后,读书的主观痛苦感就会变成350分的苦。就像一个工作单位,本来大家感觉很好的,来了一个牢骚大王,天天说工作苦,公司混蛋,结果周围的人受到影响,都觉得真的很苦,这种主观痛苦感放大的现象是很常见的。所以,父母给孩子宣传读书痛苦论、学习不堪入目论、学习惨绝人寰论,同样会极大地放大孩子对读书苦的主观感觉。既然读书是如此痛苦,孩子怎么可能有兴趣读书? 因此,这些语言要从各位父母的口中彻底地消失,这是最基本的。这件事做好了,孩子成绩不一定会提高,但做不好,麻烦就大了!

(2) 以将学习与正面情绪体验链接为主,以将学习与负面情绪体验链接为辅,提升孩子对学习的好感度或者降低其对学习的厌恶度。

对于现在的很多孩子来说,在他们的记忆中,学习给他们带来的体验是经常跟打、骂、唠叨、批评联系在一起的,这些都是负面的情绪体验。如果孩子的学习和负面的情绪体验

牢牢地粘连在一起,孩子是不可能有学习兴趣的,对学习的厌恶度是很高的,这是心理学的规律。即便在被打骂后孩子会努力学习,这也不是因为兴趣而是理智克制的结果。靠理智克制而维持的行为都是很难长久的,过段时间孩子会更加不爱学习。

少量打、骂、唠叨、批评是可以的,但次数不能过多,这些惩罚与鼓励的占比,最多不能超过惩罚鼓励总量的20%,否则在孩子的记忆中,学习就主要跟负面的情绪体验链接在一起了。教育孩子的时候,也不能没有批评或者惩罚,凡是走极端的教育方法,效果都是不好的,惩罚是必须有的,但请控制在20%左右,即要有80%左右的表扬与激励,20%左右的批评与惩罚。这是"二八律"的一种体现。

有人很可能会说:"不会呀!上星期我猛揍了孩子一顿,他这几天学习好得很!"的确,从短期来说,他这几天学习可能有所好转了,但是就长期效果而言,他一定对学习更加厌烦了。所以,偶尔打一下是可以的,次数多了,从长期看,孩子一定是厌学的。

正确的做法是什么呢?那就是尽量地把学习搞得轻松愉悦,让学习与正面情绪体验链接,就算不能将学习与正面情绪体验链接,也要尽量将负面情绪体验的数值降下来!

比如,吃蜜糖时嘴会感觉很甜,这会对孩子形成一个正面的情绪体验。举一个不太恰当的例子,可以把蜜糖涂在书里,从小就让孩子去舔,次数多了,孩子在潜意识深处就会形成书是美好的、愉悦的、可爱的情绪体验,就容易终身喜欢书。

笔者给家长们一个重要的建议:如果你们的孩子还没有开始读书或者正处在小学低年级阶段(三年级以及三年级以下),在他们已经开始懂点事并且有钱的概念后,就不要直接给孩子钱了,孩子要钱的话,就把钱放在书房的书里面,让孩子去书里面找!找到多少就给孩子多少!而且不但如此,凡是孩子喜爱小东西,如巧克力、糖、电影票等可以藏进书里面的东西,统统都藏到书里面,让他去找!长期坚持,慢慢地,孩子的正面情绪就会跟书链接在一起了。

这么做的重点不是让孩子去识字,也不是引导孩子去看书,而是要在孩子的潜意识里把正面的情绪体验跟书链接在一起。搞个三年左右,孩子就会有一个固化心理状态:只要他一拿到书,就会有一种不知不觉的、无法控制的喜悦感弥漫全身。这样他就容易终身爱学习了。

如果小孩已经过了小学三年级,这种办法的效果就打折了。因为潜意识形成的高峰是年龄小的时候,个体的年龄越小,形成的潜意识越稳定。

(3)把学习当作奖励而不是惩罚。

很多老师和家长都会犯这样的错误:把学习当作惩罚工具。很多家长和老师会对孩子说:"怎么搞的,今天又出错了,罚抄单词一百遍!"

家长和老师这么做就大错特错了,这会造成严重的心理伤害,使孩子形成顽固的潜意识:学习是一个坏东西。如果这么搞个100次,孩子就很有可能终生讨厌学习。

鞠老师如果让学习表现好的研究生和鞠老师去饭店吃饭,研究生们就会觉得跟鞠老师一起吃饭很开心。如果鞠老师让犯错误的同学去跟老师吃饭,在吃饭中大批特批他的错误,洗刷他的灵魂,大家就会觉得跟鞠老师吃饭是件坏事!如果现在鞠老师对你大喊一声"一起吃饭",你很可能会顿觉脑袋天旋地转,凶多吉少的感觉油然而生!如此,研究生们是绝对不会喜欢和鞠老师吃饭的。

所以,教育孩子正确的做法是说:"孩子!怎么搞的,怎么又做错了,不准做作业!"这样,学习变成奖励而不是惩罚。有人会担心如果不做作业,明天老师会骂孩子。不用管老师骂不骂他,我们的主要目的就是要给他塑造一个观点:学习是待遇,学习是好事,学习是奖励。反之,如果学习变成了惩罚,学习在孩子的印象中是一件坏事,谁还会要学习?所以,要立刻改掉把学习当惩罚的错误。

犯这种错误的大有人在,不但许多家长会犯这种错误,许多老师也犯这种错误,这都是不懂心理学的恶果。

(4)善用言行一致化效应。

言行一致化效应是指人一旦对自己的行为或选择作出严肃的承诺,就会有努力保持言行一致的倾向。

所以,在孩子可以说话并且可以理解自己所说的话的意思的时候,就可以让孩子天天念:"我喜欢学习,我爱学习,学习使我更加快乐!"让孩子每天早上起床后大声念十遍,并且要求孩子在见到三姑六婆七大妈的时候,每见一个人就说:"我爱学习,学习快乐!"见朋友的时候也说:"我爱学习,学习快乐!"总之,逢人就说,逢人就讲,如能做到,效果是很好的。长此以往,坚持5年左右,孩子慢慢地就会喜欢上学习。

有的家长会问:"为什么这么做有效呢?"因为每个人都要证明自己的需求是正确的,如果他天天这么逢人就说,到最后他却不喜欢学习,不喜欢读书,这不就说明自己是一个傻子吗。这就像一个人要减肥,她把这个要减肥的决心告诉了所有人,向他最亲近、最熟悉、最佩服的100个人发信:"亲爱的某某某,你好!我庄严地向你通告,3个月之内我一定要把体重减下10斤,如果我没有成功,我改姓,我不姓某某了,我改姓猪。"实践证明,只要敢于把这样的信群发,绝大多数人都能减肥成功,如果是用手写的纸质信并用纸质信封发给对方,效果会更好,成功率会更高。

当然,孩子要把成绩升上去,使用上述公告信的办法也是有效的,但这必须是孩子自愿的,不是父母强迫的,这需要做艰苦的思想工作,而且期望提升的学习名次最好建议控制在20%以内,太高的要求是不易达到的。

(5)潜意识调整法。

潜意识调整法,就是催眠法,是只有心理学专业人士才会使用的心理干预方法。这种方法也是培养孩子学习兴趣最快的、最有效的方法。

2. 劝说逆反子女的心理技术

经常有父母吐槽:"孩子进入青春期,逆反程度非常高,不再愿意沟通,遇到重要的事也不听父母的劝告,父母非常茫然,不知道怎么办!"还有父母吐槽:"孩子似乎天生有反骨,逆反得很,即使遇到重大的事情,家长也很难劝说,怎么办呢?"

笔者为大家讲解两个小的心理技术,它们可以在一定程度上降低与逆反孩子沟通的难度。

(1) 声东击西劝说法。

如果父母的目标是希望子女做 B 事,可以先选择子女绝对不会答应干的 A 事,然后一本正经地和子女沟通,要子女做 A 事,并且多次沟通,然后向子女谈条件:不做 A 事是可以的,条件是做 B 事。这样做的成功概率比父母直接提出做 B 事的成功概率要高。

比如,现在手机已经成了许多年轻人最为重视的东西,要没收手机,就是 A 事。假定你希望孩子陪同你去老家探望奶奶,按以往的经验估计,逆反的子女是不会同意的,这件事就是 B 事。如何劝说孩子陪同你去老家探望奶奶呢?可以先一本正经地跟他提出要没收手机,此时,孩子一定是会跳起来表示坚决反对。随后,父母和孩子很认真地沟通几次关于没收手机之事,孩子当然照例是不同意的。

然后,父母就可以和孩子谈交换条件:不没收手机也是可以的,条件是陪同父母去老家探望奶奶。用这样的声东击西劝说法沟通,和直接向孩子提陪同父母去老家探望奶奶相比,成功的概率会高很多。

(2) 动机认同替代转移劝说法。

先认同孩子的基本动机,然后启发提问还有什么别的选择可以满足这个基本动机?随后转化态度,答应孩子相对合理的要求。这里要做一个解释:人的行为有对错,但人的基本动机是没有错误的!比如,抢劫银行是一种十分错误的行为,但抢劫银行的基本动机是为了生活好,希望生活好是一项人的基本动机,这个基本动机是合理的,是没有错误的,只是抢劫银行这个行为是非常错误的。由于人的基本动机都是合理的,所以,认同基本动机很容易,认同基本动机有助于营造出融洽的沟通前期气氛。

比如,孩子要吃肯德基怎么办?很多父母是反对孩子吃油炸食品的,当孩子提出吃油炸食品时,不妨使用动机认同替代转移劝说法:

> "孩子,你是想吃一顿好吃的,对吧?"
> "对的。"
> "爸爸认为很有道理哦"

孩子吃肯德基是一项具体行为，隐藏在后面的基本动机是想吃顿好吃的，这个基本动机是完全合理的，是完全可以认同的，认同基本动机开启了很好的沟通氛围。接下来是启发提问，家长可以询问还有什么别的选择可以满足这个基本动机。

> "那除了肯德基之外，还有什么是好吃的呢？"
> "麦当劳。"

启发提问不一定会得到满意的结果。比如，部分父母对麦当劳的选项也不满意，那要怎么办呢？答案是继续启发提问！

> "那么，除了麦当劳之外，还有什么好吃的呢？"
> "小南国上海菜"
> "哇！小南国上海菜不错的哦，爸爸答应你去吃小南国上海菜，爸爸好不好？"
> "好！爸爸太好了！"

这样，既避免了孩子吃父母反对的油炸食品，还能让孩子觉得自己的需求被认可，尝到和父母沟通的甜头。动机认同替代转移法能有效地降低父母与逆反期孩子的冲突频率，进而增进亲子之间的感情。这样的沟通，比直接了当地提出吃小南国上海菜的成功率更高！

3. 亲子行为鼓励与纠正

未成年阶段是孩子行为习惯养成的重要时期，若孩子的一些不良行为得不到及时纠偏，就会得到巩固。民间俗语"学坏容易学好难"就是类似意思。

对于应该给予惩罚的错误，如果没有及时地给予惩罚，日积月累，就会形成各种各样的恶习，大的甚至可能危害社会，这就是平常所说的"小时偷鸡摸狗，长大被警察带走"。因此，父母要多利用闲暇时间，进行一些相关内容的学习，更多地运用心理学手段纠偏，代替生理惩罚，如打人体罚等纠偏。撇开法律问题不谈，生理惩罚可用但不能多用，多利用心理技术纠偏，更有助于孩子形成良好的心理状态和行为习惯。

另一方面，父母对良好的亲子行为的激励更加重要。人有强烈的学习坏行为的天然倾向，但人学好行为的天然倾向比较低，良好的亲子行为基本上是被父母激励出来的，没有充分的激励，就不可能有优秀的孩子。对于坏的亲子行为，父母不用激励，坏行为就会自然地大量产生。因此，如果不去用惩罚纠偏，坏的亲子行为就会泛滥成灾。父母的目标肯定是养育优秀的孩子，而不是养育没缺点的孩子。没缺点不代表优秀，没缺点仅仅是平庸。所以,父母对良好的亲子行为的激励更为重要。

在心理学术语中,激励叫做强化,纠偏叫做惩罚。对于亲子行为调整方式,可以用学术语言概括为强化为主、惩罚为辅。一般而言,强化应占整个亲子行为调整手段的80%左右,惩罚应占整个亲子行为调整手段的20%左右。无论朝哪个方向走极端都是错误的,只有惩罚没有强化,会养育出一个缺点不多但非常平庸的孩子;如果惩罚强度过大,会养育出高度逆反最终失去控制,变得胡作非为或者患有严重的心理疾病的孩子。如果只有强化没有惩罚,则会养育出一个严重优缺点并存的孩子,其优点存在但毛病突出;如果强化强度过大,会养育出高度自信狂妄,最终失去控制变得胡作非为,或者在社会上四处碰壁,遭受的挫折过多以至患上严重心理疾病而崩溃的孩子。

也就是说,只有强化没有惩罚和只有惩罚没有强化的结局是差不多的。

(1) 强化惩罚的定义。

强化惩罚理论由美国心理学家斯金纳提出,从父母对亲子行为进行纠偏的角度而言,本章定义如下。

强化是指当子女出现符合父母意图的行为时,父母给予子女所喜欢的东西或移去子女不喜欢的东西,使子女行为趋向于重复的过程。强化又分为正强化与负强化。正强化是指当子女出现符合父母意图的行为时,父母给予子女喜欢的东西,使子女的行为趋向于重复。负强化是指当子女出现符合父母意图的行为时,父母移去子女不喜欢的东西,使子女的行为趋向于重复。

惩罚是指当子女出现不符合父母意图的行为时,父母给予他不喜欢的东西或移走他喜欢的东西,使子女的行为趋于抑制的过程。惩罚又分为正惩罚与负惩罚。正惩罚是指当子女出现不符合父母意图的行为时,给予子女不喜欢的东西,如批评、记过,使子女的行为趋向于抑制。负惩罚是指当子女出现不符合父母意图的行为时,移走他喜欢的东西,如罚款、不准上网,使子女的行为趋向于抑制。

正负强化和正负惩罚中有一个极其重要的规律:一种强化或惩罚的反复使用会带来边际效益递减,过度高频率地使用一种强化或惩罚,边际效益会递减为零甚至会走向负数。最典型例子的就是父母对孩子的唠叨。常年高频率唠叨的效果会成为零或者成为负数,也就是说这甚至可能起反作用。所以,行为主义心理学的基本理论认为,对孩子行为调控的方法要多样化,不能只使用打与批评两种,要根据孩子的个性特点,开发丰富多彩的行为调控工具。

(2) 正负强化的具体方法举例。

① 复印钞票奖励。

相信每家每户都有一样必不可少的东西——人民币。复印钞票奖励就是将人民币用复印机给复印下来,并签上自己的名字(防止孩子自己拿人民币进行复印)。父母与孩子进行约定:如果孩子表现好,就给孩子发一张复印的人民币。所发的人民币的面值大小可以根据孩子具体表现的良好程度进行调整,即根据孩子表现的良好程度视情况给予孩子5元、10元、20元等面值的复印的纸币。当然,如果孩子今天的表现没有达到要求,你也可以不给他复印钞票。

每天晚上,根据孩子今天的表现对孩子进行复印钞票奖励。每隔一段时间,如一个月、一个季度甚至一年,按照一定的比例将孩子已经有的复印钞票换成真的人民币。比如一元复印钞票可换人民币0.1元。当然,这个汇率要事先设定,随便调换汇率会破坏父母的诚信形象。

请特别注意,在使用这个方法的时候不要用彩色复印机复印,否则,你就有被抓进监狱的危险,并且在复印后一定要签字!以防孩子自行复印,产生通货膨胀。

复印钞票奖励和记账奖励钞票有本质的区别:前者激励效果大,后者激励效果小。记账奖励钞票是抽象的,复印钞票奖励是图案化的。年龄小的人往往抽象思维能力弱,形象思维能力强,所以,记账奖励人民币的效果相对较差。中国人思维方式整体上偏向形象化思维,所以,从这个意义上讲,复印钞票奖励的效果会更好。

② 养精蓄锐券奖励。

所谓养精蓄锐券,其实就是赖床券。如果孩子哪天表现好,可以给孩子发一张养精蓄锐券。平时不允许孩子睡懒觉,到了点,不管是工作日还是休息日,不管孩子愿意不愿意,就算他睡得天昏地暗、日月无光,也必须把孩子叫醒,至于叫醒来干什么是不重要的,重要的是他必须准时起床!如果孩子想睡懒觉也是可以的,但必须在前一天上交一张养精蓄锐券。

孩子的养精蓄锐券是怎么来的呢?在孩子表现好的时候,你把养精蓄锐券轻轻地、慢慢地、小心翼翼地放到他的小手上,并且摸摸孩子的头说:"宝贝,恭喜你,你又获得了我为你亲手制作的养精蓄锐券,你又可以选择一个你喜欢的时间睡懒觉了!"不要把这张券称为赖床券,因为"赖床"二字给孩子带来的信息是负面的,而"养精蓄锐"一词给孩子传递的信息是正面的。

③ 肯德基必胜客品尝券奖励。

顾名思义,凭借此券,孩子可以出去吃肯德基或者必胜客。如果孩子哪天表现得比较好,你可以给孩子发张肯德基必胜客券,孩子如果想出去吃肯德基或必胜客,须上交一张肯德基必胜客券。如果没有此券,对于孩子想要吃肯德基必胜客的要求,你都可以而且必须拒绝,或者是带孩子远远地看看肯德基必胜客门店的几个大字就行了!

④ 孩子行为好,父母表现出开心异常喜形于色。

心理学研究表明,在幼儿园与义务教育阶段,孩子主要是凭着自己的基因本能过日子。此时,在孩子们的心中读书的主要目的是让父母开心,而不是为了自己的前途。特别是对于小学生来说尤其如此,年龄太小的孩子,不能充分理解前途这种抽象的东西。

为什么孩子的基因本能要讨好父母呢?因为不讨好父母的孩子不容易从父母那里得到食物,也就难以生存下去,即容易在小的时候因饥饿而夭折。所以,在人类长期的基因进化竞争淘汰过程当中,这些不讨好父母的孩子的基因就慢慢消失了。

孩子小时候多是很黏父母的,但是孩子大了,自己慢慢有生存能力了,就不会很黏父母了。因此,当孩子只要做出一件好的行为的时候,你就可以表现得异常的开心:两眼放着光芒,嘴角划出圆月般慈祥的微笑,有点手舞足蹈,喜笑颜开。这样,孩子的好行为就会得到巨大的激励。

⑤ 外出旅游券奖励。

孩子多半是喜欢旅游的,如果孩子表现得好,就给孩子外出旅游券,孩子想出去旅游时,需上交这种券。这和复印钞票奖励类似。

⑥ 购书券奖励。

如果你的孩子对购书感兴趣,首先要恭喜你。不管孩子喜欢看什么书,至少他对读书还是有一定兴趣的,这是一件天大的好事。如果孩子表现得好,就可以给孩子一张购书券,如果孩子想买自己感兴趣的书籍,如漫画书、散文集、诗歌集等,需上交购书券。

⑦ 将玩网络游戏的时间与学习成绩挂钩或发放游戏券。

孩子通常都是喜欢玩网络游戏的,因此,可以根据孩子的这个喜好,对孩子的行为进行一定程度的调控。在进入假期的时候,孩子一定会有大量的空闲时间,他们的娱乐方式大多是玩网络游戏,所以,你可以在假期前跟孩子约定:

> "宝贝呀,假期要来了,你假期是肯定要玩游戏的,对不对?"
> "对!"
> "那进入假期之前,要先进行期末考试,对不对?"
> "对!"
> "那我们作个约定:如果你考进班上前十名,你就可以每天玩4小时的游戏;如果是十到二十名,每天可以玩2小时;如果你考到二十名以后,就不可以玩游戏哦。"

当然,也可以设计游戏券。比如约定一张游戏券代表一小时的玩游戏时间,对于考试总分超过 X 分之上的部分,一分可以得一张游戏券。孩子凭券玩游戏。但要注意设定每天消费游戏券的最高限制,比如每天最多消费 Y 张游戏券,以防小孩因控制力弱一次性把游戏券消费光。

⑧ 父母做丰盛的食物作为奖励。

如果孩子出现了好的行为,可以给孩子做好吃的。请特别注意:这个好吃的东西必须要跟平时好吃的东西有巨大的差异才行,并且一定要明确跟某个事情挂钩。比如,今天孩子主动向你提出两个问题,你就可以跟孩子说:"今天你主动提了两个问题,反映出你能主动思考,所以,我今天特地烧了一个泰国菜给你吃!"一定要让孩子形成这样的感觉:这次烧的菜跟平常的菜有巨大的不同!并且烧特别的菜还要跟具体的好行为挂钩。

以上只是一些正强化方法的举例,父母可以根据孩子的喜好进行创新,设计出各种丰富多彩的强化方法。但要注意,父母需根据孩子的敏感度选择适应的强化方法,比如,孩子不喜欢买书,购书券激励就是没用的;孩子对美食的兴趣不大,父母做丰盛的食物来作为奖励就是没用的。孩子是不可能没有喜好的,只是各人的喜好重点有差异,只要有喜好,就可以设计出相对应的强化方法。

(3) 非打非骂的惩罚方法举例。

少量的打骂惩罚是可以的,但是打骂惩罚不能大量使用。下面举一些非打非骂的惩罚方法作为例子,以供读者参考。需要注意的是,使用这些方法的前提是孩子对某个具体的东西有喜好或者厌恶之心。

① 电视机惩罚或者电脑惩罚。

电视机惩罚法是指利用是否看电视对孩子进行惩罚的方法。当然,父母也可以用是否看电视进行奖励。当小孩表现比较好时,可以奖励他看电视,但时间要短一些,如一小时;当小孩表现特别好时,可以奖励他看更长时间的电视,如两小时;当小孩表现超级好时,可以奖励他看喜欢的电影。反之,当小孩犯轻微错误时,可以禁止他看电视;当小孩犯严重错误时,可以允许他看电视,但在他看到最精彩的时候要把电视关掉,并明确说明关掉电视的原因;当小孩犯超级严重的错误时,可以允许他看电视,但必须是用纸张遮住电视机的半边,并在这半边纸上写上他所犯的错误,让他一边看半边电视一边接受教育。

需要特别提醒读者注意的是,这套游戏规则只有在事先跟小孩沟通过并获得他的认可的情况下,方可实施。读者不必担心小孩的心灵受到多大的震动,因为这是事先沟通过的,小孩有可能会觉得很好玩。在这种娱乐式的强化惩罚过程中,小孩的行为就不断地得到了调控和完善。

另外请特别注意:孩子的分辨能力有限,不能分出过多的错误与奖励等级。如果孩子没上小学但年龄已过四岁,电视机奖励和惩罚只能分两级!如果孩子在四岁以下,电视机奖励和惩罚只能分一级!即有得看或者没得看。如果孩子喜欢的是手机、电脑、iPad 等,奖罚方式是类似的。读者要学会举一反三,随机应变,做到在充分理解原理的基础上自行设计奖罚手段。

② 父母饿饭法。

上文已经解释过：小孩子基因里有讨好父母的本能，所以，孩子特别关心父母是否开心。因此，如果孩子犯了错误，父母可以在同孩子一起吃饭的时候故意把头发弄得凌乱不堪，脸色白若冬雪，同时，唉声叹气，无精打采，在自己的面前放一个空碗，把筷子伸向想夹的菜上，慢腾腾地夹上菜，然后大叹一声气，又把菜给掉回了。这个时候，孩子肯定会很奇怪，摸不着头脑。你多做几次，孩子就会问："妈妈（爸爸）你今天怎么了。"

这时，你就有气无力、气息微弱，但一字一句清清楚楚地说："孩子，今天你又犯了一个……错误，妈妈我无心吃饭呀！"

注意！在此之前父母要偷偷吃饱，别真饿着自己了！

③ 公园惩罚。

如果你家孩子特别喜欢逛公园，那孩子犯了错误之后，你就可以使用这招。在某个艳阳当空、风清气爽、鸟语花香的日子，把孩子带到他最喜欢的公园门口，和颜悦色地问："孩子，想进公园玩吗？"孩子肯定会怀着喜悦的心情回答："想。"这时，你可以问："公园人多吗？"孩子会答："多。"你又问："公园里面的动物好看吗？"孩子答："好看！"你再问："想进去吗？"孩子答："想进去。"这个时候，你就可以话锋一转，脸色突然刷白，语气严肃地说："走！回去！"这时，孩子多半是不情愿回家的。你就可以把孩子具体犯了什么错误，一五一十地讲给孩子听，然后在你的教育即将结束之时，铿锵有力、掷地有声地对孩子说："这就是带你到公园门口看看又不让你进去玩的原因！回去！"

此时必须是真的回家，如果家长心软，在教育完孩子后又带孩子进了公园，惩罚就会失效。

④ 游戏突然结束惩罚。

上文已经提到过，大部分孩子都是喜欢玩游戏的。因此，这就是个突破口！如果孩子犯了错误，那就给孩子玩游戏，但是要先设置好孩子玩游戏的设备。要让它们刚好在孩子玩得兴高采烈，游戏打得难解难分、生死攸关的时候，屏幕全黑。这时，你微笑地告诉他："就是因为你犯了……错误，游戏才会黑屏的。"

⑤ 半段故事惩罚。

就是在给孩子讲故事的时候，在故事最精彩、最激动人心的地方戛然而止，并告诉孩子他具体犯了什么错误，这种方法被称为讲半截故事。

你的孩子犯了错误，你就可以在孩子开心的时候对孩子说："宝宝呀，我觉得你有点像汉武帝！天生不凡、气宇轩昂，今天爸爸（妈妈）给你讲个有关汉武帝的故事，好不好？"孩子一般会回答："好！"这个时候，你就开始给孩子讲汉武帝的生平了。在故事即将要水落石出、石破天惊的时候，突然，戛然而止！孩子就会满脸疑惑，心里略带不爽地说："爸爸（妈妈）你讲下去呀，怎么不讲了？"此时，父母就告诉孩子他今天犯了什么错误，因为这个错误的存在，所以今天只讲半段故事！并告诉他："想知故事如何发展，等你改正错误，我会一一道来。"

⑥ 卫生间思过惩罚。

孩子犯了错误,将他锁进卫生间,并且对他说:"今天,你犯了一个很严重的错误,那就是……,所以,现在罚你在卫生间思过一个小时,一个小时之后,你出来跟我做思想汇报,如果汇报及格,你就可以出来;如果不及格,你将一直与马桶作伴,直至睡觉为止!至于吃饭,我给你送进厕所!让你吃着最香的饭,闻着最臭的马桶!"

如果想采用这种惩罚方法,为了弄得幽默一点,不妨在厕所门上贴个牌子,上书"大使馆""安腚门""思过阁"之类。

⑦ 孩子犯错误时,回收强化激励中给予的各类奖券。

把各类正强化回收就是一种惩罚,效果也是很好的。

以上只是一些举例。父母可以根据孩子的喜好创造出各种丰富多彩的惩罚方法,而且要根据孩子的敏感度选择合适的惩罚方法。比如,当孩子对故事的兴趣不大时,半段故事法就是没用的。但孩子不可能没有喜好,只是各人喜好的重点有差异,只要有喜好,就可以设计出相对应的惩罚方法。另外,读者应该仔细学习行为主义心理学的基础理论,以便更好地运用相关的心理技术方法。

第三节 找错型工作观念泛化导致家庭关系紧张

一、找错型工作观念泛化导致家庭关系紧张的常见情况

公共管理系统中存在着许多找错型的工作,如公安局、检察院、法院、审计局、纪委、行政监察委员会、市场监督局、城管系统、文化监察部门、交警、劳动人事监察系统、环保局、消防监察部门、绿化监督部门等部门的工作。在国有企业和民营企业中,也有许多找错型工作,如质检部、财务部、法务部、审计部、监察部等部门的工作。它们的工作内容都是找过错、纠毛病、寻漏洞。民营企业的部分管理者有完美主义的倾向,工作久了,也会养成找过错的习惯。这种习惯进入人的潜意识后,使人防范心过重,怀疑心增强,如果泛化到家庭生活中,管理者就会不知不觉地找配偶或子女的毛病,导致家庭关系紧张,轻则引发本人和家人的心理压力升高,重则导致本人和家人患上抑郁症和焦虑症,并提高了配偶出轨的概率。

有的管理人员比较讲究面子,他们离婚的可能性也就相对较小,但这更加重了管理者和其家人的压抑程度,提高了他们患心理疾病的概率。有的管理人员对错观念如果太高,就会直接导致离婚。

这类管理者在家人中找错的行为是潜意识性的,是本人不自知的。在意识层面,管理

者会认为自己这一切都是为了家人好,根本没有意识到自己找错的强度已经大大超过了社会平均水平,给家人造成了很大困扰。

二、找错型工作观念泛化管理者的误区

1. 把工作中的对错观泛化到生活中去

在家庭生活中,建设"工作中对错观要高、生活中对错观要低"的家庭文化非常重要!芸芸众生,烦恼丛生,苦人众多,其中有一个大麻烦就是纠结于对错,即认为凡事都有对错,凡事有个理,还自以为自己是一个讲道理的人。于是,无数夫妻为了"热水瓶放在哪里"吵得天翻地覆,为了"家里的墙刷什么颜色"争得面红耳赤,为了"今天吃什么饭"闹得不可开交,为了"毛巾怎么挂"弄得口干舌燥,为了"哪种衣服好看"辩得彻夜难眠、痛苦不堪、心力交瘁。

凡事真的都有道理吗?

如果就"墙刷什么颜色"这个问题让全世界人投票,你会发现根本不存在约定俗成的对错标准!如果就"热水瓶放在哪里"这个问题让全世界人投票,你会发现也根本不存在约定俗成的对错标准!生活中的绝大多数事根本不存在道理,大多数事情无所谓对,也无所谓错。要本着"东也对,西也对,南也对,北也对,生活中基本上都是对"的态度去生活。基本上谁先做谁就对!不装潢的少干预装潢一方的对错,不烧开水的少干预热水瓶放的位置……这样生活才能和谐、幸福、快乐!

从事心理学的人都知道,人们无论做好事还是做坏事,都喜欢给自己套上一个道德高尚的帽子。生活中特别喜欢讲对错的人,常常自封自己为一个讲道理的人,或者是一个认真的人,或者是一个有原则的人。实际上,如果让这种人去做心理测量,会发现他们中的绝大多数都是自私人格。所谓特别喜欢讲道理,其实就是把自己个性化的喜好当作真理的标准,并强迫自己的亲人遵守,以满足自己的喜好,这是以自己的喜好代替别人的喜好,其本质是一种自私。

家庭中只要有一个人是这种特别喜欢凡事讲道理的人,就会举家不宁,导致所有人都痛苦不堪,因为他不是一个人跟自己讲道理,而是要大家陪着他一起讲道理。当然,他讲道理的对象主要是他感到关系亲密的人,在面对外人时,他是不能推广这种道理的,因为他面对外人时没有安全感,别人也不会理睬他。让他感到安全的人,多半都是爱他的人或者对他很好的人。所以,凡事都喜欢讲道理的人,其行为本质上是谁爱他、谁对他好,他就让谁难受,这是一种非常自私的行为。

在生活中,面对"对与错"时要以看开、看空为主,讲究对错为辅,生活中只存在大是大非,不存在小是小非,小事情没有约定俗成的对错标准。比如,是否要孝养父母、是否要学习、是否不能触犯刑法等是一定要讲对错的,但生活中的大部分事不能讲对错!工作中的事情则正好相反,大部分要讲对错,少部分要模糊!

有少数人持偏激思想，凡事非得争个明明白白，越讲对错，苦恼越多。其实，如果读书多了，经历多了，世界走多了，你就会发现生活中哪有那么多对错。即便是大是大非，也是经常变动的！这世上几乎没有万古不变的常纲！

四十几年前，男女出轨是有可能被判刑的，即使不判刑，被工作单位开批斗会、被开除公职是很常见的。如果按照这个标准来处理男女关系，2023年的监狱会装不下人。

三十几年前，人们谈起结婚恋爱，绝对是指男女结婚恋爱，这是大是大非问题。现在世界上已经有37个国家允许同性恋结婚，中国的心理学界也有观点认为同性恋犹如左撇子，是一种正常的恋爱形式，这个大是大非的问题也在逐渐改变了。

二十几年前，领结婚证和结婚是件很严肃的事情，但是当前上海市"90后"已结婚者的离婚率已经达到40%左右，有几个数学教授用数据模型预测了"90后"30年内的离婚率，其中最保守的估计是75%。当然，这件事最好不要被证实。

有一对青年男女领了结婚证，第二天就办了婚礼，宴会上来了许多宾客，热闹非凡。新娘穿着婚纱款款而出，新郎不小心踩着新娘的婚纱，新娘一个趔趄倒地。新娘是个厉害的角色，站起来后，在光天化日之下、众目睽睽之中，给了老公一个耳光，这老公也不是省油的灯，立刻奋起神威，一个扫堂腿，就把老婆扫倒了！离婚！立刻离婚！二人马上就办了离婚手续！

十年前，在复旦大学、上海交通大学、上海财经大学、武汉大学等高校，学生是以勤奋为荣的，至少没有人公开声称其以懒为荣，这绝对是个大是大非的问题。但现在情况已经大为不同了，某高校的学生在学校网站上公然刷大标语："我们就是懒！不要和我们比懒！因为我们懒得跟你比！"

五年前，中学生写诗都是很严肃的，但请看现在中学生写的诗《努力奋斗！》：

> 朋友！请不要停止你的脚步，
> 理想需要不停地去追逐！
> 千万不要害怕，
> 黑夜过后是日出！
> 不要害怕辛苦，
> 美丽的汗珠是祝福！
> 朋友，请记住：成功就在下一步！
> 来！
> 迈开大步！迈开大步！
> 啊！掉粪坑里了。

我们举了那么多例子,可见万古不变的常纲、天经地义的准则是很少的,大多数是非标准的,都是容易变更的。相当一部分有心理问题的人,经常掉到是非观念太重的坑里,顽固地认为某些事情就必须这么干!如果没有这么干,就"气死我了"!

2. 对是非观与幸福感的关系把握不足

生活中是非观太弱也是必须反对的,这样的人在生活中照样会活得痛苦不堪,甚至严重不适应社会环境。

幸福感和对错观的关系是抛物线关系,如图 4-1 所示。

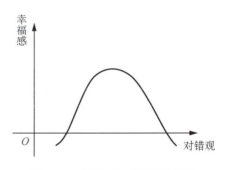

图 4-1 幸福感和对错观的关系

是非观还存在于如何对待他人和如何对待自己的问题上。对他人是非对错要求高,对自己要求低,会让周边亲友非常痛苦,导致人际关系质量差,社会支持系统力量弱,个体自己也很痛苦。人们常说他们样样看不惯、较真、心眼小、钻牛角尖、心胸狭窄、一根筋、倔驴、为人刻薄。这些民间用词都是定义模糊的,各地的说法不同。这类人很容易产生各类身心疾病。仅仅对自己的是非对错要求高,也是很痛苦的,人们常说他们是完美主义、强迫症、好人、特别认真、敬业精神高,并把极端的称作圣人。这类人也很容易产生各类身心疾病。还有一类人,他们对他人的是非对错要求很高,对自己的是非对错要求也很严格。他们可以用上述所有的词来形容,这类人同样特别容易产生各类身心疾病。

这类管理者潜意识深处的价值观排序是:纠正错误比人生幸福更重要!

事实上,纠正错误是达到人生幸福的手段,人生幸福是纠正错误的目的,在价值观排序中,人生幸福比纠正错误更重要!当纠正错误与人生幸福发生矛盾时,应当舍弃纠正错误而保留人生幸福!

人们常犯的错误是将手段变成目的!比如,金钱是人生幸福的手段,许多人把追求金钱当成人生的目的,为了金钱不惜损害健康、破坏家庭、违法犯罪等,这是典型的目的异化,把手段变成了目的!

纠正错误比人生幸福更重要!必须从思想上深刻地意识到手段变目的的错误,从灵魂深处改变价值观排序,必须认识到人生幸福比纠正错误更重要。这样才能让生活更加和谐!让自己更加幸福!

如果读者属于本章中所阐述的种种因素导致心理压力和负面情绪的类型，并已达到抑郁症和焦虑症的临床标准，就需要通过吃药和心理干预进行系统治疗。

如果用催眠进行心理干预，比较好的方式是在处于催眠状态时把本节内容再讲一遍！

特别要提醒的是：对错观非常高并泛化到家庭生活中的管理者及其家人，特别容易得心身疾病。他们中常见的疾病类型有高血压、糖尿病、甲状腺结节、乳腺结节、类风湿关节炎、肩颈痛、腰背痛等，而且他们往往年纪不大却容易得癌。这些病都是心理问题和生理问题共同导致的，必须坚持传统医药治疗和心理干预同时进行，这样应对效果才比较好！

第四节 太极型工作方法泛化导致家庭问题泛化

一、太极型工作方法泛化导致家庭问题泛化的常见情况

在公共管理工作系统中，有一类型工作可以称为太极型工作，其工作的主要特点是：以慢功化解矛盾，工作方式以务虚为主，说话方式高度原则化，说话内容抽象，领导的表态基本上是放之四海皆准的。这种工作特别讲究说话艺术和文字艺术。太极型工作系统中隐藏了一小部分回避型障碍患者。由于回避倾向严重，他们往往无法适应其他工作。在太极型工作系统中，回避问题反而在某种程度上成了优点。此时，这些人就有了一定程度的适应性，他们在工作中虽不能说如鱼得水，但常能得到遇事稳重的评价，有的人还能得到升迁。在国有企业中有少量的太极型工作，在民营企业中太极型工作非常少见。

太极型工作主要存在的部门有两个：一个是部分行政工作部门，如外事口、政策研究系统、对外发言人系统、接待系统、信访系统等许多协调性的工作系统；另一个是党务系统，如思想政治系统工作、共青团工作、工会妇联工作、宣传系统工作等。

这类工作中，直接面对主要问题时反而工作效果差。此时，管理者是急不得的，需要有如太极的功夫，慢慢来，四两拨千斤，化有形为无形，说话站位高，四平八稳，说话做事高度原则化，使对立面难以攻击。比如，下面是一篇笔者在许多年前发现的通用讲话稿，这稿子的口气是老了一些，现在不能用了，但对理解问题是有好处的。当然，笔者已经对该通用讲话稿进行了艺术加工改造，其背景细节和真实案例已不一致，只不过揭示的道理并未改变，因此，对号入座是不必要的。下文发言稿中的横杠之上可以填充任何内容。读者们不妨在空白处填上您所假设的一种会议主题(比如"在加入WTO背景下的行业发展""网络时代的营销模式创新""全面开展质量管理运动""减轻学生负担""抗洪救灾""马路

菜场改建""军队转业干部安置""绿色粪坑技术推广"等),并代入角色朗读一下,就会发现其"通用"的程度了。

领导通用总结发言稿
（适用于 80% 的会议的最后总结发言）

同志们：

　　今天,我们在这里召开的会议,我认为是十分必要的,这对于工作的开展具有十分重要的指导意义。对于刚才×××同志以及×××同志的讲话,我认为讲得非常好,非常深刻！希望在座的同志认真领会、深刻理解。回去后,要传达×××同志及×××同志的讲话精神,并且认真落实、真抓实干,推动工作的顺利开展,努力开创工作新局面。

　　对于_____工作,我提几点补充意见。不对之处,敬请斧正。

　　一、对于_____工作,我们要从思想上提高认识,充分领会_____工作的重要性和必要性。

　　目前,_____工作已经开创了很大的局面,获得了很大的成绩,这是有目共睹的。但是,还要从深度与广度上加以推进。最重要的一条是提高认识！各级领导要充分领会_____工作的重要性和必要性,各级党组织要加强对_____工作的宣传力度,形成上下齐抓共管的局面。只有这样,_____工作才能更上一层楼。

　　二、对于_____工作,要加强落实,要把_____工作抓到实处。

　　目前,有个别同志、个别部门存在一个很不好的现象,就是热衷于搞形式主义,热衷于开大会,传达文件。当然,开大会是必要的,上传下达也是必需的。但是,光是讲空话、打官腔是远远不够的。对_____工作,要真抓实干,加强落实。各级领导要把_____工作列入日常议事日程,要具体部署、认真执行！

　　各级领导要为_____工作创造必要的物质条件和舆论环境,扎扎实实地推动_____工作的开展。要抓出实效,抓出成绩！努力开创_____工作新局面！

　　三、要加强协调工作。

　　历史证明,团结与协作是一切组织生存、发展、壮大的首要条件。关于_____工作也一样,各级领导要加强协调工作,要把上下、左右、各方面、各环节有机地结

> 合起来，步调一致地推进_____工作的开展。目前，有些部门遇事推诿、互相扯皮，这种官僚作风十分要不得！这种作风轻则影响我们的威信，重则导致社会不稳定！我们必须坚决铲除这种官僚作风！
>
> 　　四、要在实践中探索工作的新思维、新方法、新路子。
>
> 　　同志们，世界是发展变化的，变化是有规律的，规律是可循的。我们一定要与时俱进，开拓创新，根据新的情况和新的条件，在实践中不断地探索_____工作的新思维、新方法、新路子，这是一个非常有意义的问题。在这里我号召各位同志回去认真思考一下、研究一下，这是非常有必要的。
>
> 　　五、参与_____工作的同志，要有自豪感和责任感。
>
> 　　同志们，对于_____工作，政府是非常重视的，各级组织也投入了大量的人力、物力、财力来推进工作。同志们，你们承担的工作肩负了各级组织对你们的殷切希望，应该具有光荣感、自豪感和责任感！要同心同德，努力工作，在各自的岗位上奋勇拼搏！
>
> 　　以上五点，供各位同志参考。总之，大家要振奋精神，多干实事，少说空话，开拓进取，努力开创_____工作的新局面。
>
> 　　谢谢各位！

这篇讲话稿的特点就是永远正确。只要听众不同，就可大胆使用。当然，现实生活中的情况未必全部如此，但部分领导者的讲话多为"套话"，在各种会议上的讲话内容差不多也确是事实。在某些工作中，特别是在某些需要"外交辞令"的场合，这么做当然是万般正确的，但麻烦的是如果把这种思维方法泛化至家庭或生活中的其他场域，就会导致矛盾积累，直到拖延至问题恶性爆发，进而给管理者带来严重的心理压力和负面情绪体验。

二、太极型工作方法泛化导致家庭问题泛化的案例及其干预

1. 太极型工作方法泛化导致家庭问题泛化的案例

笔者就讲一个案例，来帮读者加深理解。

樊某是一位负责对外沟通的管理者。有一次，笔者与樊某共同走到上海市西藏路与南京路交叉口，靠近上海市政府大厦处，遇一欧美人问路，其大意为：他内急，他询问哪里有厕所。樊某一看是个老外就特别热情，一时没有分清角色，将工作观念泛化至生活中，站在四岔路口，手指朝四个方向指了一指，朗声骄傲地答道："朝这四个方向走下去，都是有厕所的。"老外愣了愣，又问道："哪个近一些？"樊某答道："距离相差不是太远！"随后我们走了，我转头一看，这老外得到热情的指点后仍在原地打转。

樊某的类似指示还有很多，比如关于部门如何抓考勤的问题，他会说："我的意见是非常明确的，我们不是工厂，考勤上班下班，不能卡得那么死，总的原则是：紧中有松，松中有紧，要弹好钢琴！"

这种将思维方法泛化到生活层面的最大问题是什么呢？首先，来访者会不知不觉地对外界信息进行高度偏态的选择吸收，进行高度的自我欺骗，告诉自己问题不严重，拖延问题的解决，使得问题累积发酵，导致恶性事件爆发，反过来又会给来访者形带来巨大的心理压力。其次，根据萨提亚心理学，大概70%的子女潜意识里容易不知不觉地模仿同性别父母一方的行为模式，即大约70%的儿子会模仿父亲，大约70%的女儿会模仿母亲，大约20%的子女潜意识里模仿异性别父母的行为，剩下的10%则以社会权威为模仿对象。

上述例子中的樊某作为父亲，就容易把同性别的儿子培养成回避型人格，反过来这又给父母形成巨大的压力

请看樊某妻子哭诉的樊某在家里处理问题的方式：

① 樊某妻子和樊某商量："我们今年过年是回老家过年？还是在上海过年？"

樊某的回答是："我知道了！"

樊某妻子进退两难，不知道怎么办。

② 樊某妻子的同学中秋节送了两盒月饼给樊某妻子，樊某妻子吃不准接受月饼是否违规，就问樊某："这两盒月饼能不能拿？"

樊某回答："按规定办！"

樊某妻子还是不知道怎么办。

③ 樊某特别喜欢做工作计划，似乎计划做好，工作就基本完成了。他儿子不知不觉地也在潜意识里拷贝父亲。父子两人商量着要加强英文学习，第二天，儿子就交出9页纸的英文学习计划，英文不好的焦虑感消失了一大半，后面就不了了之了。这就是回避型人格的经典做法：以计划代替行动。

④ 樊某开会特别多，后来笔者发现在樊某的潜意识中有"开会≈工作已做好"的观念，导致樊某特别重视怎么说，认为"说"约等于"做"，重视表态。结果他儿子不知不觉地也在潜意识里拷贝父亲，模仿了父亲的行为模式，经常以说代做，嘴上喊的口号大，目标宏阔。比如学习成绩不好时，儿子也很焦虑，如何缓解这个焦虑呢？他儿子以宏大的口号和目标来缓解当下的焦虑，赌咒发誓说未来一定要考清华大学，于是当下不及格的焦虑就缓解了一些，这是典型的回避型人格。

⑤ 樊某的儿子模仿父亲，导致拖拉严重，成绩非常糟糕，只好转入一个学习难度低点的学校。到了新学校，他儿子在潜意识指挥下，在自我介绍中不知不觉地加了一句话："我姓樊，我家世世代代都姓樊。"引起全班哄堂大笑，等他儿子发现说错了话已经来不及收回

了，根据萨提亚心理学，这也是潜意识里不知不觉地模仿父亲，说放之四海而皆准的废话的结果。说废话也是回避型人格的经典体现。

诸如此类的事情还有很多，比如，他儿子假期去应聘，招聘官问他："你为什么选择我们公司？"他答："因为你们在招聘。"招聘官问："你能为我们带来什么？"樊某儿子答："我能为你们带来一名新员工。"

⑥ 儿子中学谈恋爱时，樊某没反对，当樊某妻子发现儿子女朋友的肚子似乎大起来了，就告诉了樊某，樊某的潜意识按惯例自动指示自己慢慢来，对信息进行选择性吸收，对自己进行自我安慰，以缓解当下压力。因此，樊某作出判断：可能性极小极小。结果导致错过了打胎时机，樊某"喜"当爷爷，这又导致他严重失眠！

⑦ 樊某75岁的母亲突然发生了严重的便秘，妻子提醒会不会是肠癌。接受这个观念是会有巨大的心理压力的，樊某断然回避，否认这种可能性，顿时觉得压力小了。于是拖了许久才去医院，结果母亲得肠癌死了，樊某十分自责，痛不欲生。

⑧ 樊某自己也有拖延治疗导致病情恶化的情况，只不过没有致命。

2. 本案例的干预方法

樊某因心理压力大来找笔者进行心理干预。笔者对樊某的治疗方案比较简单，就是对樊某与儿子同时进行干预，要求他们学习下面的心理干预附件，朗读一千遍，抄写两百遍！并让樊某每天运动半小时，后来樊某与其儿子的回避型倾向明显减少，心理压力也相应地减小。

心理干预附件：回避-拖延型人格批判

本书对回避型-拖延人格的定义是：遇到困难、问题、挫折时，个体习惯性地、本能地、大量地以回避的方式应对，造成对环境的严重不适应。

有回避型-拖延人格的个体不能及时地处理生活问题，使得问题堆积发酵，最终造成极强的负面情绪体验。因此，他们往往有比社会平均水平更高的抑郁症及其他心身疾病发病率。

（1）回避型-拖延人格者回避问题的主要方式有以下13种。

① 行动拖延，即通常所说的特别严重的拖拉病。但他们一般会配合做工作计划，建立宏大理想，进行自我欺骗，用过会儿就做的想象平衡内心的内疚。

自我欺骗：以旁人看来不客观的方式欺骗自己，使自己感觉问题已不存在。比如，回避型-拖延人格者的配偶如果出轨，他是看不见的，即使有明显的信号，也会被他歪曲成可以接受的。又如,回避型-拖延人格者头一次上女朋友家,未来岳母非常讨厌他,烧的菜都与滚蛋有关,如汤圆、包子、虎皮蛋等,但回避型-拖延人格者欢喜得很,在他看来,这是岳母希望一家人早日团圆。再如,肥胖的回避型-拖延人格者会自我安慰:胖好!刮台风的时候稳。

宏大理想代替行动:以未来宏大的理想掩盖现在行动上的拖延,以减轻自己的内疚感。比如,现在学习成绩很差,却赌咒发誓一定要考上清华大学。

计划代替行动:以做详细的工作计划代替行动,以平衡自己的内疚感。公务员家庭的孩子尤其擅长此种方法。

② 嗜睡:睡得特别多。为了回避现实问题,他们在潜意识指挥下两眼一闭,认为这样就问题皆无了。

③ 归因朝外:找失败的原因时主要到外部找。都是父母的错、配偶的错、兄弟的错、同事的错、公司的错、机关的错乃至社会的错,总之,不是自己的错,这样心里就更加舒服了点。

④ 随意撒谎:习惯性地以撒谎应对眼前困难。这种谎言的质量比较差,如果放任不管,后面麻烦更多。比如,骗父母说"作业已经做好了",而不管这种谎言是否会被马上戳穿。当然,有的人的撒谎是经过认真思考的,质量偏高的,不属于这里所说的随意撒谎。

⑤ 象征行为:只做小部分的、容易做的行动以做象征,并以之代替实质行动。比如,面对考试,买许多的参考书来代替认真学习,来平衡自己的内疚感。又如,男人不愿面对工作中的艰难,缩回家里不外出工作了,于是装模作样地炒股,好像也在工作似的。再如,深夜夫妻吵架,老婆大吼:"我一分钟也不想看见你",回避型-拖延人格的老公立刻把灯拉黑了,觉得这是解决问题的正途。

⑥ 电子游戏瘾:用电子游戏里的英雄形象补偿现实生活中的狗熊形象。特别喜欢玩电子游戏,是相当典型的回避型-拖延人格的特征。

⑦ 答非所问:回避型-拖延人格者中至少有一半左右的人有答非所问的习惯,原因是直接回答问题会有心理压力。所谓的答非所问,主要是指讲一些放之四海而皆准的废话。比如,回避型-拖延人格者严肃地宣布:"根据我多年观察,我终于发现了股市的规律,就是有涨必有跌!"

⑧ 过度乐观:回避型-拖延人格的人常常夸大乐观的作用,表现为过度乐观。但如果运气不好,回避问题就会导致问题积累发酵严重,此时,他们又会变为极度悲观,进而有可能患上抑郁症。

⑨ 形式主义：以喊口号、刷标语、召开会议、让大家填表格等代替实际行动。

⑩ 白日梦：部分回避型-拖延人格者喜欢做白日梦，想象自己未来功成名就、众星捧月的样子，以此麻醉自己，逃避现实问题。

⑪ 补偿反应。比如，非常希望好好学习，又不愿意奋斗，于是找一个学霸女朋友或者学霸老婆补偿自己；非常希望创业发财，但是不愿意吃创业的苦，或者创业失败了不敢再尝试，于是在自媒体上发表无人看的财经小说聊以自慰；自己阳痿了，不是勇于接纳并积极治疗，而是黄话连篇，好像很好色的样子；特别想找女朋友，又没有勇气，于是拼命给网红女主播打赏。

⑫ 抓次放主：优先解决次要问题，把主要问题放一边，原因是主要问题难解决，次要问题容易解决。比如，饭店亏本的主要原因是厨师长选错了，回避型-拖延人格的人会真心认为亏本的主要原因是菜谱的名字没取好，于是将卤猪耳朵改名为波格儿，将红烧猪蹄改名为走在乡间的小路上，仿佛万事大吉。

⑬ 行为退缩：遇到困难、压力或挫折，个体的行为向低年龄方向转变，以孩子的方式应对成人的问题。比如，遇到单位辞退，干脆不上班了，不去找工作了，龟缩在家里，整天琢磨彩票中奖的规律，仿佛是在工作，或者要研究股票市场的规律、期货赚钱法则、龟缩在家里是典型的退缩行为。

回避型-拖延人格者不一定会采用上面全部的回避方式，他们可能会用其中的一种或几种。

（2）笔者倾向于认为回避型-拖延人格没有基因性，回避型-拖延人格的主要来源有两个：第一个来源是对同性别父母的模仿，70%的回避型-拖延人格者是在潜意识里学习和拷贝了其父母的回避型-拖延人格；第二个来源是个体人生体验中有以回避方式应对问题而获得好处的重大体验。笔者曾碰到一个回避型-拖延人格者，因为其行为拖拉，没赶上飞机，其家人还和他吵了一架，结果那架飞机掉了下来。他庆幸不已，从此从一般拖拉行为变成严重的回避型-拖延人格。

（3）回避型-拖延人格在特殊的情况下还会成为职场优势，这主要出现在某些国家的某些政府机构中。这些机构有着拖拉、敷衍、淡化、形式主义的组织文化。回避型-拖延人格被贴上了成熟、稳重的标签，倒有不少人可以升迁的；勇于面对问题、锐意进取的人反而升不上去。

（4）回避型-拖延人格不一定发展成抑郁症。比如，他的运气比较好，人生比较顺利，面对的严重问题不多。又如，她嫁了个好老公，是一个超级行动主义者，把问题弥补了，生活也是快乐的。或者在某个单位，回避-拖拉人格反而成了优势，人生倒也是幸福的。多数回避型-拖延人格者的最终生活状态很糟糕,特别是年龄越大,积累的问题越多,苦恼越多!

回避型-拖延人格的案例还有:

父亲问回避型-拖延人格的儿子:"康熙雄才大略,八岁就做皇帝管理天下,儿子,对此你有什么感想吗?"

回避型-拖延人格的儿子说:"那是他爹死得早!"

失恋的回避型-拖延人格的男子喜欢吟这类诗:

当心爱的女人披上了婚纱!

伤心欲绝的我披上了袈裟!

改不掉麻将癖好的回避型-拖延人格者,对《三国演义》的读书体会是:刘备三顾茅庐说明三缺一是一件多么痛苦的事!还有人仔细研究电视剧《西游记》中沙僧挑的担子是什么:肯定不是衣服!剧里从头到尾衣服都没换。肯定不是吃的!四人一路都是化缘的。一定是麻将!正好四个人嘛。说明搓麻将有助于伟大事业的成功!

总之,回避型-拖延人格者很容易将自己的不良行为合理化!笔者给一般回避型-拖延人格者的纠偏处方是:深刻地学习本文,放下心理防御,深刻反省自己的过失,至于特别严重的,则会给予催眠调整。

第五节 工作应酬导致抽烟成瘾损害心身健康

在公共管理系统中的工作好坏、国有企业的效益如何,民营企业的业务多少,在相当程度上取决于交际能力和协调能力。应酬繁重是管理者面临的普遍现象,必然导致有很多机会要烟抽或者必须抽烟,于是,有部分管理者抽烟就多了。同时,过大的工作压力也会导致个体用抽烟来缓解压力。此外,抽烟也被很多管理者用来提高工作效率。由于抽烟对于缓解压力和提高大脑活力的效果是边际递减的,到后期就需要更多的香烟来刺激,才能达到早期少量香烟的效果。

一、抽烟的危害

抽烟对人的健康危害巨大。烟草已被世界卫生组织确定为一级致癌物,有研究报告认为,烟草的烟雾中含有69种致癌物,这些致癌物会引发体内关键基因突变,使正常生长控制机制失调,最终导致细胞癌变。长期吸烟者的肺癌发病率比不吸烟者高10—20倍,喉癌发病率高6—10倍,冠心病发病率高2—3倍,循环系统发病率高3倍,气管炎发病率高2—8倍。吸烟还可以导致结肠直肠癌、乳腺癌和急性白血病,还可以导致Ⅱ型糖尿病,并且可以增加糖尿病患者发生大血管和微血管并发症的风险。烟草的烟雾中含有多种可以影响人体生殖及发育功能的有害物质,吸烟大大增加了阳痿的发生率。英国一项历时40年的研究证明,中年吸烟者的死亡率为不吸烟者的3倍。有成员吸烟的家庭中,16岁以下的儿童患呼吸道疾病的要比不吸烟家庭的多。在不吸烟的家庭中,33.5%的5岁以下儿童有呼吸道症状,在吸烟家庭中,这个数字却是44.5%。

抽烟有成瘾性,当吸进一口烟后,只需要7秒钟,尼古丁就钻进大脑,并且开始发挥作用。很快,尼古丁会找到大脑里面特定的接收器,然后与其紧紧地结合在一起。尼古丁和接收器结合后就会让大脑不正常地大量释放出一种名叫多巴胺的化学物质,这些多巴胺会让人产生异常的愉快感,并且不断想要重复这种感觉,这就是尼古丁成瘾。

抽烟的害处很多,这里不多叙述,读者若有兴趣可以查到无穷无尽的资料。

二、烟瘾的戒除

笔者帮助过许多人戒除烟瘾,主要方法如下。

(1) 练习身心柔术,作为戒除烟瘾的辅助手段。

烟瘾轻较者,可以以练习简式回春身心柔术;如果烟瘾严重,就需要练习松静身心柔术,如果特别严重,就需要练习龟形身心柔术。身心柔术同样会产生多巴胺和内啡肽,产生愉悦感,因此,它对戒烟有帮助作用。

(2) 催眠戒除烟瘾。

用催眠戒除烟瘾是一个非常有效的办法,也是笔者主要使用的办法,主要做法是在催眠状态下使用厌恶疗法,基本处方如下。

① 导入催眠状态。

② 双手点风池穴。

③ 想象得了肺癌非常的痛苦,非常的难受,把潜意识停留在图4-2。

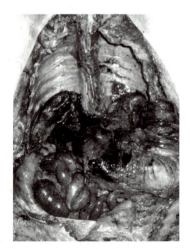

图4-2 肺癌图示

④ 想象得了肺癌,在医院里抢救,肿瘤阻塞了器官,憋气很难受,人瘦骨嶙峋的,并把注意力放在图 4-3。

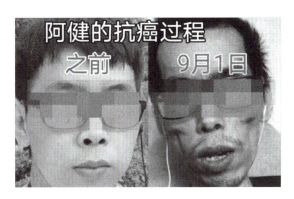

图 4-3　抗癌身体变化

⑤ 如果是已婚者,则想象配偶因为抽烟提起离婚。

⑥ 想象爱人吻你的时候使劲嚷嚷:"吻你怎么就像吻个烟灰缸。"

⑦ 想象给你烟的人在和善的面孔下隐藏着一个面目狰狞的魔鬼灵魂,这些给烟的人都是魔鬼,是来害你的。

⑧ 指令抽烟时身体停止产生多巴胺。

⑨ 输入戒烟的指令。

⑩ 想象戒烟后神清气爽身体健康的样子。

⑪ 潜意识指挥免疫力上升,杀灭癌细胞。

⑫ 适当地重复 2—11 步骤,总计催眠一小时。

⑬ 解除催眠。

如果是笔者来做催眠,那么多数情况下,来访者在接受 5—8 次催眠后能戒除烟瘾,少数例外。

(3) 现实生活中,让来访者的爱人在亲吻来访者时嚷嚷:"吻你怎么就像吻个烟灰缸",作为辅助戒烟手段。

(4) 书法戒烟。用毛笔抄写以下打油诗,作为辅助戒烟手段。

饭后一支烟,

阎王来召见;

起床一支烟,

阳痿万万年。

少数来访者在仅仅抄写了几十次打油诗后，就戒除了烟瘾。

第六节 亲友求助过多形成心理压力

一、亲友求助过多形成心理压力的常见情况

政府部门领导、国有企业干部、民营企业高管经常面临的一个问题是：亲友求助太多，个人穷于应付，进而带来巨大的心理压力。常见的亲友求助如下：

① 向管理者借钱，而这些钱多半是不会还的，造成管理者经济紧张。

② 要求管理者提供工作岗位，而求职者多半是不合格的。

③ 亲友违法后，要求领导部门打破规则，开后门，通关系，使其免于处罚或减轻处罚，让领导非常为难。

④ 希望管理者利用自身的影响力为其介绍生意，使管理者处于牢狱的边缘。

⑤ 希望管理者利用自身的影响力干预其子女入学，当然，求助者肯定是分数不达标的。

⑥ 希望管理者提拔其关系户，而这些关系户多半是滥竽充数的。

⑦ 希望管理者为其在应酬中出席站台，提高其影响力，但这种应酬一多就非常累人。

⑧ 亲友直接到管理者家中常住，蹭吃蹭喝，数量一多，就会带来很大的心理压力。

上述亲友求助，会给许多管理者造成很大的困惑，带来很大的心理压力，成为许多管理者负面情绪的重要来源。对此，简单地、直截了当地拒绝当然也是可以的，但这样操作性很差，会使亲友间人际关系非常紧张，管理者的心理压力也会很大。

二、亲友求助过多形成心理压力的应对

应对亲友求助，实现既拒绝亲友的不当求助，又能维持中国文化特有的情面，是需要很高的心理技巧的，笔者提供以下意见供读者参考。

（1）管理者先发制人，列出爱求助亲友的名单并先向这些亲友求助，提出较高的要求。此时，亲友因无法帮管理者忙而产生内疚之心，就不好意思反过来向管理者求助了，这会大大减少亲友求助的数量。比如，管理者如果觉得向自己借钱的亲友太多了，自己穷于应付，就可以列出爱借钱的亲友名单，编个理由主动向他们借钱，且将借钱的数额定在对方根本不可能出借的数额之上，此时，由于亲友无法借钱给管理者，大多数亲友会产生内疚心理，以后也就不好意思找管理者借钱了。管理者的借钱理由是容易找的，如给孩子买

房、孩子出国留学等,管理者应积极主动地根据各自的特殊情况寻找理由。

管理者向亲友借钱还有一个好处,可以暗示管理者是清廉的。

当然,管理者想先发制人地堵死亲友的求助之路,不一定要使用借钱的办法,其他办法也是可以的。这需要当事人根据个体情况不断创新。笔者有一个学生,曾是一位管理者,为堵死其亲戚的不当求助,曾经用了个极其奇葩的借口。这借口的效果很好,于是他非常得意地分享给了笔者。他的女亲戚希望出任不能胜任的美差,在他悄悄地知道女亲戚不可能怀孕的情报后,就提出请女亲戚替自己的儿子代孕,对方自然是不可能答应的,他就做出不高兴的样子,女亲戚也就不好意思来求美差了。

当然,管理者要先发制人向亲友求助,借钱是一个比较容易操作的方式。

(2) 如果管理者没有先发制人地堵死亲友的求助之路,亲友已经上门求助,管理者可以提出反诉要求。管理者可以在热情地表示会认真对待或先了解相关情况之后,当场向亲友反诉要求。需要注意的是,这个反诉要求不能是借钱,否则会引起很大的误会,被认为是索贿。其他涉嫌违法的反诉要求也不能提。管理者可以事先准备一些不常见的且对方难以办到的要求。比如,可以和求助的亲友说:"你放心,我去了解一下,看看有没有这笔生意可以介绍给你,我会认真去办的,但你要先帮我办个事。你不知道啊,你嫂子现在是更年期,脾气可坏了!要求也非常奇怪,我是头昏眼花呀!她要求买个冰箱,上面制冷,下面制热,我也没有时间去找,太忙了,你帮忙去找一下。钱没多少,我来付,关键是难找。你帮个忙,解决这个事。"

上面这个要求对方自然是做不到的,那么,不帮亲友介绍生意也比较顺理成章了。这种无法完成的任务例子还有:帮侄女介绍一个年龄27岁以下,帅气,净资产一千万元,985学校毕业的男朋友,富二代不要,富二代都是没出息的。

这种无法完成的任务要事先准备好,临时去想是很难想出来的。管理者必须发扬创新精神,创造出许多无法完成的任务。正是因为这些无法完成的任务不常见,不容易想出来,它们才显得真实程度并比较高,最后达成的效果也会比较好。

(3) 对于绝对不可能办的事,可以借同级管理者的故事暗示这些事是绝对不可能办的。比如,某位领导是副检察长,他可以在亲友群里公告说:"今天我有点倒霉,额头弄了点轻伤。我有一位副检察长同事,和老婆对打起来了。他老婆弟弟犯事,她却要老公去干预判案。现在什么气候,我那同事哪敢干这事,为干预判案这事已经有好多人被撤职了。结果两夫妻打起来了,我去劝架,一只杯子砸到我额头上了。"这位领导可以用口红在自己额头上抹点红色,拍张照片发在亲友群里。中国人更多是形象思维,图片的说服力更强,做完这些,对绝对不能做的事情的公告就完成了。

有人说这不是撒谎吗?心理学研究表明,不撒谎的人是不存在的。"我从来没有撒谎过"本身就是一句天大的谎言。这句话常被用在测谎心理量表中,来评估对方的撒谎程度。虽然人人都撒谎,但是撒谎的高低程度是有区别的,撒谎的目的也是有区别的,为了高尚目的而组织的一些谎言是可以接受的。如果直截了当地在亲友群里说,"亲爱的各位亲友,我做副检察长了,别找我干预判案呀!这事我做不成的"就显得过于生硬,容易破坏亲戚关系。

（4）在不违法、不违规且自身能力能够承受的范围内,适度地帮助亲友解决困难。

中国主流文化是讲究互帮互助的,因此,在不违法、不违规且自身能力能够承受的范围内适度地帮助亲友解决困难,也是应该的。

（5）和亲友保持适度的心理距离。和亲友心理距离太近,求助的亲友就会太多;和亲友心理距离太远,管理者的个人情绪就倾向负面,导致内心冲突过大。管理者应和亲友保持适度的心理距离,远则近之,近则远之。

（6）做好妻子、子女的思想工作,明确告知自己的做事底线,动员妻子、子女阻断亲友的不合理要求。做好妻子、子女的思想工作,也是一个关键环节,应发动妻子、子女的力量,把亲友的不合理求助要求消灭于萌芽状态。

（7）适度看淡亲情关系。有的管理者对亲情关系看得很重,这是没必要的。管理者需深刻意识到:一旦失去手中的权力,许多所谓的亲情就会烟消云散。很多亲情并非来源于对管理者本身充满感情,而是来源于对管理者手中的权力充满感情,对管理者手中的钱充满感情。如果管理者将亲情看得很重,迟早会受到沉重的心理打击。管理者不妨适度地把亲情看淡一些,这样既能减少亲友求助带来的麻烦,又能保护自己的身心健康。

第七节 社会化紊乱导致抑郁症

一、社会化与社会化紊乱

1. 社会化

社会化是个体在特定的社会文化环境中,学习和掌握习俗、生活方式、礼仪、知识、技能、语言、规范、价值观、特定仪式等社会行为方式,适应社会并积极作用于社会,并一定程度地创造新文化的过程。它是人和社会相互作用的结果。通过社会化,个体学习社会中的标准、规范、价值和所期望的行为。个体的社会化是一种持续终身的经验。

社会化是个体由自然人转变为特定环境下的社会人的过程,每个人必须经过社会化才能使外在于自己的社会行为规范、准则内化为自己的行为标准,才能适应特定的环境,这是社会交往的基础。社会化是人类特有的行为,是只有在人类社会中才能实现的。社会化涉及三个方面：一是社会对个体进行教化的过程；二是与其他社会成员互动，成为合格的社会成员的过程；三是一定程度上创造新文化。

2. 社会化紊乱

如果一个人的社会化过度或者不足，都会导致抑郁症。

社会化不足俗称"不会做人""一根筋""情商低"，严重的社会化不足会导致个体的严重社会适应不良，此时，人和环境高度紧张，人际关系冲突频繁，个体心境恶劣，就容易得抑郁症。在各国的公务员系统中，有不少的抑郁症者患者的病症是由社会化不足导致的。

社会化过度俗称"太圆滑""人情练达""人精""情商高"。严重的社会化过度会带来沉重的心理压力，此时，个体的表现形式和人的自然状态高度冲突，按人本主义心理学的观点，这是非常不人本主义的。在这种情况下，个体"做假人"的程度太高，心理的压抑体验也非常高，就容易得抑郁症。在中国、日本、韩国等国家，社会化过度是导致管理者患抑郁症的一个常见原因。在教师系统中，社会化过度也是导致教师患抑郁症的一个常见原因。

二、社会化紊乱导致抑郁症的干预

对于社会化紊乱形成的抑郁症，笔者的基础处方如下。

1. 对于社会化过度形成的抑郁症的基础处方

① 练习简式三式抗郁心身柔术。

② 学习笔者的《情绪管理心理学》一书。

③ 在无人处做些轻度违背社会习俗的事。

④ 取另外一个化名和身份，形成另外一个交际圈，放松心身。

⑤ 适当增加运动量，提高体内 5-羟色胺、多巴胺、内啡肽的分泌水平。中老年人以游泳、慢跑、散步为佳。

⑥ 针对性催眠调整潜意识。

⑦ 写《养心书文》。

⑧ 视严重程度至医院吃药治疗。

2. 对于社会化不足形成的抑郁症的基础处方

① 练习简式三式抗郁心身柔术。

② 学习笔者的《情绪管理心理学》一书。

③ 学习笔者的沟通心理学课程。

④ 适当增加运动量，提高体内 5-羟色胺、多巴胺、内啡肽的分泌水平。中老年人以游泳、慢跑、散步为佳。

⑤ 针对性催眠调整潜意识。

⑥ 视严重程度引导至医院吃药治疗。

三、社会化过度导致抑郁症的案例及其干预

1. 社会化过度导致抑郁症的案例

下面将分析一个案例,以便使读者更好地理解本节内容。

为方便读者理解和保护来访者隐私,本书中的案例经过了艺术加工改造,与真实案例已有所不同,不过揭示的道理没变。并且案例中的主人公全用化名,如有雷同,纯属巧合,请君勿对号入座!

有一位来访者告诉笔者,他从来不会随意拍领导马屁,若要夸领导,必须要处理得十分得体。有一次领导写了一篇文章,这文章属于杂文性质,周围的人都在夸领导写得如何好,称赞他妙笔生花、匠心独运、字字珠玑、浑然天成。唯独来访者提出一个批评意见:"如果这个文章的结尾这几个字改一下,整篇文章就是鲁迅的风格。"领导认为他最真诚,其他人都是胡扯!

这位来访者在工作时是绝对认认真真、兢兢业业的。对于他来说,一篇稿子改十几遍是常事,加班也是常事。最为难得的是他对待前来办事群众的态度特别和蔼,所谓的"门难进脸难看"是绝对不存在的。在扶贫运动中,他访贫问苦,与穷人交朋友,自己掏钱资助穷人,可以说是做到了楷模级。来访者诅咒发誓:他既无贪污,也从没有乱搞男女关系。

来访者就是这样事事小心。但是最近一次换届,他本认为肯定会被提拔的,结果却事与愿违,于是来访者患上了抑郁症。

笔者在听了他的故事后颇为感叹,觉得这等人情练达功夫是蛮难学的。

人为了适应社会,是必须社会化的,需要在一定程度上"做假人"。如果强行打个百分比,笔者的建议是在20%—40%的程度上"做假人"。"做假人"的程度太高或太低,都要出问题:程度太低,会导致严重的社会适应不良;程度太高,又会带来沉重的心理压力。上面这个年轻干部的心理问题就是因社会化过度,"假人"成分太多而导致的。

大多数心理疾病的产生都有青少年时代的原因,此位来访者的父母为优秀教师,长期给来访者灌输"人应该按照理性生活"的观念,这实际上就是"做假人"的意思。事实上,多数教师子女的社会化程度都会超过社会平均程度,这位来访者是其中特别极端的案例。

另外,来访者的面子观特别重,他不是为自己活,而是为他人嘴皮子活,但他人的嘴皮子是变化多端的,为别人嘴皮子活的人,其行为常常跟不上他人嘴皮子的变化,就会感到特别心累,这也是造成他患上抑郁症的一个原因。

此外,来访者的人生价值观特别单一,他的人生意义就在于官场升迁。价值观特别单一的人特别容易崩溃。中国自杀率最低的地区是西藏,为什么呢?因为西藏民众至少有两个人生价值。首先是认为应觉悟而摆脱轮回之苦(即成佛),其次是世俗的发财或者升官等。万一升官发财不成功,还可以成佛。但人生价值观单一的人就麻烦了,某维度价值

观没实现,心理就崩溃了。

2. 本案例的干预方法

如前文所言,对于社会化过度形成的抑郁症的基础处方如下。

① 练习简式三式抗郁心身柔术。

② 学习笔者的《情绪管理心理学》一书。

③ 在无人处做些轻度违背社会习俗的事。

④ 取另外一个化名和身份,形成另外一个交际圈,放松心身。

⑤ 适当增加运动量,提高体内 5-羟色胺、多巴胺、内啡肽的分泌水平。中老年人以游泳、慢跑、散步为佳。

⑥ 针对性催眠调整潜意识。

⑦ 写《养心书文》。

⑧ 视严重程度引导至医院吃药治疗。

针对上面的案例,笔者在基础处方上加减细化如下。

① 关于"在无人处做些轻度违背社会习俗的事"。

笔者了解到来访者有条件到农村去,就让来访者去偷菜,偷完菜再把钱悄悄地塞到农户家里去,要求是先偷菜后付钱。刚开始来访者觉得做此事非常困难,但后面终于可以做了,来访者反映做此事时有一种莫名的愉悦感!

随后,笔者要求来访者每周都到农村去慢跑,并且要求他在荒山野外无人处小便,进而要求他在荒山野外无人处大便。来访者刚开始做得极其困难,认为随地大小便极其不道德,后来终于可以做了。来访者反映这样做也有一种莫名的愉悦感。

其实,人的自然状态是完全认同荒山野外随地大小便是正常的,根本不会有不道德的感觉,不会有内疚感和罪恶感。在荒山野外大小便不道德这种观念,完全是后天制造出来的观念,是社会化的产物,而不是基因里面带来的。笔者让来访者做这些事,就是要打破他沉重的面具意识,恢复其真正的人的状态。

② 关于"取另外一个化名和身份,形成另外一个交际圈,放松心身"。

根据来访者的条件,经双方协商同意,笔者给来访者设计一个新的名字和身份。来访者给自己取名为"李城",并在网上加入一个羽毛球圈,定期去打羽毛球。他的网名为"泰山脚下一棵葱",身份为水产个体户。笔者要求他交朋结友,放下面具,放松心身。来访者反映换个身份后感到很开心!

③ 关于"练习简式三式抗郁心身柔术"。

笔者要求来访者照章练习即可。

④ 关于"学习笔者的《情绪管理心理学》一书"。

笔者发现来访者有讲课的能力,所以不但要求他看书,而且要求他学习笔者的情绪管理心理学视频课程后到单位或者其他地方去讲课,以讲代学,以讲促学,加深理解,加深内化。这样做的本质是使书中的内容深入渗透进潜意识,最终的效果极好!

⑤ 关于"适当增加运动量,提高体内 5-羟色胺、多巴胺、内啡肽的分泌水平,中老年人以游泳、慢跑、散步为佳"。

笔者建议的选择是游泳。

⑥ 关于"针对性催眠调整潜意识"。

笔者的细化处方如下:

A. 导入催眠状态;

B. 双手按风池穴排黑气;

C. 调整来访者的社会化程度;

D. 潜意识倒输来访者的 10 大优点;

E. 让其价值观多元化;

F. 破除面子观;

G. 引导其潜意识焦点为生活工作中的正面东西;

H. 引入"塞翁失马焉知非福"的观念;

I. 指出再次升迁的可能性;

J. 写《养心书文》。

⑦ 关于"视严重程度引导至医院吃药治疗"。

由于来访者为第一次报告抑郁症,而且心理干预效果非常好,笔者没有强烈建议来访者用药,仅是让其视难受程度自己决定。

四、社会化不足导致抑郁症的案例及其干预

如果个体的社会化程度严重不足,个体和环境形成巨大的冲突,也会造成严重的心理问题!

1. 社会化不足导致抑郁症的案例

下面分析一个案例,以便读者更好地理解本节内容。

来访者是 985 高校博士毕业生,男性,30 岁,未婚,技术性管理岗位,有严重的抑郁症,伴随长期失眠,深感人生没有意义,也苦苦追求思考人生的意义。他的体重减轻比较明显,不愿交际,自我评价非常低,觉得自己就是一个傻瓜,不适合官场工作,经常碰壁而且不知原因,最近被调离岗位,干无足轻重的工作。

经过和来访者深入交谈后,笔者发现该博士来访者的社会化程度严重不足,导致人际关系冲突不断。

比如,在夸奖领导时直截了当,用词夸张,并且他经常当众夸领导,给广大群众留下一

个爱拍马屁的印象,结果领导更不敢提拔他,因为提拔了他,领导就会被群众贴上一个负面标签:这位领导喜爱会拍马屁的人。

来访者也会在逢年过节时给领导送礼,但却常常不讨人喜欢。有一次,他看电视剧里有革命根据地群众十送红军的镜头,群众纷纷给红军塞鸡蛋。于是,他在端午节的时候给领导送了粽子加一筐鸡蛋,被领导拿到单位公开退回,弄得来访者十分尴尬。还有一次,他听说某领导喜欢喝茶,就送了两箱统一冰红茶给领导,也让该领导拿到单位公开退回。这事成为单位的一大笑话并被到处"传颂",弄得来访者十分尴尬!

这位来访者向领导提要求的时候也是简单直接的。比如,他要请三天假办私事,他会跟领导说:"领导好,我有一个小事要跟你说!""什么事?你说!""我家里有事,想请三天假。"

如果领导布置的任务过多,他会直截了当地拒绝道:"领导,我事情太多了,做不完!"

来访者在恋爱关系上也处理不好。他之前谈过一位女友,但女友主动提出了分手。事情的导火索是女友月经疼。显然,女友潜意识是在寻求关注和安慰,来访者只要表现出"关心""焦急""嘘寒问暖"就可以了!但来访者给她送了一盒止痛药。

诸如此类的事情有很多,导致他处处碰壁,心情抑郁,常年积累,慢慢演化成抑郁症,多次爆发。

2. 本案例的干预方法

如前文所言,对于社会化过度形成的抑郁症的基础处方如下。

① 练习简式三式抗郁心身柔术。
② 学习笔者的《情绪管理心理学》一书。
③ 学习笔者的沟通心理学课程。
④ 适当增加运动量,提高体内 5-羟色胺、多巴胺、内啡肽的分泌水平。中老年人以游泳、慢跑、散步为佳。
⑤ 针对性催眠调整潜意识。
⑥ 视严重程度引导至医院吃药治疗。

笔者在对来访者进行心理干预时,在基础处方上增加了针对高频率问题的指导。

① 关于如何夸奖领导的问题。

影响夸奖效果的关键是实现细节化、具体化、图案化、声音化,这样能给人真诚的感觉,宽泛、抽象地夸领导,特别容易给人留下马屁精的印象。

除非大家都在夸领导,一般不要当众夸领导!

请比较下面两种夸奖的方式:

> 您这个方案太好了！太高明了！
>
> 您这个方案非常有创新性，而且成本比较低，比较容易操作，最重要的是省了很多时间！

显然，上面这种夸奖就非常宽、泛抽象，下面这种夸奖比上面的效果要好。

② 领导布置任务过多时的婉拒方式。

笔者建议来访者变拒绝任务为请示领导，标明工作任务的优先等级，显示积极应对的态度，而不是消极地拒绝。

请比较下面两种婉拒任务的方式。

> 领导，我任务太多了，我不能接这个项目！
>
> 领导，我目前有三项工作，加上您刚刚布置的任务，一共有四项任务，我尽最大努力去尽快完成，我想请示您任务的优先等级，哪项是最优先需完成的，哪项是第二、第三、第四的，万一完不成，可以尽量少误事。

显然，后一种效果更好，因为后一种拒绝方式更加积极。

③ 如何向领导请私假。

笔者建议来访者采用二元相对平衡说服法，请假时，不是用语言，而是用肢体语言暗示发生了严重的事，提高领导的心理压力。此时，领导会以为来访者将提出一个巨大的要求。随后，来访者再提出自己的要求，领导会压力骤降，觉得来访者的要求很小，因此容易答应来访者的请假。

比如，请假时，头微低一点，肩膀微微上耸，腰微弯，声音稍微放大，音调放慢，说："领……导……我有一件事要和你说……"

这时领导会吓一跳，心理压力突然上升，以为发生了大事，说："你说！你说！"

"我家里有事，想请三天假！"

这时候领导会心里一松，感觉这事比想象的要小许多了，也就特别容易答应下来："去吧！路上注意安全！"

④ 给予男女恋爱方法指导，推荐阅读相关心理学知识。

⑤ 建议来访者换一个工作单位，到学校教书或者到科研性质程度高一点的单位去。

此外，笔者针对基础疗法的细化如下。

① 关于"练习简式三式抗郁心身柔术"。

要求来访者照章练习。

② 关于"学习笔者的《情绪管理心理学》一书"。

要求来访者认真学习。

③ 关于"学习笔者的沟通心理学课程"。

要求来访者认真学习。

④ 关于"适当增加运动量,提高体内5-羟色胺、多巴胺、内啡肽的分泌水平。中老年人以游泳、慢跑、散步为佳"。

要求来访者以慢跑的方式每天锻炼半小时。

⑤ 关于"视严重程度引导至医院吃药治疗"。

考虑到来访者曾多次发作,按世界卫生组织的要求,如有连续抑郁症发作,建议终身服药,故笔者建议来访者到医院开药。

⑥ 关于"针对性催眠调整潜意识"。

A. 导入催眠状态;

B. 双手按风池穴;

C. 调整来访者的社会化程度;

D. 增强来访者的换位思考倾向;

E. 强化来访者观察他人表情的倾向;

F. 调整来访者的潜意识焦点为正面;

G. 调整来访者的生理指标;

H. 把高频率问题意识状态指导输入潜意识;

I. 潜意识状态强调学习人际关系书籍。

需要特别说明的是,在当今的中国,人本主义心理咨询比较流行,但其流行不是因为效果好,而是因为操作简单。来自西方的人本主义心理咨询强调不给来访者建议,让来访者自己调整自己,西方实践的结果是人本主义心理咨询比较适合轻症患者。人本主义心理咨询在中国就更加水土不服,人本主义心理咨询会被评价为:"忽悠""咨询师啥也不懂""咨询师水平差""骗钱""这哪是什么心理咨询,就是陪聊天"。中国人习惯了权威指导,毕竟从小在学校做的作业都是有答案的。心理咨询师不给来访者任何建议,从中国文化来看确实难以接受。

当前,沙盘心理干预比较流行,这种方法有一定的效果,但其流行的原因不是治疗效果特别好,而是咨询师的进入门槛特别低,特别便于操作。咨询师只要把沙盘给来访者,让他自己玩就可以了,咨询师的作用是见证、陪伴、欣赏、倾听。如此,只需要学习一小时,就可以成为心理咨询师了,这样的心理干预虽然有效,但也只能对付症状很轻的心理疾病者。

第八节　保密心态过重导致当众讲话恐惧症

一、当众讲话恐惧症的定义

当众讲话恐惧症是指个体当众讲话时,感到紧张,出现胸闷、气急、头痛、出汗、口吃、发抖、手足无措等症状的其中之一或若干,但个体在非众人状态下和他人沟通正常。当众讲话恐惧症属于焦虑症的一种特殊形态。其中,口吃的当众讲话恐惧症患者在管理者中比较少见,在其他人群中常见。

二、当众讲话恐惧症的病因

1. 管理者的保密心态过重

演讲新手有当众演讲的恐惧是正常现象,不属于当众讲话恐惧症。当众讲话恐惧症在公共管理系统的职员中比较多见,在公共管理系统管理者中的发病率远高于社会平均数,其原因在于公共管理系统管理者的保密心态过重,对于同样的事情,公共管理系统中的官员和职员的保密心态要远重于其他组织的管理系统中的官员和职员。比如,对于夫妻冲突闹离婚,公共管理系统中的管理者非常注意家庭隐私,从不外传,对其重视程度大大超过社会平均数。他们认为这会严重影响个人形象,影响仕途发展,需要非常重视并予以保密。

无论是在意识里还是潜意识里,政府官员的保密心都很重,这就提高了其患当众讲话恐惧症的概率,因为100%保密的方法就是不说话。

患当众讲话恐惧症的管理者非常重视保密,当然,自己患有当众讲话恐惧症一事也需保密。于是,周围的人并不知道他们的领导每次当众说话都要经历一番巨大的痛苦。除讲话结巴的现象外,紧张、胸闷、气急、头痛、出汗等当众讲话恐惧症症状都不易被下属感知。患有当众讲话恐惧症的管理者每次当众讲话前都需要准备很久,都要经历严重的思想斗争,要克服重重心理障碍,要经过一番艰难的折腾才能走向讲台。许多当众讲话恐惧症患者讲完话以后就感到非常疲惫,部分还会大汗淋漓,然后转过身来,他们又变得心平气和,像啥事也没发生一样出现在下属面前。此时,来访者是感到非常痛苦的。

2. 曾受贿或者贪污或者有其他不法获利

在世界各国的公共管理系统中,个体患当众讲话恐惧症的另一大原因是曾受贿或者贪污或者有其他不法获利,个体主观感觉问题很严重,潜意识的保密心态也很严重,对于自己能否不"言多必失"没有信心，最终形成当众讲话恐惧症。

当然，主观感觉的问题严重程度和问题的客观严重程度是两回事，这个客观的严重程度并不是指法律法规显示的严重程度，比如，假设法律法规规定受贿 2 万元是要判刑的，但实际上在司法实践中，可能几乎没有或很少有人因 2 万元被判刑的。假定这种情况全国只有两例，在 2023 年的中国，因受贿 2 万元被判刑的概率小于当年在路上因交通事故死亡的概率。当前中国的人口数量大约为 14 亿，每年因交通事故死亡的约 7 万人，每人当年在路上因交通事故死亡的概率约 2 万分之 1，贪污受贿 2 万元的人恐怕是不止 4 万的。所以在这种情况下，如果某人收礼物累计超过 2 万元，一查法律条文是会被判刑的，他就会立刻魂飞魄散，惶惶不可终日。这就属于主观感觉的问题严重程度大大高于客观问题的严重程度，毕竟，没有人会因为约 2 万分之 1 的交通事故死亡的概率而惶惶不可终日，进而闭门不出。

当然，还有其他各类因不同原因而导致的管理者讲话恐惧症，但这些情况发生的概率比较小，种类也很多，如果全部一一细数，恐怕要写成百万字巨著，其实，对这些不同类型的当众讲话恐惧症的处理方法是类似的。

三、当众讲话恐惧症的干预

当众讲话恐惧症的心理干预基础处方如下。

① 每天练习回松心身柔术至少一次。
② 学习笔者的《情绪管理心理学》一书。
③ 适当增加运动量，提高体内 5-羟色胺、多巴胺、内啡肽的分泌水平。中老年人以游泳、慢跑、散步为佳。
④ 针对性催眠调整潜意识。
⑤ 视严重程度引导至医院吃药治疗。

对于由于受贿或者贪污或者其他不法获利而形成的当众讲话恐惧症，来访者是不会主动谈及此事的，如果心理咨询师询问此事，来访者也不会承认。撇开是否应和这种贪污受贿行为作斗争的道德问题，纯粹从治病救人的角度，就如本着人道主义对敌人的伤员也是要医疗救助的，我们该如何对这类来访者进行心理干预呢？

合理的办法是，假定不知道来访者的贪污受贿行为，在催眠状态或意识化状态下，给来访者讲述一个杜撰出来的对其他贪污受贿来访者的心理干预过程。这表面是在说别人的故事，实际是在对来访者进行干预。同时还要说明这些故事都经过艺术加工的，强调这是为了保护其他人的隐私。这样做的目的是让当下的来访者安心，否则，他会担心心理咨询师把他的故事也讲出去。

对于贪污受贿，且对自己消灭"言多必失"没有信心，保密心态浓厚的来访者，其他心理干预措施类同上述双性恋心理干预案例。

四、当众讲话恐惧症案例及其干预

1. 当众讲话恐惧症案例

下面分析一个案例,以便帮助读者更好地理解本节内容。

来访者沈某,男性,38岁,已婚,有一个5岁的儿子。当年以第一名的成绩从大学毕业,后在某211大学通过在职研究生学习,获硕士学位。来访者的父母为普通工人,父母关系不和,冲突不断。来访者11岁时父母离婚,法院判来访者由母亲养育。后来,来访者奋发图强,刻苦学习,顺利考入比较好的大学。

沈某做事严谨,敬业精神强,逻辑严密,行动力高,保密观念强,工作业绩比较突出,周围同事多对其予以好评。其仕途比较顺利,近年被提拔后,工作岗位发生变动,需要大庭广众之下讲话的概率大幅度提高,结果其出现了当众讲话恐惧现象:胸闷、气急、大汗淋漓,每次当众讲话都感到非常疲惫,但周围同事并不觉察。

沈某认为自己患当众讲话恐惧症的事也必须保密,否则将影响仕途,于是他到异地的某大城市精神卫生中心匿名治疗,却发现医生根本不予心理咨询,在谈话仅几分钟或十几分钟后就开药。此次治疗无效后,他又换城市找最顶级的精神卫生中心治疗,医生也不予心理干预,谈了几分钟话就开了数百元的药。他认为也许找错了机构,又换另一家公办心理咨询中心,但情况如故。于是,沈某得出结论:公办心理咨询中心主要是负责开药的,没有心理干预的能力!而他自认为自己的情况属于纯心理问题,必须进行心理干预,而不能光吃药!

他辗转找到笔者。第一次与笔者见面后,沈某详谈了他的情况,笔者注意到一个现象:来访者只谈过一次恋爱,而且父母离婚,法院判来访者由母亲养育。理论上,沈某的潜意识会有生活中缺乏男人的创伤。于是,围绕这个疑点,笔者展开心理测量。笔者使用的主要工具有房树人图画潜意识心理分析、文字潜意识心理分析、心理测量量表分析。其中,房树人图画潜意识心理分析的误差率在20%左右,文字潜意识心理分析的误差率在10%左右,量表心理分析的误差率在30%左右,但三种工具连用就可以把误差率降下去。量表心理测量误差率是最高的,这是因为被试者在答题时最容易猜测出量表测量目的,从而进行撒谎,而被试者通常没有专业学过房树人图画潜意识心理分析与文字潜意识心理分析,因此,在进行这两项测试时是很难撒谎的。

经过多项交叉分析后,笔者发现沈某大概率是双性恋!笔者恍然大悟:来访者认为双性恋是一个需要绝对保密的事项,而言多必失,这导致潜意识指挥来访者少说话,最保险的方法是不说话,而意识认为应该当众讲话,意识与潜意识的矛盾冲突激烈,引发了当众讲话恐惧症。

另外,沈某很可能潜意识里对同性恋、双性恋的接纳度非常低,认为这是罪恶的,罪错观特别严重。这可能大大加剧了心理冲突,加剧了当众讲话恐惧症!在这个时候,把双性恋之事放在台面上讲是不妥的,来访者大概率是不会承认的,这就是公务员系统中的来访者和普通来访者的不同之处。

2. 本案例的干预方法

笔者在应对这类来访者时,一般选择在对方的意识状态或者潜意识催眠状态讲别人的故事给他听,并在故事中夹杂同性恋和双性恋的案例,讲笔者对他人心理干预的细节,仿佛笔者并不知道来访者是同性恋或双性恋,以达到心理干预的目的。当然,为保密需要,案例中当事人的姓名和背景都是经过处理的。

笔者在对该来访者进行心理干预时,在基础处方的基础上加减细化如下。

① 关于"每天练习回松心身柔术至少一次"。

笔者要求该来访者照章练习,每天一次。

② 关于"学习笔者的《情绪管理心理学》一书"。

笔者要求该来访者认真学习,特别是对其中的潜意识章节要理解透彻。

③ 关于"适当增加运动量,提高体内 5-羟色胺、多巴胺、内啡肽的分泌水平,中老年人以游泳、慢跑、散步为佳"。

双方商量结果是每天慢跑半小时。

④ 关于"针对性催眠调整潜意识"。

笔者将催眠处方细化如下。

A. 导入催眠状态。

B. 双手按风池穴排"黑气"。

C. 调整来访者的社会化程度。

D. 提升来访者潜意识里对自身保密能力的信心,让来访者潜意识知道自己有能力保密,也能做到保密,降低其对"言多必失"的恐惧。

E. 在催眠状态下,讲述笔者对其他同性恋和双性恋进行心理干预的故事,很自然地把中外名人当中的同性恋现象历数一遍,增强个体对自己的接纳程度。

F. 在催眠状态下,把当众讲话作为信号点,将其与全身放松链接,指令一遇到当众讲话,全身肌肉就放松!

G. 在催眠状态下,模拟当众讲话状态,要求来访者每次都保持放松,而且要求来访者对催眠模拟时自己当众讲话状态的放松程度打分,要求次次有进步。这实质上是催眠状态的脱敏训练。

⑤ 关于"视严重程度引导至医院吃药治疗"。

笔者不表示鼓励或反对意见,而是让来访者自己决定,来访者认为吃药没用,不愿吃药!

第九节 企业亏损与严重群体事件导致失眠与心因性胃溃疡

1. 企业亏损与严重群体事件导致失眠与心因性胃溃疡的案例

来访者李某为某国企董事长兼总经理,是个特别善良又容易紧张的人。2021年,企业亏损极为严重,全公司降薪。为此,李某带头降薪,夫人对此非常不满。可见李某还是比较廉洁的,真的是靠工资过日子。2021年,令人头痛的事情接二连三。首先,该公司的龙门吊莫名其妙地失控并砸死4个人,家属把公司闹得沸反盈天,提出根本不可能的天价赔偿,还要求安排其子女进公司做干部。李某被堵在办公室无法下班,头也被轻微打破,还不敢也不忍心报警。其次,他一手提拔的外省子公司总经理被查出有经济问题并被判了刑,李某当然有用人失察的错误,引起了不少非议。最后,由于工作人员处理不当,又发生了互联网负面舆论的发酵,李某又成了一个负面网红,各种谣言满天飞。李某组织人上网到处辩解,但却无济于事,还引发了上级有关部门的关注,请他喝茶谈心。

严重亏损、降薪、夫人吵架、龙门吊安全事故、用人失察、负面网红,种种负面事情叠加在一起,李某终于失眠了,而且出现了严重胃痛,他到处寻医问药但胃痛也好不了。对此,笔者问明情况后采取了以下诊疗方案。

2. 本案例的干预方法

（1）应对网络风暴。

立刻指令他手下上百位网络消毒员停止消毒,改为放毒,即到网上去对李某抹黑,但条件是要抹黑得非常过分,非常离谱,非常夸张,以促使网络围观者产生怀疑情绪。比如,宣扬有人算过李某的八字,李某前世就不是好人,100%是猪八戒转世。又说,说李某贪得无厌,到下属公司视察就要吃红烧鸡腿,每次至少吃66个。再如,说李某心肠歹毒,属下犯错,就不准他们上厕所,公司厕所有指纹门,输入了指令,犯错者就上不了厕所。还如,在网上说李某喜欢老女人,他老婆比他大43岁。很快网络观众就会产生一种共识:有仇家或竞争对手在抹黑李某。网络风暴就这么慢慢地消退了。

（2）学习回松身心柔术和松静身心柔术,通过动作模拟,学会放松,具体方法请看相关章节。

（3）学习笔者的《情绪管理心理学》一书,具体内容请看相关章节。

（4）催眠心理干预治疗失眠症,具体方法如下。

① 导入催眠状态,具体内容见相关章节。

② 排除"黑气",具体内容见相关章节。

③ 失眠三穴按摩。

④ 解除夜晚警醒状态。人类在远古时代面对的主要压力和麻烦就是狮子、老虎、豹、狼等动物的骚扰,而且这些动物都是夜行动物,所以,人类基因中有遇到危险晚上就警醒的习惯。这实际上是一种基因错配反应,是无效的。现代社会压力和麻烦根本不是狮子、老虎、豹、狼等动物,只有晚上睡得香喷喷的,才能有更好的精力去应对麻烦,另一种情况是潜意识指挥个体晚上加班工作。这是不对的,请停止晚上工作。

笔者要求李某一遇到麻烦,就在晚上睡得更香、更沉、更愉悦,这样白天就会精力更旺盛,办法变多,应对麻烦的效果更好。

(5) 要求李某在遇到压力与麻烦的时候,脑动脉、脑静脉放松,脑供血充分,脑子变得更加好使。

(6) 心理干预心因性胃溃疡。

本部分内容极多,读者可参阅笔者的有关心身疾病的其他专著。

经心理干预后,来访者表示自己的失眠情况完全消失,胃痛基本消失。笔者建议来访者回家后书写《养心书文》,以巩固疗效。

第十节 官员不法获利导致抑郁症

一、官员不法获利导致抑郁症的常见情况

抑郁症的重要表现之一,就是患者的自我价值感非常低,甚至有很强的罪错感和内疚感。这导致患者潜意识认为自己在这个世界上的生存意义不足,潜意识把自己判为死刑,形成抑郁症,并且产生强烈的自杀意向。当然,这是个体在意识层面所不知道的。

在世界各国的政府官员和国有企业官员中,由于受贿或贪污或有其他不法获利导致抑郁症的现象较为常见。有的官员在受贿贪污或有其他不法获利后,在意识层面也能把不法获利合理化。但事实上,在潜意识层面他们却没有办法将此合理化,他们心中的罪恶感、罪错感和内疚感很重,在潜意识层面,良心的法庭已经把自己判为死刑。如果这些官员在受贿或贪污或有其他不法获利后,能在内心深处真正地把这些合理化,他们是不会得抑郁症的。比如,一个长期当过老师的人,曾整天教育别人要做好人,但他做了官,贪污受贿了,对这个人来说,他自我合理化的难度升高,得抑郁症并自杀的概率也会升高。

在伦理道德层面,心理咨询师应该不应该对这样的来访者进行救助呢?笔者认为是应该的,因为判定来访者是否应该坐牢是法官的事。心理咨询师的职责就如医生,不管对

方是谁,医生的职责就是救人,哪怕是敌军的俘虏也应该救,但这并不代表医生赞成敌方的行为。

二、官员不法获利导致抑郁症的干预

对于这种类型的抑郁症,笔者开出的基础处方如下。

① 练习简式三式抗郁安心身心柔术。
② 学习笔者的《情绪管理心理学》一书。
③ 引导来访者去做公益活动,以对冲罪恶感。
④ 取另外一个化名,换一种身份,形成另外一个交际圈,放松心身。
⑤ 适当增加运动量,提高体内 5-羟色胺、多巴胺、内啡肽的分泌水平。中老年以游泳、慢跑、散步为佳。
⑥ 针对性催眠调整潜意识。
⑦ 视严重程度引导至医院吃药治疗。

三、官员不法获利导致抑郁症的案例及其干预

1. 官员不法获利导致抑郁症的案例

下面通过一个案例来帮助读者加深理解。

某一来访者是一个技术官员,级别高,但没管几个人。该来访者49岁,已婚,夫妻正闹离婚,育有一女。据来访者回忆,他大学期间可能得过抑郁症。

近年来,来访者抑郁症的症状越来越严重,自杀念头强烈并伴有失眠,其曾悄悄求治于三甲医院,医生给予抗抑郁药舍曲林类等,但越治病越重,随后他辗转5家三甲医院,药越开越多,慢慢地每日服药数量达到10粒,但这仍旧无法阻止其自杀念头。后来,其体重骤降,人瘦得像猴子。实际上,来访者已经偷偷自杀过2次,都被家人救回,只不过工作单位不知道此事。

由于来访者特别消瘦,周围的人纷纷提醒他是不是得了重病,他对自己得了抑郁症这件事始终保密,后来他终于明白公立医院的心理治疗方式是以开药为主,心理咨询又麻烦得很,技术难度又高。来访者认为光吃药不行,思维走向极端,决定停止吃药。同时来访者找到笔者。

来访者第一次和笔者见面时,说的第一句话是:"鞠教授,我来找你,不是来治疗抑郁症的,而是来请教哪种死的方式是痛苦程度最少的。请别谈治疗抑郁症的事,就谈什么是好的寻死方式,我就是想死!"

笔者答:"确实有一种痛苦很少的寻死方式,它不是跳楼,跳楼的人会摔得鲜血满地、四分五裂,非常痛苦;它也不是吃安眠药,吃安眠药自杀的人会大小便失禁,形象一塌糊

涂；它更不是跳河，憋死可难受了！"

来访者问："那是怎么个好死法？"

笔者答："老死最幸福！"

来访者僵硬的表情稍微动了一下，似笑非笑，似哭非哭，以此为开端，笔者开始与其谈话了。

来访者问："鞠教授，你说人生有意义吗？"

笔者答："关于人生的意义是什么，古今往来，无数的哲学家、思想家、宗教人士、政治领袖、各类导师都探寻过这类问题。就我有限的知识来看，没有几个人的回答有价值。不过，古希腊一位哲学家的说法还有点道理。"

来访者问："他说了什么？"

笔者答："他说人生的意义就是'去探索、寻找、发现人生的意义'。"

来访者僵硬的表情又稍微动了一下，似笑非笑，似哭非哭。

他话锋一转，说："我和新来的上级大领导关系不好，我拍马屁不行，如何搞好关系？"

笔者听到这个问题后，立刻觉得这是一个可以用的心理干预资源，来访者还有希望！

笔者答："跟领导搞好关系的办法有无数种，其中最简便的方法是：开会时务必力争坐在前排。因为见大领导最多的场合就是开会。领导开会时最喜爱的下属是：睁大渴望的眼睛，认真地做着笔记，不断地微微点头，突然出现恍然大悟的表情。领导会觉得这才是好下级，要重点提拔！当然，你要掌握好分寸，别夸张过分。"

来访者僵硬的表情又稍微动了一下，这回是终于出现了一点点笑容，似乎看不见哭的意思了。

在此，笔者需要解释一下，笔者这样话锋尖锐地和他沟通的目的是暗示笔者智商不错。他是名校硕士，又是高级干部，听多了马屁，肯定自视极高，在他眼里，芸芸众生都是笨蛋，没有水平能跟他沟通。理论上，心理咨询师在心理咨询中需要无条件接纳，是不能这样话锋太锐的。

然后，来访者开始讲他的个人成长史。来访者读过不少心理学书，他已经给自己开了处方，认为自己的抑郁症是早年恋爱创伤的结果。他大学期间被心爱的女人甩了，痛不欲生，失眠半年，回想起这半年的状态，他认为自己很可能就是得了抑郁症。大学毕业后，来访者遇到一美女，比他大两岁，二人是姐弟恋。美女姐姐仪态万千，风姿绰约，迷得他颠三倒四。来访者自认为人生没有白活，死而无憾。美女姐姐性格温柔，对他关心体贴，两人到外面找了一个房子，但没有长期同居，而是定期幽会。来访者自觉已达人生巅峰，于是打算安排结婚，到处借钱，张罗婚事，但美女姐姐东拖西拖，借口无穷，两人总是结不成婚。来访者起了疑心，施展起自己学的侦察功夫，竟然发现美女姐姐比他大十二岁，而且还有一个儿子，自然还有一个老公，这犹如晴天霹雳。来访者顿觉天旋地转，觉得自己愚蠢至极,连对方大他十二岁都没看出来,他严重怀疑自己的智商,羞愧无比,痛不欲生。

笔者和来访者解释:"你没看出她大你十二岁是一种正常的心理现象,进入热恋状态的人的观察力都是差的。这和智商没关系,也绝对不是你笨。进入热恋状态的人,别说分不清年龄,就是分不清性别的情况都是有的。建议你去看《蝴蝶君》,这部电影是以真实发生的故事为基础改编的,讲的是一位法国情报部门的官员讨了一个老婆,养了一个儿子。但他老婆是个外国间谍,而且是个男的,两人夫妻多年,这官员都没发现老婆是男的。情报官员后来被逮捕,死活不相信他老婆是男的,认为这是审问者为击破他的心理防线瞎编的。为此,法国政府安排该情报官员在单向玻璃后观察他老婆脱掉衣服的状况。发现老婆真的是一个男的后,情报官员进入了严重的抑郁状态,认为自己愚不可及,羞愧地自杀了。他们的儿子也几乎精神崩溃了,因为见到妈妈换成男装后,他在喊妈与喊爸之间犹豫不决,不知道面对自己喊了多年妈妈的男人时,自己应该喊他什么了。这事也在法国舆论界掀起了轩然大波,民众认定政府情报部门官员的水准大有问题,连男女都分不清。"

2. 本案例的干预方法

笔者还与该来访者谈了些其他的。第一次心理咨询结束后,笔者给来访者提出的要求如下。

① 回去认认真真地看电影《蝴蝶君》。

② 立刻恢复吃抗抑郁症的药,未经医生允许,不得擅自停药。

③ 学习回春身心柔术,每天至少练习一个小时。

④ 向单位领导说明自己得了抑郁症,但不必提起曾经自杀的事。笔者向他保证,这样做绝对不可能导致他收入减少,反而有助于增加收入,在各种评比中他肯定都是最高分,谁也不敢委屈了他。这样做也不可能影响岗位安全,人际关系环境会立刻变得不复杂。笔者建议该来访者不必考虑升迁问题:命都快没了,还考虑什么升迁?另外,只要治好了抑郁症,也并不是肯定不会升迁!

第二次见面时,来访者已经不讨论什么是好的死法了,但是他脑中的自杀念头还是很强烈,并且报告已经和单位领导说明了情况。

但笔者在和来访者的沟通中,强烈怀疑来访者所说的种种因素并不是其患抑郁症的主要原因,后来通过房树人图画潜意识心理分析、文字潜意识心理分析、肢体语言潜意识心理分析、心理量表测量,外加深入交谈,笔者认为来访者得抑郁症的可能原因是:他有不法获利的行为!但数额可能不是特别大。而来访者又是一个特别较真的人,可能他的潜意识已经对自己作出审判,不知不觉地判定自己是有罪的,所以,来访者自我价值感就变得特别低,最后形成了抑郁症。这一切都是潜意识性的,是来访者意识层面所不自知的,来访者的自我感觉是蒙眬的。当然,这只是笔者的一种怀疑,是没有法律意义上的确凿证据的,但是要知道心理干预和法律实践逻辑是不同的,心理干预并不需要确凿的证据,只要猜测有这种可能性,即使概率很低,通常也是要处理的。另外,关于来访者是否有不法获利行为,这个问题无法得到其本人确认,笔者根本不必去询问"您是否受贿了",因为问了等于白问,还会使得双方关系僵化。于是,笔者决定在催眠时假定他存在不法获利的可能性,并同他谈论一篇特殊的论文。当然,笔者表面上是在谈论文,实际上是在干预来访者的心理状态。

随后,笔者对该来访者的心理干预在基础处方的基础上加减细化如下。

① 关于"练习简式三式抗郁回春身心柔术"。

要求每天至少练习一小时但最长不超过两小时。

② 关于"学习笔者的《情绪管理心理学》一书"。

考虑到来访者学历较高并且长期处于领导职位,特别能说会道,笔者要求来访者找机会给别人讲情绪管理心理学课程,以讲课的方式加深理解。事后的评估发现本项措施的效果非常好。

③ 关于"引导来访者去做公益活动以对冲罪恶感"。

笔者并没有指出来访者有不法获利的嫌疑,而且笔者确实也没有证据证实此点,当然,笔者大概率永远也不会有证据证实此点,这只是一种怀疑。为了谨慎起见,笔者决定引导他去做公益活动,帮助贫困学生。笔者向来访者给出的理由是这样做可以分散来访者的注意力,笔者的实际目的是帮助他对冲罪恶感。

④ 关于"取另外一个化名和身份,形成另外一个交际圈,放松心身"。

笔者让来访者孤身一人去远处旅游,他改了名字,改了身份,认识了新朋友,放松了心身。

⑤ 关于"适当增加运动量,提高体内 5-羟色胺、多巴胺、内啡肽的分泌水平。中老年以游泳、慢跑、散步为佳"。

经过双方商讨,笔者建议来访者定期去游泳。

⑥ 关于"针对性催眠调整潜意识"。

笔者开出的催眠处方如下:

A. 导入催眠状态。

B. 双手按风池穴。

C. 潜意识指令来访者大脑前额叶与肠粘膜大量产生 5-羟色胺。

D. 引导潜意识焦点为生活工作中正面的东西。

E. 反复在催眠状态谈论那两篇论文,论文内容见下文。

F. 要求他坚持练身心柔术。

G. 要求他认真学习情绪管理心理学课程。

H. 用催眠、用失眠三穴改善睡眠。

I. 反复暗示他非常安全。

⑦ 关于"视严重程度引导至医院吃药治疗"。

笔者坚决要求他去三甲医院持续开药，接受西医治疗，并且坚决反对擅自停药。

一开始，来访者怀疑道："前面已经到了每天吃 10 粒药的程度，这也没什么用啊！为什么还要吃药？"

笔者回答："你如果不吃药，问题会更严重！"

笔者又对该来访者增加了以下特殊措施：

① 笔者以心理咨询费优惠为理由，让他帮助修改一篇特殊的论文:《立法行贿有罪的群体潜意识心理分析》。笔者叫他去查相关案例和国外的相关研究来补充这篇论文，然后找各种理由，让他反复修改这篇论文。论文的修改前前后后花了很多时间，反复了很多次。实际上，笔者的目的是调整来访者的认知。这篇论文的核心内容大致如下。

> 对于行贿是否有罪，各国的立法是不同的。有的国家的法律规定行贿有罪，而且行贿跟受贿同罪；有的国家的法律规定行贿有罪，但受贿罪重，行贿罪轻；还有国家的法律规定受贿有罪，行贿保密有罪，揭发无罪。那么，在制定不同的法律时，各国立法者的集体潜意识是什么呢？本文认为立法群体之所以制定行贿有罪并且行贿与受贿同罪的法条，可能是因为立法者群体的潜意识想保护受贿者的利益。
>
> 在讨论"行贿者是否应该入刑"时，参与法规制定的众多管理者，即使在意识层面没有保护受贿者利益的动机，但如果自己多少有些受贿行为，甚至是界限模糊的受贿行为，那么在潜意识的指挥下，也容易赞同制定出"行贿者应该入刑"的法条。因为世界上只有两种人最清楚受贿与行贿的底细，那就是受贿者与行贿者。要打击腐败，希望受贿者天良发现，自我揭发是不可能的，所以，打击腐败的重点一般放在行贿者揭发上。行贿者揭发是存在可能性的，但如果行贿者也入刑，行贿和受贿双方就变成同舟共济的伙伴，成了一根藤上的两个苦瓜，这样，受贿者的安全程度就会提高。于是，即便立法者在意识层面没有想得很清楚，在潜意识的指挥下也会不知不觉地推动行贿者入刑，以获取个体的安全感。
>
> 如果行贿者入刑后，可以坦白从宽，这一政策就是无用的。比如，行贿者本应被判 10 年徒刑，但因为该行贿者坦白了，就可减少刑期的 80%，只需坐两年牢，相信没哪个傻瓜行贿者会去曝光的。事实上哪怕减少 90% 的刑期，也没有行贿者会去自我揭发。正确的做法是，行贿者只要揭发违法行为，就完全免去他的刑期和其他惩罚，如果行贿者保密，则应被判有罪，即行贿本身不受惩罚，行贿保密受惩罚。

> 在公共管理信息的获取、加工和传输过程中,个体即使在意识层面是高尚的、纯洁的、为民众谋福利的,即个体自认为是真心为民众谋福利的,在自然无制约状态下,在潜意识层面也会不知不觉地扭曲信息,对信息进行加工改造,以便其有利于自己。所以,立法行贿有罪,立法者的群体潜意识是保护受贿者的,在这种情况下,受贿者实际上是非常安全的。

笔者要求来访者整理论文的目的,其实是想委婉地让他明白最后一句话。

② 笔者决定利用亲情资源,增强来访者的生存意义感。来访者与父母亲间的感情非常深厚,且其父母亲是农民,没有退休工资。来访者还有一位兄弟两人都非常孝顺,将母亲奉养得很好。笔者的办法是撤掉来访者弟弟对母亲的奉养,迫使来访者感觉到:让弟弟奉养母亲是不可能的,自己必须活下去,否则没人奉养母亲。

笔者把来访者的弟弟找来,把他哥哥的情况同他分享了一下,要求弟弟假装自己在经济上和健康上告急,形成弟弟无力奉养老母的假象,迫使来访者不敢死。幸亏来访者弟弟的理解能力非常强,他随后就宣布自己所在的国有单位濒临破产,工资大降,自己有可能下岗,而且自己的身体不好,心脏查出了问题。

来访者弟弟将分寸拿捏得非常好,也没有做得非常过分,没有引发来访者太大的担心,但这足以使来访者产生一个观念:靠弟弟奉养父母是靠不住的,如果自己自杀了,父母就没法活了。

读者可能有疑问:这样会增大来访者的心理压力啊。事实上,采用本条措施确有这个弊端,但任何措施都是有利必有弊的,吃药有副作用,心理咨询要花钱,哪有百利而无一弊的方案呢?问题的关键是利大还是弊大。实践是检验真理的唯一标准,笔者的实践证明,在本心理干预案中,本条措施带来的利远远大于弊。

③ 笔者为减轻来访者的罪恶感,又以同样的理由要求来访者帮笔者修改一篇论文:《中国历代低薪制批判》。笔者同样找了各种理由让他反复修改,与他反复讨论。论文的内容概要如下。

> 中国的儒家文化总体上否认人的私欲,到了宋明理学时期更是提倡"存天理,灭人欲"。这种意识形态的间接结果是:中国的科学技术发展不起来了。为什么儒家文化中难以发展出现代科学技术?原因是儒家文化不承认人的私利的合理性。西方科学技术的发展中有一个非常重要的因素,就是它们较早地制定并实施了专

> 利法。专利法保障了科学技术发明人的利益,因此大大提高了他们进行科学技术研究的积极性。如果没有专利法,科学技术的研究就成了纯粹的个人兴趣,而这种纯粹出于个人兴趣的研究是少之又少的,是一种例外而不是一种普遍现象。然而,专利思想与儒家文化本身难以相容。儒家文化否认人的私利的正当性,儒家奉行"君子喻于义,小人喻于利"。知识分子不应当牟取私利,比如做官不是为了谋私利,而是神圣的义务。故而儒家文化难以孕育出专利思想,因而科学技术的发展失去了动力。当中国处于明清时代时,西方产生的专利制度极大地推动了科学技术的发展,这是导致中国明清两朝落后于西方的根本原因之一。即使到了今天,中国的知识产权保护意识仍旧是不强的,盗版软件十分畅销,大部分购买者从内心深处认为分享别人的知识产权没什么不妥。司法实践中对企业的商业秘密和技术机密的保护也是不力的,人员跳槽带走技术机密的情况十分普遍,对此处以刑事处分的情况并不容易。司法实践的总的倾向是,当员工和企业发生劳资纠纷时,审判以保护员工为主,所以,企业的研发动机是不强的,企业都想着去弄别人的技术,社会的总体创造力被削弱了。
>
> 明清两代社会管理主要是建立在"否认人的欲望"这个不太牢靠的理论基础上。按照儒家的经典,人的本性是纯洁无私的,所以,知识分子充当社会管理者是在履行他们神圣的义务,是不应该拿高薪的,所以,明朝的官员俸禄极低,一个县令的月工资大约相当于今天的3 000元,和民工的收入差不多。清朝官员的俸禄稍微多一点,但总的来说都是很低的。在那个时代,妻子又不能出去工作,当官的多少又要有点排场,所以,明清两代的道德说教极为兴盛,贪官也特别多。

来访者在接受前后共计25次、约4个月左右的心理干预后,自杀念头完全消除,抗抑郁症药的服用剂量也降为每天一粒。医生叮嘱他要终身服药,笔者也让来访者遵从医生的建议。

随后。笔者要求他回去后书写《安心书文》,巩固疗效。

需要声明的是,笔者可丝毫没有赞成贪污受贿的意思。笔者作为心理咨询师的职责就是为来访者救命,如果司法机构后面发现某来访者有问题,应该判死刑,那也不应说笔者做错了。笔者没有司法意义上的证据,也没有权力判他死刑,这不是笔者的职责。

第十一节 细致认真型工作岗位观念泛化导致强迫症

一、细致认真型工作岗位观念泛化导致强迫症的常见情况

公共管理系统中,有不少工作会培养工作人员细致认真的观念,造成完美主义倾向。细致认真的观念过度发展,并且泛化至生活层面,影响了个体的环境适应性,造成强迫症。

在公共管理系统中,审计局、统计局、纪委、监察委、检察院、法院、计量局、教育局等都容易培养出过度细致认真的官员,如果这些观念泛化至生活层面,就会影响个体的环境适应性。常见的症状有:反复洗手;反复洗澡;反复检查门窗锁否;反复检查讲话稿;反复消毒;反复深入揣摩文件精神;反复揣摩领导讲话的含义等。上述行为如果是微量的,没有让个体感到不舒服,就不能认为其得了强迫症;如果次数太多,导致个体与环境无法适应,也就是使个体很不舒服,俗称"没法过日子了",就大概率进入了强迫症的范围!此外,企业中的质量检验系统、财务系统、审计系统以及法务系统领导也容易得强迫症。

一般情况下,强迫症患者大概率有青少年时代的特殊经历:由于某种原因,个体潜意识里的安全感高度不足。比如父母离婚,或父母间有高度冲突,或自己是单亲子女,或父母是指责型人格,或自己是双性恋或者同性恋等。深入了解来访者的青少年经历是心理治疗的一个重要环节。

二、细致认真型工作岗位观念泛化导致强迫症的案例及其干预

1. 细致认真型工作岗位观念泛化导致强迫症的案例

下面举一个案例,以帮助读者更好地理解本节内容。

来访者莫某39岁,是已婚女性,育有一女。其母亲健在,父亲在43岁时因长期胃溃疡导致的癌变而亡故。来访者为南方某大学的会计学硕士研究生,在某审计局工作,其先生是某企业销售系统的领导。来访者从5年前开始出现强迫症症状,她每天都要非常仔细地洗手并且洗手次数极多,每天要洗大约20—30次。她天天在家打扫卫生,每天至少要打扫5次,并且对家里的房子进行改造,做了4个厕所,老公一个,女儿一个,自己一个,偶尔过来居住的母亲一个。后来,她又逐步建起第5个厕所,专门给客人用。但来访者极不喜欢有客人来。来访者自己每天至少洗5次澡:早上起来一次,在单位吃午饭后回家午休前一次,午休后一次,下班一次,睡前一次。她洗衣服也极为勤快,由于洗得过勤,很多昂贵的衣服很快就坏掉了。老公、女儿一回家,她就拿酒精喷瓶喷酒精,老公、女儿不胜其

烦,并且她还强迫老公、女儿高频率地洗手和洗澡。随着强迫症的发展,她嫌住家保姆不干净,把住家保姆也赶跑了。这下来访者累惨了,天天洗个不停。但是这些状况她单位的同事都不知道,她上班也从不上厕所,只强憋着回家如厕。上班时她也会忍着少洗几次手,但对此她感到非常难受。到后来,来访者的妈妈也不爱上门了,因为一进门就会被喷一脸的酒精。全家终于意识到来访者是有毛病的,但他们不敢在本市精神卫生中心治疗,于是跑到其他城市的精神卫生中心。服药后上述情况有少许缓解,但恰好此时来访者的工作发生了变化,她兼做了党务工作,天天对他人宣传廉洁奉公,于是洁癖越来越严重,还经常声称不想活了,觉得活得太累了。她女儿来在某高校读研究生时听过笔者的讲座,于是找到了笔者。

首次见面,笔者和来访者聊了一小时,知道她有一个指责性人格的母亲。她从小就经受大量的批评,这些批评已经进入了潜意识,于是,她潜意识中的自我价值感是非常低的,对自己评价并不高。这属于严重的表面自信、内心自卑。表面自信内心、自卑是常见的,但来访者两者的差异度太大,其父母关系不好,父亲经常被母亲批得体无完肤,父母也多次闹过离婚,所以,来访者的安全感非常不足。父亲胃癌过世时她才15岁,这进一步加重了她的不安全感。

笔者感到来访者在沟通时保留了太多的东西。笔者没有找到强迫症的现实原因,这是管理者心理咨询常见的现象。但通过了解她早年的状况,笔者判定她符合发生强迫症的典型条件:安全感不足,罪错感严重,放大风险。且其父亲长期胃溃疡导致胃癌,大概率是广泛性焦虑症的一种反应形式,因此,来访者的强迫症具有家族性。强迫症属于广义焦虑症的一种,只是学术名词不叫广泛性焦虑症,而被单称为强迫症。

2. 本案例的干预方法

根据上述情况,来访者产生强迫症的逻辑是很清晰的。来访者的安全感不足,自我价值感低,学的是会计专业,做的是审计工作,所以对错观非常高,她又有家族性的焦虑特质,容易放大风险。她出轨后,自认为这是错误的,并且认为这是肮脏的,潜意识深处是要摆脱这些错误和肮脏,于是产生补偿反应。她用洗手洗澡等洁癖行为象征洗掉过错和肮脏,但这样做也意味着主观放大了细菌病毒的风险。

她的洁癖的出现还有两个特殊的原因。首先是随着数年前廉政运动的兴起,机关大大加强了政治思想工作,来访者接受的政治思想教育越多,觉得自己错误肮脏的感觉就越浓,洁癖就越严重。后来她又兼管政治思想工作,整天教育别人要提高道德水准,教育他人越多,自我教育的效果就越强,于是她觉得自己肮脏透顶,洁癖更加严重。另外,近年大规模的防疫举措对于来访者来说也形成了强烈的暗示:病毒细菌无处不在,而且很可怕,于是来访者整天洗手、擦地、消毒,忙个不停。

笔者对她的治疗处方如下。

（1）让来访者学习回松身心柔术和松静身心柔术,通过动作模拟,学会放松。具体内容请看相关章节。

（2）让来访者学习笔者的《情绪管理心理学》一书。具体内容请看相关章节。

（3）在评估没有风险的情况下,采用系统脱敏疗法。第一次来访者到笔者处做心理咨询时,笔者把咨询的地点挪到花园里。笔者给她布置的练习作业是坐在草地上看书,让其逐步适应。笔者叮嘱其紧张了就练回松身心柔术,直到完全放松。第二次来的时候,笔者建议她躺在草地上听音乐。此时,她的身体可以碰到不少泥巴,可以让其逐步适应,如果紧张了就练回松身心柔术,直到完全放松。第三次来的时候,笔者令其躺在泥地上睡午觉,当然,她是睡不着的,可以让其逐步适应,紧张了就练回松身心柔术,直到完全放松。第四次来的时候,笔者令其躺在泥地上睡午觉,她的不远处就有狗屎。笔者让其逐步适应,紧张了就练回松身心柔术,直到完全放松。

（4）催眠心理干预。

① 导入催眠状态,细节见相关章节。

② 排除黑气,细节见相关章节。

③ 淡化或忘记过去的负面记忆。催眠词为:"把过去的负面记忆,包括爸爸妈妈的吵架以及妈妈对你的批评收集到一个包裹里,想象远处有一架飞机飞来,我数到3,就奋力地把包裹扔上飞机,让它带走,1.准备抛包裹;2.准备抛包裹;3.抛!

④ 把自己想象成一棵硕大的树,增加安全感,细节见相关章节。

⑤ 明确告知来访者其有风险放大的特点,直接指令其缩小风险。

⑥ 输入和来访者事先确认的来访者10大优点,减少来访者的无价值感。

⑦ 潜意识状态排除性罪错。

笔者和来访者沟通的具体过程如下:

现在请你思考一个问题,左手的皮肤和右手的皮肤,是否平等?在道德层面上,能不能说右手的皮肤比左手的皮肤更道德?如果不能,请右手大拇指动一下。

（来访者的右手大拇指动了一下,表示左右手皮肤在道德上是平等的）

非常好,非常好,脸上的皮肤和右手的皮肤,是否平等?在道德层面上,能不能说右手的皮肤比脸上的皮肤更道德?如果不能,也就是它们在道德上是平等的,请右手大拇指动一下。

（来访者的右手大拇指动了一下）

非常好,非常好,身体上的任何两块皮肤是否平等?在道德层面上,能不能说A皮肤比B皮肤更道德?如果不能,也就是它们在道德上是平等的,请右手大拇指动一下。

（来访者的右手大拇指动了一下）

非常好，非常好，既然身体上的任何两块皮肤在道德层面上都是平等的，那么手上的皮肤和生殖器皮肤是否在道德上也是平等的？能不能说生殖器皮肤比手上皮肤更不道德？如果你认为手上皮肤和生殖器皮肤道德上是平等的，请右手大拇指动一下。

（来访者的右手大拇指动了一下）

我们再次确认，手上皮肤和生殖器皮肤在道德上是平等的，如果同意，请右手大拇指动一下。

（来访者的右手大拇指动了一下）

非常好，非常好，请思考一下，你手的皮肤和老公以外的男人手的皮肤碰了一下，这是否不道德？是否是罪恶？显然，这不是罪恶！也不是不道德！如果你同意，请右手大拇指动一下。

（来访者的右手大拇指动了一下）

非常好，非常好，既然男人的手的皮肤和生殖器的皮肤在道德层面上是平等的，那么手碰手不是罪恶，不是不道德，自然你的手碰到老公以外的男人的生殖器皮肤也不是不道德的！更不是罪恶的！

（不必让来访者动手指确认，让她内化一下，双方沉默了几分钟）

同样的道理，对于你的生殖器皮肤和男人生殖器皮肤的接触，在道德层面上评价，和你的手的皮肤和男人手的皮肤的接触是一样的！没有什么不道德的！也没有什么罪恶！本质就是皮肤与皮肤的接触！

本—质—就—是—皮—肤—与—皮—肤—的—接—触！

本—质—就—是—皮—肤—与—皮—肤—的—接—触！

本—质—就—是—皮—肤—与—皮—肤—的—接—触！

本—质—就—是—皮—肤—与—皮—肤—的—接—触！

（用缓慢的节奏，低沉的声音，重复4次）

这没什么不道德的，也没什么罪恶！

这没什么不道德的，也没什么罪恶！

这没什么不道德的，也没什么罪恶！

生殖器皮肤接触是罪恶的观念，是在男权时代，男人为确保子孙后代是自己的而人为制造出来的贞操观念，是男权封建观念的遗留。

⑧ 从历史的角度进一步排除性罪错感。

人类有几十万年的历史,其中99%的时间里是没有婚姻制度的,也就是说,婚姻制度并不是天然的,人类有婚姻制度的时间最多一万年左右,而在这一万年当中,在中国实行严格一夫一妻制顶多也只有一百年的时间,只占1%。所以,一夫一妻制只存在于人类一个非常特殊的历史阶段中,现在全世界的离婚率越来越高。很多人认为,人类的婚姻制度正在瓦解,婚姻制度正在变得多元化,比如,已经有部分国家允许同性别结婚。有的国家的结婚证是有有效期限的。爱尔兰的结婚证的有效期从一年到无限期不等,在西欧和北欧的很多国家,人们还可以选择合同婚姻制。合同婚姻制和传统的婚姻不同,在世界各地传统的主流一夫一妻婚姻制中,财产和债务完全统一化,夫妻的财产100%共有,即丈夫赚的每一分钱,妻子都有一半;妻子赚的每一分钱,丈夫也有一半,当然,双方的债务也共同承担。对于合同婚姻制,各国法律不同,有的合同规定夫妻双方50%的财产共有,有的规定70%的财产共有,有的则是30%的财产共有,丰俭随意,供君选择。另外,南非正在讨论一妻多夫制合法化,即一妻多夫间财产100%共有。加拿大也有地区连续多年爆发大游行,要求多夫多妻制合法化。

婚姻制度逐渐解体的原因在于传统婚姻的功能正在被其他事物代替。婚姻制度产生于男权时代,这一制度的第一大功能就是确保孩子是男人的。这功能已经被基因检测技术所取代。婚姻制度的第二大功能是确保能够满足男性的性生活需求。过去避孕技术非常落后,满足男性需求的成本是十分高昂的,满足男性性需求是非常奢侈的。每位女性能够提供的性生活次数非常有限。随着现代避孕技术的发展,成人产品也更加丰富多彩,因此,可以不需要婚姻来确保男性性生活。婚姻的第三大功能是确保女性的生活资料来源,在自然经济时代,由于体力上的优势,男人更容易获得生存资料,女性必须依附男人生活,而现代社会,女性工资收入高于男性的现象比比皆是,婚姻保证女性生活的作用大幅度下降。所以,传统的一夫一妻制婚姻确实出现了解体的征兆,婚姻制度正在向多元化发展。要知道中国的离婚诉讼中,有74%是由女性主动提起的!

此时,催眠词为:"你的罪恶感实际上来源于男权社会主导时人为制造的贞操观,你这种罪恶感、过错感是没必要的,是过时的,这些东西有一点点可以,过多则没必要!请淡化这些罪恶感和过错感!"

你为什么会有洁癖,就是潜意识的性罪恶感导致你认为自己是肮脏的,所以,你洗个不停。这是完全没必要的,因为你本来就是干净的,没有肮脏。请停止过度洗手、洗澡、打扫卫生,逐步减少做这些事的次数,降低洁癖程度,直到回归社会正常水平。

造成你洁癖的另外一个来源是风险放大反应。特别是防疫导致你错误地认为周边充满了危险。事实上,人是有免疫力的,免疫系统会杀死绝大多数入侵的细菌和病毒。和家人共用马桶根本没有风险,少做一点清洁工作也根本没有风险。请相信你的免疫力是足够强大的,请相信你的免疫力是足够强大的,请相信你的免疫力是足够强大的,它完全能够对付日常生活中的细菌病毒,停止过度清洁,让洁癖消失。"

⑨ 处理工作观念泛化反应。

催眠词为:"由于你学的是会计,做的是审计工作,所以,对错观念特别强烈,自我道德感要求过高,非黑即白的程度高。在工作中讲对错是必要的,但没有必要把工作要求泛化扩散到生活的各个方面。生活中没有那么多对错,对错都是人为制造出来的,对错观念也是经常变化的。在生活中各个方面过度讲究对错,就是和自己为难,请你放过自己,请你放过自己,请你放过自己,停止把工作中的思维方式扩散到生活中。"

⑩ 处理轻度自杀倾向。

催眠词为:"你的自杀倾向来自你内心深处自己设置的类似道德法庭的审判,你过高的道德观判定你不配活在人间,所以,你给自己仿佛下了一个死刑缓期执行的。当然,这一切都是不知不觉的潜意识性的,你根本没有什么很大的罪过,而且你要对亲人负责,不可以有自杀的念头。"

⑪ 把上面2—9步重复5遍。

⑫ 解除催眠状态。

催眠词仅能用于治疗患有心理疾病的来访者,不能用来向全社会宣教。心理咨询师和政治思想工作者的目标是不同的。心理咨询师的第一目标是治病救人,让来访者能生存下去,其他的都是次要目标。心理咨询师的道德观是:首先让来访者好好活下去,这就是最大的道德。

(5) 家庭系统干预。

笔者也给来访者的老公进行了心理干预,并且让他阅读笔者的《家庭管理心理学》一书。当然,不学习笔者的书籍,让来访者的老公学习其他相关心理学书籍也是有用的,但笔者偏好用自己的学术专著作为工具,认为这样更能保持心理干预系统的一致性。

经过笔者5种技术手段下的综合心理干预后,困扰来访者多年的强迫症消失了。请不要误会笔者让她停止吃药。在心理干预期间,笔者让来访者继续吃治疗强迫症的相关药物。来访者认为自己已经吃了多年的药,效果微小,不想吃药了,笔者耐心地和他解释:"药物和心理干预并重的治疗效果是最好的,要建立带药生活的理念。带药生存是很正常的,自古药食同源,就连我们吃的米饭和菜也是药。"经过笔者的耐心劝说,来访者保持了吃药与心理干预并行的状态,最终效果令人满意,来访者的强迫症基本消失,自杀倾向彻底消失。

第十二节 公司巨额亏损导致严重失眠

1. 公司巨额亏损导致严重失眠的案例

来访者杨某是某家具公司的总经理,有严重失眠现象,找笔者进行心理干预。

杨某,48岁,某家具公司的总经理,某一本大学毕业,创业致富,公司生产各类办公桌椅,并主要通过网店销售。由于产品没有核心竞争力,加上同行间的竞争日益激烈,公司的利润越来越薄,渐渐进入困境,亏损严重。后来又遇上了新冠疫情,杨某公司周边经常被封锁。此外,他发现他的亲信拿回扣坑公司,他对人性产生了严重怀疑,也对自己洞察人心的能力产生了严重怀疑。于是,杨某产生了严重的失眠,持续时间约5个月。在当地市心理咨询中心开药吃后,情况稍有缓解,但来访者仍旧感到非常痛苦。

这种类型的失眠与企业亏损密切相关,如果企业不止住亏损,虽然也存在着解除失眠的可能性,但成功的概率非常低。虽然来访者意识和潜意识都存在一些认知错误,但这些认知错误不是导致他失眠的主要原因,因为这些认知错误已经存在了几十年,但在以前也没有导致失眠。当然,调整这些认知错误肯定是有效的,调整来访者的心理反应方式也是对的,但这是不够的,必须帮助企业扭亏为盈,至少要亏损得少些。

请注意,巨额的亏损是一种客观存在的压力,并非来访者主观上有问题,这类心理咨询的难度极高。

2. 本案例的干预方法

笔者指导来访者做了以下3件事。

(1)让来访者针对中学生父母开发一种特种书桌,满足学生父母希望子女好好学习的心理需求。桌子上印上初中高中需要学习的所有英文单词,号称让青少年不学也得学。当然,还有中学数学公式系列书桌、中学物理公式系列书桌、中学化学公式系列书桌等。这种书桌的品牌名字叫"让你学"。来访者一听有办法改善企业经营状况,顿时压力减轻!

(2)教会来访者如何开西式头脑风暴会和中式头脑风暴会,提高创新水平,以便不断地开发新产品。

> 西式头脑风暴法也被称为畅谈法、集思法,由美国BBDO广告公司经理奥斯本创立。它是一种通过小型会议的组织形式,利用集体的思考,相互启发灵感,引导每个参加会议的人围绕某个中心议题,广开言路、激发灵感,毫无顾忌、畅所欲言地

发表独立见解的创造性思维方法。

西式头脑风暴法的主要原则有：

1. 禁止批评。在收集和提出建议和方案的阶段，不能对别人的意见提出批评和评价。这个阶段要欢迎任何一种设想，不管其是否适当和可行。因为先有批判的对象，才有批判的可能。

2. 欢迎奇想，各抒己见。创造一种自由的气氛，激发参加者提出各种新奇甚至是荒诞的想法。

3. 追求数量。意见越多，产生好意见的可能性就越大，好想法的出现都是有一定的比例的。

4. 可以借鉴。除了提出自己的原创性意见外，鼓励参加者对他人已经提出的设想进行补充、改进和综合。

西式头脑风暴法在被引入中国以后，受到了许多企业的欢迎并得到了运用，令人困惑的是，许多企业在使用过后的效果并不尽如人意。这并不全是方法本身的问题，而是中国人特有的文化和性格特点造成的。

中国人性格总体上偏内向，在开会讨论的时候，不愿意主动发表意见。虽然主持人可能事先要求参加者踊跃发言，真正开始以后却时常形成冷场的局面。

中国式头脑风暴会则是在西式头脑风暴会形式上有所创新。

1. 选择相对轻松的开会环境。会议环境尽量选择在能够使人放松的地方，如小会议室、草地、咖啡厅、娱乐室等。可以为参加者准备一些饮料和简单的食品。

2. 确定会议的参加人员与时间。为了保持一个良好的激发创造性思维的环境，应该确定会议的最佳人数和会议进行的时间。经验证明，人数规模以8—12人为宜，会议时间以20—60分钟效果最佳。人数太少，激发思维的程度比较低；人数太多，与会者就容易讲假话。时间太短，参加者的头脑还没有进入高度活跃的状态；时间太长，容易让人头脑疲惫，导致新点子产生的数量下降。

3. 营造轻松的气氛。主持人在会议开始时的作用是营造轻松、良好的气氛，促进参加者的思维和心态的放松，宣布会议的主题并制定会议规则。主持人要强调："不得批评，只能赞同；大家畅所欲言，不要有思维框框，不要被别人的发言所限制；鼓励借鉴，鼓励发展；不要思考可行性，尽量保证提案的数量。"主持人不首先发表看法，避免其他人不敢发言或者束缚思维。

4. 设立喝彩员，共同喝彩。喝彩员负责为每个发言叫好，并带领其他人鼓掌以示鼓励。喝彩的方式是边使劲鼓掌边发音"好！好！好！"。在场的所有成员都要如此，哪怕发言糟透了，其他成员也必须鼓掌。这是为了帮助发言的人放松心态。并且在每一次发言以后都能得到鼓励，有利于提高发言人的兴奋度和参与热情。这样，新奇的想法容易诞生。

这个措施很好地解决了前面谈到的中国人性格障碍的问题，让参加者在良好的气氛中保持思维活跃，敢于发言。不仅如此，不断出现的喝彩声会提醒其他准备提出批评意见的人，把不适合在此时讲的话放到后面去，使热烈高昂的气氛不至于被破坏。而且不断地赞美别人，也降低了自己发言时担心别人批评的心理压力。

5. 设立纪律监察官。纪律监察官的作用是保障头脑风暴会进行过程中的良好气氛。一旦有人忘记了会议规则，有意无意地进行了批判，即使这样的批判是善意的和轻微的，纪律监察官也要立刻给予提醒和制止。纪律监察官可以用口头的方式，也可以出示一些标志，如一个黑叉。如果有人屡次违反规则甚至恶意地批评别人，纪律监察官要负责将他请出会场。

（3）对于降低新冠感染的问题，笔者要求来访者公司的食堂天天免费提供各种类型的臭豆腐和大蒜制品，宣传这可以降低病毒感染的概率。

因为这些东西是免费的，吃的人还比较多，事后果然发现他们工厂的员工感染率确实相对较低，大家莫名其妙，不知道为什么。实际原因也可能是：自从免费提供各种类型的臭豆腐后，该公司员工平均口臭的程度超过社会平均口臭水准，这会无形中让周边人员远离他们，这当然降低了新冠感染的概率。

另外，笔者对他采取的其他措施是：

① 练习回松身心柔术和松静身心柔术，通过动作模拟，学会放松。具体内容请看相关章节。

② 学习笔者的《情绪管理心理学》一书。具体内容请看相关章节。

③ 催眠干预失眠症。

A. 导入催眠状态，细节见相关章节。

B. 排除"黑气"，细节见相关章节。

C. 失眠三穴按摩。

④ 解除夜晚警醒状态。细节见相关章节。

⑤ 指令遇到压力与麻烦的时候脑动脉脑静脉放松，脑供血充分，脑子变得更加好使。

最终的治疗效果是,该来访者的急性失眠消失。因为这是急性心理疾病,重点是指导他处理疑难问题,只要措施对路,疾病消除的速度会非常快。

第十三节　应酬过多导致酒瘾或应酬恐惧症、会议恐惧症

在公共管理系统和企业管理中,管理者的应酬通常是非常多的,有的地方政府还设置专门的招待科或招待处,专门负责应酬工作。经历届政府整顿后,2023年的中国,公共管理系统的应酬已经大幅度地下降,但合理应酬的残留量也是巨大的,企业界的应酬仍然较多。经常有管理者因为喝酒导致严重的心理问题,最常见的是酒瘾,不喝不行。有的人泛化成应酬恐惧症,只要参加应酬,无论公事私事,都会全身肌肉紧张,呼吸急促,胸闷焦虑,更有甚者泛化成会议恐惧症,一听开会就紧张,当众发言更是非常紧张,结结巴巴、头痛、胸闷、气急等。这些问题的本质原因是患者把开会和喝酒喝醉与个体的潜意识层面链接在一起,这种链接是不知不觉的、本能的、非理性的。

一、酒瘾问题的应对

应对酒瘾有两种方法:一种方法的技术含量低,但个体戒酒过程的痛苦大;另一种方法的技术含量高,但戒酒过程痛苦小。

技术含量低的心理学方法是厌恶疗法:在酒瘾来访者同意的前提下,在酒里面放适量的呕吐药,这样他一喝酒就会吐,吐得撕心裂肺,非常难受,吐的次数多了,酒瘾也就没了。

技术含量高的心理学方法是催眠疗法:使患者在催眠状态通过想象进行厌恶疗法,并且阻断喝酒产生快乐的生物机制。催眠的基本处方如下:

① 导入催眠状态。

② 双手点风池穴。

③ 想象喝酒吐得撕心裂肺,非常难受。

④ 想象喝酒太多得了肝硬化,在医院抢救。

⑤ 想象喝酒太多头痛无比。

⑥ 想象喝酒太多,和一个美女在接吻,这美女皱着眉头破口大骂:"你这个嘴巴怎么就像泔水缸,太臭了!"

⑦ 想象家里的狗(如果有)由于吃了来访者的呕吐物,也醉酒了,疯狂地咬人,而且乱穿马路被汽车撞死了。

⑧ 想象儿子女儿(如果有)也模仿来访者喝得醉醺醺的。

⑨ 想象有一封检举他喝酒的举报信飘飘悠悠地飞向纪委(私营企业领导不用本条)。

⑩ 想象配偶(如夫妻恩爱)因为醉酒向来访者提出离婚。

⑪ 想象劝酒的人在和善的面孔下都隐藏着一个面目狰狞的魔鬼灵魂,这些劝酒的人都是魔鬼,是来害来访者的。

⑫ 指令喝酒时身体停止产生5-羟色胺、多巴胺、内啡肽。

⑬ 输入戒酒的指令。

⑭ 想象戒酒后神清气爽、身体健康的样子。

⑮ 适当地重复步骤③—⑭,总计催眠一小时。

⑯ 解除催眠。

如果是笔者来做催眠,视酒瘾严重程度,多数情况下患者经过5—15次催眠后能够戒除酒瘾,少数例外。

笔者曾针对某些特殊情况,开发出很特殊的戒酒瘾的效率极高的方法。在此讲个案例,以供读者理解。

有一次,某女副主任医生找到笔者求助,说其妹夫酒瘾特别大,喝酒必吐,吐后就酣然大睡,醒来有时还会撒酒疯,有时还打老婆。其妹夫只有小学三年级文化,从来没有出去打过工,见识极其有限,副主任医师和他讲道理是讲不通的,这位医生问笔者应该怎么办?

这样的人是不可能来做心理咨询的,必须使用特殊的应对方法。笔者给出的大方向还是厌恶疗法。考虑到其妹夫文化程度较低,见识少,笔者指示副主任医生的妹妹在其老公喝酒吐后睡觉时,在呕吐物上滴1滴红墨水,其老公醒来大惊失色,以为吐血了,心中惶惶然的。

第2次,滴2滴红墨水。

第3次,滴3滴红墨水。

第4次,滴4滴红墨水。

第5次,滴5滴红墨水。

……

第21次,滴21滴红墨水。

这医生的妹夫吓得魂飞魄散,已经有了要戒酒的感觉。这时候,笔者打电话指示副主任医生的妹妹到农贸市场买了一小块猪肝,在其老公第22次喝醉呕吐睡着时,在呕吐物上滴22滴红墨水,并扔进去一小块猪肝。

医生的妹夫醒来后大吃一惊,以为自己把肝吐出来一小块,感觉大祸临头。这时候,医生的电话恰逢其时地来了,她以医生的身份谆谆教导妹夫:肝吐多了,会死人的!医生的酒鬼妹夫竟然相信了!

这个酒鬼从此以后就戒酒了!

当然,这种办法对高智商的人是不能用的,因为此个案中的主角只有小学三年级的文化程度,而且从来没有外出打过工,所以可以用这个办法。这是一个很个性化的办法,个性化的办法常常效果特别好,但方案需要高度的创新性,而且普适性差。共性化方案则不用心理咨询师动脑子进行创新,易于学习,普适性比较高,但效果没有个性化方案好。

二、应酬恐惧症的应对

应酬过多导致的另外一个问题是应酬恐惧症,甚至患者可能从应酬恐惧症泛化成会议恐惧症。

恐惧症是焦虑症的一种特殊形态,恐惧症是一个庞大的家族,常见的有社交恐惧症、恐高症、考试恐惧症、猫狗恐惧症、毛发恐惧症、上学恐惧症、女性恐惧症、男性恐惧症(父亲老公太凶导致)、上班恐惧症、广场恐惧症等。恐惧症形成的原因比较复杂,既有遗传因素的影响,又有基因突变因素的影响,还有后天因素在发挥作用,具体致病机理尚处于争议中。比如,恐高症就有基因遗传因素影响。从进化心理学理解,在人类漫长的进化过程中,不恐高的人对站在高处就不畏惧,就容易出意外死亡,于是,出现基因淘汰现象。假设不恐高的人中每一代有5%的人因站在高处掉下来而死亡,这类人的基因遗传率是95%。经过一百代繁衍,不恐高的基因就损失了99.4%。所以,多数现代人对高处都有一点畏惧,但恐高症不是一般意义的畏惧高度,而是社会对高处畏惧平均水平的巨大放大版,畏惧水平达到一定的标准就称为恐高症。

许多恐惧症有后天原因,由于患者曾受到伤害,记忆进入了潜意识,形成对恐惧物的放大反应,恐惧感大大超过社会正常水准,影响个体对环境的适应性,这就被称为恐惧症。比如,一个人曾经被狗咬了,咬伤的程度很高,这记忆进入了潜意识,形成了创伤记忆,就形成了狗恐惧症。于是,这人见到狗就出现心慌、胸闷、气急、心跳加速、全身肌肉绷紧、血压骤升、惊叫、逃窜、焦虑、紧张、头痛,甚至越墙而过、心脏病发作、倒地昏厥等症状。当然,不能因为对某个事物有恐惧感就称之为恐惧症,而是应该看这种恐惧感是否影响了个体的正常生活,是否影响了个体对环境的适应性。

恐惧症还会出现泛化现象,比如对狗的恐惧症泛化成猫狗兔恐惧症,再进一步泛化,可以泛化成毛发恐惧症,甚至看见有人穿仿装服装也会惊恐发作,更厉害的泛化是对人的头发也产生恐惧,此时,患者只好躲进庙里去过日子。

应酬恐惧症就是应酬过多,主要是喝醉了酒,造成了巨大的伤害,比如导致肝硬化、夫妻离婚、车祸或其他严重疾病和伤害,形成了巨大的创伤,沉淀进了潜意识,形成不知不觉的自动反应。个体只要听到有应酬,就会心慌、胸闷、气急、心跳加速、全身肌肉绷紧、血压骤升、焦虑、紧张,进入"战斗-逃跑"状态。

由于应酬多半是在各类会议之后进行,有的应酬恐惧症就会泛化成会议恐惧症,患者只要听到开会,就会心慌、胸闷、气急、心跳加速、全身肌肉绷紧、血压骤升、焦虑、紧张,进入"战斗-逃跑"状态。更严重的会泛化成社交恐惧症,只要见到陌生人,就会发生恐惧。

对于应酬恐惧症和会议恐惧症,笔者开出的基础处方如下,具体治疗应视个案情况在基础处方上加减。

① 每天练习回松心身柔术至少一次。

② 学习笔者的《情绪管理心理学》一书。

③ 适当增加运动量,提高体内 5-羟色胺、多巴胺、内啡肽的分泌水平。中老年人以游泳、慢跑、散步为佳。

④ 针对性催眠调整潜意识。

⑤ 视严重程度引导至医院吃药治疗。

三、应酬过多导致酒瘾或应酬恐惧症、会议恐惧症的案例及其治疗

1. 应酬过多导致酒瘾或应酬恐惧症、会议恐惧症的案例

现在举一个案例,以便读者深入理解。

龙某某,某地方政府副秘书长,37 岁,男,某 211 大学法律学本科毕业,已婚,育有一女,夫妻关系正常。但龙某某的父母关系不佳,其父母离异,随母亲长大。龙某某先进入地方团委工作,由于工作认真负责,逐步升迁,后调入地方政府办公室,专事接待工作,大量喝酒,大量参加各类会议。后来升为办公室副主任,主任,担任政府副秘书长。龙某某有应酬恐惧症,并泛化成会议恐惧症,曾经因喝醉被送进医院抢救两次。一次车祸后,查出有脂肪肝、高血压、血黏度高、血脂高等,最近又查出甲状腺结节、糖尿病等。来访者心理负担极其沉重,担心自己早死,女儿又变成单亲,慢慢演化成应酬恐惧症,不能上酒席了。领导体谅他,让他转任副秘书长,但应酬恐惧症逐渐变成会议恐惧症,并且失眠严重。这都严重影响了他的工作。因为在公共管理系统工作,不开会是不可能的。来访者辗转找到笔者,要求心理干预。此前来访者已到三甲医院心理科开药治疗,其表示药物有效果,但治疗效果不彻底。

2. 本案例的干预方法

笔者的心理干预在基础处方上加减细化如下。

① 关于"每天练习回松心身柔术至少一次"。

采纳本条,要求来访者按视频练习。

② 关于"学习笔者的《情绪管理心理学》一书"。

采纳本条,要求来访者认真学习这门课或者这本书。

③ 关于"适当增加运动量,提高体内 5-羟色胺、多巴胺、内啡肽的分泌水平,中老年人以游泳、慢跑、散步为佳"。

采纳本条,商议后决定每天慢跑半小时。

④ 关于"针对性催眠调整潜意识"。

采纳本条,下面将详细描述细则。

⑤ 关于"视严重程度引导至医院吃药治疗"。

采纳本条,建议继续到正规医院开药治疗。

催眠处方细化如下。

① 导入催眠状态。

② 双手按风池穴排黑气。

③ 在催眠中进行脱敏训练,令其反复想象参加应酬,指令全身放松,逐步适应。

④ 在催眠中进行脱敏训练,令其反复想象参加大型会议,指令全身放松,逐步适应。

⑤ 在催眠中把会议和应酬脱钩。

⑥ 对应酬和会议作出积极的理解,强调应酬和会议的积极因素。

⑦ 在催眠状态下计算大约参加多少会议后可以官升一级。

⑧ 在催眠中加入遗忘和淡化指令,使其淡化或遗忘喝酒造成的负面记忆,把这些负面记忆打成一个包裹,扔到飞过的一架飞机上。

⑨ 由于单亲形成不安全感,指令来访者在催眠状态把自己想象成一棵一百米高的大树,提高安全感。

⑩ 失眠三穴应对失眠。

⑪ 输入坚信睡眠功能正常的信念。

⑫ 降低对失眠的关注程度。

⑬ 催眠调整 5-羟色胺的含量。

⑭ 调整关注焦点于正面事物。

⑮ 重复上述步骤④—⑭3—5 遍。

⑯ 解除催眠状态。

后续效果:约 15 次催眠外加两个月的训练后,一切恢复正常。

第十四节 言行分离程度大导致焦虑症

一、言行分离程度大导致焦虑症的原因

言行分离即俗语说的说一套做一套。言行分离会导致心理压力，心理压力的大小与言行分离的程度正相关。言行分离程度低，心理压力小；言行分离程度高，心理压力大。

言行分离程度高导致心理疾病的常见类型是焦虑症，也常伴随着抑郁症。言行分离导致心理压力的主要原因有两个。

一是多数人从小受到的教育是为人应诚信，个体的潜意识会认为言行分离是错误的。所以，在同等的言行分离程度情况下，个体受到的诚信教育越多，个体的心理压力就越大，发展成抑郁症、焦虑症的概率也就越大。比如，在党务思想教育系统、道德宣传部门工作，或者在中小学当老师的人，就更容易因为言行分离导致焦虑症、抑郁症。原因是个体长年累月地教育别人要诚信，诚信观念会不知不觉进入自己的潜意识，言行分离的行为就更容易被潜意识认为过错严重。

二是言行分离会使个体处于高度的防御状态，害怕被他人识破，就容易导致焦虑症和抑郁症。在同等的言行分离程度情况下，个体所在环境中的人群识破言行分离的能力越强，个体的心理压力就越大；在同等的言行分离程度情况下，个体自认为自己掩饰的能力越强，个体的心理压力就越小；在同等的言行分离程度情况下，周边人群的言行分离程度越高，个体的心理压力就越小。大家都一样，自然压力就小了。所以，在高级别管理群体中，整体道德水平较好的概率大。高级别管理者群体的智商偏高，识别言行分离的能力比较强，个别言行分离给个体带来的心理压力也就比较大。

二、言行分离程度大导致焦虑症的案例（一）及其干预

1. 言行分离程度大导致焦虑症的案例（一）

现在展示笔者的老师告诉笔者的一个特别能说明问题的案例，以加深大家的理解。笔者的老师在早年曾经接触一个典型案例，来访者是抑郁症兼焦虑症，症状极其严重，来访者曾多次想自杀。

来访者是某农村的村支部书记，在接近"大跃进"的年代，时时会有"小跃进"，整个社会吹牛成风：某地亩产万斤粮食，亩产地瓜三十万斤，每个县都有一个李白和鲁迅；公共食堂吃饭不要钱，"赶英超美"等等牛皮举不胜举。当时，这位村支书不太愿意吹大牛，诚信

观念比较强,于是老挨公社书记的批评,他所在的村也成了著名的工作落后村。有一次,当地开展爱国卫生运动,在公社书记主持的汇报会上,各村书记都吹大牛,有的说自己村里面牛猪羊粪被拣得干干净净,有的说自家村里面狗都被训练得会上公共厕所,有的说杀灭了多少多少老鼠。轮到来访者汇报,来访者还没说话,就被敲了一记闷棍,公社书记说:"你们村是不是又要做落后村啦?"来访者心一横就吹了一个大牛:"我们村的爱国卫生运动搞得好,我们村的毛驴每天早上都是要刷牙的!"

众人大吃一惊,精神为之一震,公社书记大喜过望,忙说:"说说,说说!"

来访者开始娓娓道来:"从开展爱国卫生运动以后,村支部展开了多次学习讨论,大家统一了思想,提高了认识,决心争创爱国卫生运动的先进典型,制定了详细规则,要求'床前三清,门前四清',而且规定牛马驴早上一律刷牙。我们村驴最多,今天早上,社员拐腿李大爷牵着他管的毛驴下田,但是毛驴对着苍天大叫三声'啊哦、啊哦、啊哦',就是不肯下田,社员拐腿李大爷非常奇怪,为什么毛驴不肯下田呢?琢磨了半晌,终于明白了!原来毛驴已经习惯早上刷牙!今天早上忘刷牙了,拐腿李大爷非常懊恼,用手狠狠地锤了自己脑袋三下,觉得自己的思想觉悟怎么还没毛驴高呢。"

公社书记听了来访者的发言,并没有批评来访者胡扯,反而眼睛一亮,觉得这是一个很好的先进典型,值得宣传,立刻组织人员编写材料往上报,上级也大喜过望,给予来访者巨大的肯定,并组成了以来访者为首的宣教团,到所辖各区到处宣讲"毛驴刷牙"的先进故事,于是,"毛驴刷牙"的先进典型轰动一时。来访者极其繁忙,被派去到处宣讲,前来取经参观的人络绎不绝,全村的毛驴被迫真的天天刷牙,工作量巨大,迎来送往。来访者疲惫不堪,村民背后埋怨不已,田也没功夫种了,大家都围绕着"毛驴刷牙"这一中心任务转。来访者内心非常痛苦,觉得自己是一个大骗子,对不起全村乡亲。宣讲"毛驴刷牙"的次数越多,来访者内心的冲突越大,终于精神崩溃,演化成焦虑症兼抑郁症,时时担心牛皮被戳穿,经常想自杀。笔者的老师接此案时,费了很大功夫才缓解了来访者的状况。

2. 本案例的干预方法

如果来访者因为言行分离程度大导致焦虑症或者抑郁症,应对的基本处方如下,而且应根据个体情况在基础处方上加减细化。

① 每天练习回松身心柔术一次,练习回春身心柔术一次。

② 学习笔者的《情绪管理心理学》一书。

③ 适当增加运动量,提高体内 5-羟色胺、多巴胺、内啡肽的分泌水平。中老年人以游泳、慢跑、散步为佳。

④ 取另外一个化名和身份,形成另外一个交际圈,放松心身。

⑤ 抄写下面的文章100遍,如果问题严重,可以加大抄写的遍数。

> 心理学认为,必要程度的撒谎是人际关系的润滑剂,完全不撒谎的人是不存在的。在心理学的诚信测试中,有一道著名的题目就是问个体"你撒过谎吗?"如果个体回答"我从来没撒过谎",即可判定个体当下处于高度撒谎的状态。在社会生活中,存在各种隐形的剧本,个体必须按照剧本演戏。当然,各个文化体的剧本都是不一样的,比如,在中华文化体中,请客吃饭的剧本是:客人照例要说"菜太多了",主人照例要回答说"不多的,不多的!"。送礼的剧本是:主人要说"来都来了,带什么礼物啊!",客人要回答"小小礼物,不成敬意!"如果不按剧本演,大家就会觉得怪异,会觉得非常别扭。比如,在请客吃饭中,客人说"菜太少了",在送礼时,主人说"你带的礼物太便宜了!",这都是不对的。按剧本撒谎,并不是不道德的,而是人际关系必要的润滑剂。中国文化是剧本特别多的文化体,仅次于剧本文化世界第一的日本,而日本文化又是中华文化的延伸。世界各国普遍认为,中日两国的人民是最善于演戏的民族,人人都是演员。所以,在中日生活必须降低较真的程度,要深刻意识到:按剧本撒谎并不是不道德的,而是人际关系必要的润滑剂。

⑥ 针对性催眠调整潜意识。
⑦ 视严重程度引导至医院吃药治疗。

图书在版编目(CIP)数据

管理者心理疾病心理干预实务/鞠强编著.—上海：复旦大学出版社，2024.4
ISBN 978-7-309-17207-2

Ⅰ.①管… Ⅱ.①鞠… Ⅲ.①管理人员-心理干预 Ⅳ.①C93-05

中国国家版本馆 CIP 数据核字(2024)第 020544 号

管理者心理疾病心理干预实务
GUANLIZHE XINLIJIBING XINLI GANYU SHIWU
鞠 强 编著
责任编辑/郭 峰

复旦大学出版社有限公司出版发行
上海市国权路 579 号 邮编：200433
网址：fupnet@fudanpress.com　　http：//www.fudanpress.com
门市零售：86-21-65102580　　团体订购：86-21-65104505
出版部电话：86-21-65642845
常熟市华顺印刷有限公司

开本 787 毫米×1092 毫米 1/16 印张 12.75 字数 256 千字
2024 年 4 月第 1 版第 1 次印刷
印数 1—5 000

ISBN 978-7-309-17207-2/C·443
定价：45.00 元

如有印装质量问题,请向复旦大学出版社有限公司出版部调换。
版权所有　　侵权必究